FREN~~CH~~
Pas de Problème
A COMPLETE COU~~RSE~~

FRENCH
Pas de Problème
A COMPLETE COURSE

Madeleine Hummler, Elspeth Nicholson and Brigitte Rix
Languages for All, University of York, UK

A member of the Hodder Headline Group
LONDON
Distributed in the United States of America by
Oxford University Press Inc., New York

First published in Great Britain in 2003 by
Arnold, a member of the Hodder Headline Group,
338 Euston Road, London NW1 3BH

http://www.arnoldpublishers.com

Distributed in the United States of America by
Oxford University Press Inc.,
198 Madison Avenue, New York, NY10016

© 2003 Madeleine Hummler, Elspeth Nicholson and Brigitte Rix

All rights reserved. No part of this publication may be reproduced or transmitted in any form or by any means, electronically or mechanically, including photocopying, recording or any information storage or retrieval system, without either prior permission in writing from the publisher or a licence permitting restricted copying. In the United Kingdom such licences are issed by the Copyright Licensing Agency: 90 Tottenham Court Road, London W1T 4LP.

The advice and information in this book are believed to be true and accurate at the date of going to press, but neither the authors nor the publisher can accept any legal responsibility or liability for any errors or omissions.

British Library Cataloguing in Publication Data
A catalogue record for this book is available from the British Library

Library of Congress Cataloging-in-Publication Data
A catalog record for this book is available from the Library of Congress

ISBN 0 340 80728 8 (pb)

1 2 3 4 5 6 7 8 9 10

Typeset in 10/12 Rotis Semi Sans Regular by Tech-Set, Gateshead
Illustrations by Beehive Illustrations/Teresa Tibbetts
Map by Chartwell Illustrators
Printed and bound in Great Britain by Martins the Printers, Berwick upon Tweed

What do you think about this book? Or any other Arnold title?

Please send your comments to feedback.arnold@hodder.co.uk

Contents

	Preface	vii
Chapitre 1	Getting to know France. Describing people, places work and study. Asking questions and saying no. Listening and extracting relevant information.	1
	Gender rules: le, la, les, un, une, des, du, de la, des (articles). Adjectives, (agreement and position). Mon, ma, mes, etc. (possessive adjectives). How to ask questions. Ne ... pas (negatives). Verbs: regular present tense.	
	Assignment: book or web-based research activity to describe a place or university.	
	Un coup d'oeil sur ... La Normandie.	
Chapitre 2	Dealing with health issues. Talking about daily life. Saying how long, when and where.	18
	Present tense of verbs other than -er verbs. Reflexive verbs. Present tense to express the future. Aller, faire, devoir, vouloir, pouvoir, savoir/connaître. Irregular adjectives. Depuis, depuis quand, pendant.	
	Assignment: talking and writing about health problems.	
	Un coup d'oeil sur ... L'Auvergne.	
Chapitre 3	Understanding and explaining procedures. Following and describing recipes and experiments.	38
	Giving orders. Pronouns. Other negatives. Prendre, dire, venir, mettre. Quel and qu'est-ce que.	
	Assignment: giving instructions and describing recipes.	
	Un coup d'oeil sur ... La Provence	
Chapitre 4	Expressing the past (1). Living and working abroad. Practical life and everyday situations.	58
	The perfect tense with avoir. Comparatives and superlatives (more and the most) Lequel (which).	
	Assignment: learning to translate and interpret.	
	Un coup d'oeil sur ... La Bretagne.	
Chapitre 5	Word games. Charades. Jokes. Cards and chess games. General knowledge quiz. Quiz on France.	80
	No new grammar: revision and practice.	
	Aspects of life in France: weddings and other invitations. Telephone calls. Complaints.	

PAS DE PROBLÈME

Chapitre 6	Describing events in the past (2). Reporting on events. Life stories, biographies and histories. The cinema.	96
	The perfect tense with être. Y and en (pronouns). Celui, celle, ceux, ceci, cela, ça (demonstrative pronouns)	
	Assignment: writing biographical notes and presenting them.	
	Un coup d'oeil sur ... La Suisse romande.	
Chapitre 7	Technology and science. Describing how things were or used to be (3). Making suggestions. Saying how something was done.	112
	The imperfect tense. Qui, que, dont, ce qui, ce que, ce dont. The passive.	
	Assignment: presenting an invention	
	Un coup d'oeil sur ... Le Centre National de la Recherche Scientifique.	
Chapitre 8	Describing accidents and incidents in the past (4). Asking for and giving information. Writing summaries and reports. Road safety.	129
	Use of the perfect and imperfect tenses in conjunction. Bringing and taking.	
	Assignment: completion of an accident form and writing a witness statement.	
	Un coup d'oeil sur ... Le phénomène Eiffel.	
Chapitre 9	Describing events in the past (5). Defending a position. Dealing with officials.	146
	Further strategies for describing the past. 'En train de ...' and 'Venir de ...'. The pluperfect tense.	
	Assignment: writing a statement describing an incident.	
	Un coup d'oeil sur ... Un mystère à Versailles.	
Chapitre 10	Personal and work relationships. Becoming familiar with idiomatic expressions. Games.	160
	No new grammar: revision and consolidation. Extended reading.	
	Aspects of life in France: a Breton legend.	
	Un coup d'oeil sur ... Le Futuroscope	
Chapitre 11	The French way of life and French customs. Describing what will happen. Talking about future plans, dreams and inventions. Aspects of French higher education (Grandes Écoles, etc.)	172
	The future and future perfect tenses. The present participle with 'en'.	
	Assignment: writing a letter organising a sponsored trip to France.	
	Un coup d'oeil sur ... Toute la France	
Chapitre 12	Discussing the environment. Writing formal letters. Making hypotheses.	190
	The conditional tense. The conditional perfect tense.	
	Assignment: writing a formal letter requesting work experience.	
	Un coup d'oeil sur ... La marée noire.	
	A survival guide to past participles.	204

Preface

This book has been designed for adults intending to live or work abroad and for those seeking to develop fluency in French as well as an awareness of French culture and lifestyle. Aimed at a broad range of intermediate students, from those with a 'rusty' recollection of school French to those advancing in the acquisition of a new language on a fast track, it hopes to serve as a guide as well as a friend. Though developed within an Institution Wide Learning Programme for non-specialist students at the University of York, it can be used in a variety of settings such as refresher courses or adult education classes.

It allows for fast progression, but starts with a review of basic structures, grammar and vocabulary. Its clear structure enables students to work independently or in a class. Self-study is made easy by the provision of new vocabulary next to the texts.

There is a variety of material, from technical to light-hearted, allowing tutors to tailor classes according to requirements. Within a broad theme each chapter provides plenty of diverse material. Stress has been placed on covering a wide range of registers, from everyday idioms to formal letter-writing phrases.

Non-technical explanations of new grammar feature at the start of the chapters. This allows for easy reference. Plenty of practice has been allowed, including revision exercises at the end of the chapters. Full answers are provided for all exercises in a separate support book.

Integral to the work covered are two audio cassettes which provide a generous amount of carefully scripted material, recorded without distracting background noise. This will help students increase their confidence through practice. There is a transcript for each taped dialogue. Finally, this book offers a wide range of opportunity for oral work in pairs, groups and individually.

HOW THIS BOOK IS ORGANISED

- ▶ Each chapter starts with a **menu** detailing its main features and themes.
- ▶ A **Rappel** section prepares students to tackle new chapters by reminding them of essential vocabulary and structures.
- ▶ **Attention! Nouveau!** explains new grammar in one single block for easy reference.
- ▶ New material is introduced in **Lecture** and **Écoutez** sections. Unfamiliar vocabulary is given under **Nouveaux mots**. Audio transcripts are provided in the chapter or in the support book.
- ▶ **À votre tour** provides exercises that allow students to practise and develop new skills.
- ▶ **Pour s'amuser** provides light relief.
- ▶ **Au boulot**: each chapter contains an assignment tailored to its content and asking students to put a variety of skills into practice.
- ▶ **Un coup d'oeil** sections are extended reading passages that give an insight into regions of France and aspects of its history and culture.

- ▶ **Récapitulation** exercises at the end of the chapters provide a way to check on progress.
- ▶ **Danger!** and Learning Tips boxes feature in every chapter. The former highlight specific language difficulties and the latter contain helpful learning tips.
- ▶ Each chapter ends with a selection of Internet addresses to help students in their independent research and study.

Chapitre 1

Menu

Getting to know France

Describing people, places, work and study

Asking questions and saying no

Listening and extracting relevant information

Gender rules: le, la, les, un, une, des, du, de la, des (articles)

Adjectives (agreement and position)

Mon, ma, mes, etc. (possessive adjectives)

How to ask questions

Ne...pas (negatives)

Verbs: regular present tense

Assignment: book or web-based research activity to describe a place or university

---

Un coup d'oeil sur ...
La Normandie

Le jardin de Monet à Giverny

PAS DE PROBLÈME

Rappel

la famille (les parents, les enfants, le père, la mère, le frère, la soeur, le fils, la fille ...)
un ami, un copain   a friend/boyfriend (copain is less formal)
une amie, une copine   a friend/girlfriend (copine is less formal)

le travail	work/job	intéressant/e	interesting	travailler	to work
un bureau	an office/desk	ennuyeux/se	boring	gagner	to earn, to win
un salaire	a salary	intelligent/e	clever		

l'université	university	facile	easy	étudier	to study
les cours	courses, classes	difficile	difficult	parler	to speak
les études	studies	dur/e	hard	écouter	to listen

une ville	a town	beau/belle	beautiful	aimer	to love, to like
un village	a village	superbe	superb	préférer	to prefer
la campagne	the countryside	joli/e	pretty	détester	to hate

une maison	a house	grand/e	big, large	habiter	to live (somewhere)
un appartement	a flat	petit/e	small	acheter	to buy
une chambre	a room	nouveau/-elle	new	louer	to rent

en ville	in town	à la campagne	in the countryside
chez moi	at home	à l'université	at university
à la maison	at home		

ÊTRE	TO BE	AVOIR	TO HAVE
je suis	I am	j'ai	I have
tu es	you are (fam.)	tu as	you have (fam.)
il est	he is, it is	il a	he has, it has
elle est	she is, it is	elle a	she has, it has
on est	'one' is	on a	'one' has
nous sommes	we are	nous avons	we have
vous êtes	you are (plural/formal)	vous avez	you have (plural/formal)
ils sont	they are (masc.)	ils ont	they have (masc.)
elles sont	they are (fem.)	elles ont	they have (fem.)
c'est, ce sont	it is, these are	il y a	there is

Get into the habit of learning nouns with **un/une** or **le/la** in front.
The gender of a noun is usually indicated in the dictionary like this:
homme, nm   (= nom masculin)   =   **un homme**   a man
femme, nf   (= nom féminin)   =   **une femme** a woman

Attention! Nouveau!

ARTICLES: le/la/les   un/une/des
du/de la/de l'/des

- There are three ways of saying *the*, depending on the gender (masculine/feminine) and number (singular/plural) of the noun that follows: **le** (m. sing.), **la** (f. sing.), **les** (m. or f. pl.).

  > eg: **La** femme regarde **les** taxis jaunes devant **le** bar de **l'**hôtel.
  > *The woman looks at the yellow taxis in front of the hotel's bar.*

  Notice that **le** and **la** must be shortened to **l'** before a vowel or a word starting with 'h'. **Les** is never shortened.

- *A* and *an* are expressed as **un** (m.) and **une** (f.). Their plural equivalent, sometimes expressed as *some* in English, is in French **des** (m. or f. pl.).

  > eg: Je voudrais **un** grand pain, **une** baguette et **des** croissants s'il vous plaît.
  > *I'd like a large loaf, a baguette and some croissants please.*

- *Some* and *any* are expressed variously, depending on the noun which follows.
  Du (m. sing.), **de la** (f. sing.), **des** (m. or f. pl.) and **de l'** (before a singular noun that starts with a vowel or 'h').

  > eg: Pour le repas j'achète **du** pâté, **des** oeufs, **des** yaourts, **de l'**eau minérale et **de la** bière, mais je n'achète pas **de** fruits.
  > *For the meal I'm buying some pâté, eggs, yogurts, mineral water and beer, but I'm not buying any fruit.*

  Notice that after a negative, such as **ne ... pas**, the only article used is **de** (unless the verb is **être**, in which case **du, de la, de l'** are still used).

  > eg: Je **ne** bois **pas** de vins mousseux. Ce **n'**est **pas** du champagne.
  > *I do not drink sparkling wine. It is not champagne.*

- **Du, de la, de l'** and **des** can also mean *of the* or *from the*.

  > eg: Le directeur **de la** compagnie **des** chemins de fer arrive **de la** Côte d'Azur.
  > *The director of the railway company is arriving from the Côte d'Azur.*

DESCRIPTION: ADJECTIVES

Most words of description (adjectives) come after the word that they qualify in French.

> eg: Je travaille dans un bureau **moderne** avec des collègues **intelligents**.
> *I work in a modern office with intelligent colleagues.*

There are a number of exceptions to this rule. The most common exceptions are **beau*** *(beautiful)*, **joli** *(pretty)*, **nouveau*** *(new)*, **vieux*** *(old)*, **jeune** *(young)*, **petit** *(small)*, **grand** *(large)* , **bon** *(good)*, **mauvais** *(bad)*, **gros** *(fat)*, **court** *(short)*, **long** *(long)*, **haut** *(high)*, **large** *(broad)*, **gentil** *(kind)*, **méchant** *(nasty)*, **excellent** *(excellent)*, **autre** *(other)* and all numbers.

> eg: C'est dans le **nouveau** classeur **jaune** après le **deuxième** article sur les OGM.
> *It's in the new, yellow file after the second article on Genetically Modified Organisms.*

Adjectives must always agree with (i.e. have the appropriate ending for) the thing/person that they are describing. Agreement is made according to how many things/people are described (sing./pl.) and whether they are masculine or feminine.

> eg: Les **longs** couloirs mènent à la **petite** salle pour les travaux **pratiques**.
> *The long corridors lead to the little room for lab. work/ practicals.*

Some adjectives have unusual plural or feminine forms. These are always indicated in the dictionary (e.g. White adj. blanc (f. blanche).

* See chapter 2.

MY, YOUR, HER, ETC. (POSSESSIVE ADJECTIVES)

These adjectives express the idea of ownership, and like other adjectives must agree with what is owned.

	masc.	fem.	pl.
my	mon	ma	mes
your (fam.)	ton	ta	tes
his/her/its	son	sa	ses
our	notre	notre	nos
your (form./pl.)	votre	votre	vos
their	leur	leur	leurs

> eg: **Notre** femme de chambre ne prend pas **mes** clés, parce qu'elle a **sa** clé.
> *Our cleaning lady doesn't take my keys because she has her key.*
> 'Marc n'aime pas prendre **sa** voiture. Il préfère **ma** moto ou **mon** vélo,' dit Marie.
> *'Marc doesn't like taking his car. He prefers my motorbike or my bike,' says Marie.*

Notice that the possessive adjective always agrees with the person or object that it is next to, not the owner.

QUESTIONS

There are three main ways to form a question such as *Do you live near here?*

1. By making a statement in a questioning tone of voice. Eg: Vous habitez près d'ici?
2. By placing **est-ce que** before a statement. Eg: Est-ce que vous habitez près d'ici?
3. By inverting the pronoun and the verb. Eg: Habitez-vous près d'ici?

(Method 3 can only be used with a pronoun, eg: il, tu. If a noun or name is used, it is done as follows: Tes amis, habitent-ils près d'ici? But notice: Jacques, habite-t-il ici? A 't' has been added to ease pronunciation.)

NEGATIVES

To make a statement negative, i.e. to say something is *not* the case, the words **ne ... pas** are used. They occur before and after the verb. Ne is shortened to n' before a vowel.

> eg: Je **ne** suis **pas** français. Il **n'**aime **pas** les carottes. Nous **ne** voyageons **pas** beaucoup.
> *I am not French. He doesn't like carrots. We don't travel much.*

Note that if the verb is in the infinitive (eg: to be, to eat), **ne pas** stays together.

> eg: Être ou **ne pas** être.
> *To be or not to be.*

You will notice that the French frequently drop the **ne** in *speech*.

> eg: Je suis **pas** français. Tu travailles **pas**?
> *I'm not French. Aren't you working?*

VERBS

In the present tense, the endings of verbs change according to who is doing the action. Some of these endings are indistinguishable when spoken and some do not sound as you might imagine on seeing them written down. A large number of verbs follow a common pattern, but the most used verbs (eg: avoir, être, aller, faire) are irregular and must be learned.

REGARDER: to watch/look at
(a regular -er verb)

Je regarde
Tu regard**s**
Il regarde
Elle regarde
On regarde
Nous regard**ons**
Vous regard**ez**
Ils regard**ent**
Elles regard**ent**

(Here all the endings *sound* the same except for the **nous** and **vous** forms.)

Do not pronounce the silent endings **s**, **z** and **nt**

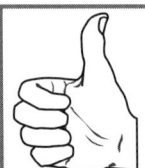

When learning verbs, try to learn the whole verb. It will help you to associate the pronoun (eg: **je**) with the correct ending.

Chapitre 1

Présentations

Nouveaux mots

un maillot rayé
a striped jersey

un piéton
a pedestrian

un boulot
a job (fam.)

l'informatique
information technology

un studio
a one-room flat

l'ail
garlic

la fac (la faculté)
university (fam.)

le diplôme
the diploma, degree

les vêtements
clothes

la santé
health

la vie
life

circuler
to get about, to drive

stationner
to park

porter
to wear, to carry

grimper
to climb

avoir de la chance
to be lucky

essayer
to try

espérer
to hope

jusqu'à
up to, until

près de
near

partout
everywhere

souvent
often

bientôt
soon

ensemble
together

depuis
since

1 Écoutez et notez

Without looking at the text, listen and jot down as much as you can about the people speaking.

2 Lecture

Pierre, Caroline, Sandrine, les Curie sont français. Lisez leurs présentations:

1) Premièrement, un stéréotype:

Voici Pierre:
Je suis français. J'ai un béret, un maillot rayé et une baguette sous le bras. Je circule en 2CV, je déteste la police, je stationne partout et j'insulte les piétons. Ma femme porte du parfum Chanel et ma cuisine est à l'ail. Je ne parle pas un mot d'anglais.

2) Peut-être un autre stéréotype:

Voici Caroline:
Salut! Je suis française. Mes vêtements sont de chez Gap, j'ai un petit boulot chez MacDo et je circule en roller. J'étudie l'informatique. L'anglais, pas de problème: avec Internet, c'est facile et mon copain travaille pour une start-up américaine.

3) Une étudiante:

Thierry parle de sa petite amie, Sandrine:
Ma copine Sandrine est une fille super, elle est sympa et intelligente. Elle a vingt ans et elle est étudiante à l'Université de Provence à Aix-en-Provence. Elle a deux ans d'études jusqu'à son premier diplôme, le DEUG*. Elle habite près du campus: elle loue un petit studio à deux pas de la fac. Elle est sportive, elle aime grimper. On passe souvent les week-end à la campagne chez ses parents. On a de la chance d'habiter Aix: c'est une ville superbe mais la vie est chère.

*Le DEUG: Diplôme d'Études Universitaires Générales

PAS DE PROBLÈME

Enfin un couple, Marie (1867–1934) et Pierre Curie (1859–1906), Prix Nobel de physique en 1903 et de chimie en 1911, parlent de leur travail:

4) Les Curie:

Voici Pierre:

Nous sommes physiciens. Nous étudions les propriétés des substances radioactives et nous travaillons sur un instrument qui mesure la radioactivité. Nous essayons d'isoler l'élément radioactif de la pechblende. Nous travaillons ensemble depuis 10 ans: nous espérons bientôt avoir des résultats positifs. Nous sommes optimistes, mais le travail est dur et long; notre santé n'est pas très bonne depuis des années.

À votre tour

A Lisez les présentations et répondez aux questions (si c'est faux, donnez la bonne réponse).

eg: Pierre insulte les piétons? Oui, il insulte les piétons.
Pierre cicule en Renault? Non, il *ne* circule *pas* en Renault. Il circule en 2CV.

1. Pierre est français?
2. Pierre parle anglais?
3. Caroline trouve l'anglais facile?
4. Caroline achète ses vêtements chez Gap?
5. Sandrine finit ses études?
6. Sandrine habite chez ses parents?
7. La vie est chère à Aix-en-Provence?
8. Les Curie sont médecins?
9. Le travail est difficile?
10. La santé des Curie est bonne?

B Complétez : attention aux verbes! Choisissez parmi les verbes suivants:

avoir (2x), être (2x), aimer, tomber (to fall), espérer, manger, essayer, habiter, rencontrer (to meet), circuler.

Les Français ne __sont__ pas comme Pierre. Ils __ont__ une culture riche et diverse, mais on __a__ une image stéréotypée des Français. Des Anglais aussi: apparemment ils __habitent__ tous dans de petites maisons avec jardin, ils __mangent__ du porridge tous les jours, leur cuisine __est__ dégoûtante *(disgusting)*. Ils __conduisent__ à gauche parce qu'ils n'__aiment__ pas l'Europe. Nous __espérons__ de changer ces stéréotypes, mais ils ont la vie dure *(they are ingrained)*. Si vous __rencontrez__ des Français, ne __tombe__ pas dans ce piège *(this trap)*. Nous __essayons__ changer nos attitudes ensemble.

C a) Reliez les synonymes:

l'université — la fac
gentil — sympa
dur — difficile
près de — à deux pas de
la copine — l'amie
le copain — l'ami
le boulot — le travail

b) Traduisez en français:

My job is difficult. My work is hard.
My boyfriend is kind. My girlfriend is nice.
The University is near home.
The University is a few steps from home.

Chapitre 1

 Présentez-vous: Parlez de vous à un ami/une amie ou écrivez votre biographie.

Nouveaux mots

à l'heure actuelle *at the present time*
plein *full*
une salle *a room*
un amphi (théâtre) *a lecture theatre*
trouver *to find*
vaste *huge*
les locaux *the premises*
une partie *part*
s'asseoir *to sit*
par terre *on the ground*
quand *when*
le droit *law*
(mé)content *(un)happy*
une place de stationnement *parking space*
en retard *late*
si *if*
la journée *the day*
on est fichu (fam.) *you've had it*
vieux/vieille *old*
sombre *dark*
le service de scolarité *the registrar's office*
surmené *overworked*
la bibliothèque *the library*
ouvert *open*
encore *yet*
quand même *all the same*
un cadre *a setting*
la mer *the sea*
entouré *surrounded*
un arbre *a tree*
parmi *among*
l'année prochaine *next year*
un vestiaire *a changing room*
un terrain de foot *a football pitch*
une piscine *a swimming pool*
couvert *covered*
de plus *what's more*
déjà *already*
une navette *a shuttle*
entre *between*
aider *to help*
profiter de *to make the most of*
un magasin *a shop*

Comme des sardines à la fac

Nous avons une belle université, mais à l'heure actuelle ses facultés sont trop pleines: de petites salles de cours, des parkings insuffisants, des amphis pleins à craquer. C'est une situation difficile, mais on essaie de trouver une solution. On a annoncé un vaste programme d'extension des locaux.

'À présent,' dit Claire, 'une partie de la classe est souvent obligée de s'asseoir par terre quand c'est un cours important. C'est dur! C'est très inconfortable!'

Les étudiants en fac de Droit sont très mécontents. 'Les places de stationnement sont rares et on risque d'être en retard. Si on arrive tard dans la journée on est fichu! Il n'y a pas de places.'

'Actuellement,' dit Thierry, en DEUG de Sciences, 'les labos sont vieux et sombres, le personnel du service de scolarité est surmené et la nouvelle bibliothèque n'est pas encore ouverte. Quand même, il y a de grandes chambres confortables dans les résidences universitaires et l'université a un cadre très agréable. On a vue sur la mer bleue et on est entouré d'arbres verts.'

Parmi les travaux annoncés pour l'année prochaine: la construction d'une nouvelle cafétéria pour remplacer la vieille cantine et un excellent centre sportif moderne équipé de larges vestiaires, de vastes salles de sport, de nouveaux terrains de foot et d'une longue piscine couverte. De plus, il y a déjà la nouvelle navette entre le campus et le centre-ville historique; elle aide les étudiants à profiter de toutes les attractions offertes – cinémas, théâtres, magasins, galeries.

The word **actuellement** means *at present/currently* (not *actually*)

Sept 7

PAS DE PROBLÈME

À votre tour

A. Vrai ou faux? Corrigez les phrases fausses.

1. Dans cette université il y a de grandes salles de cours.
2. S'asseoir par terre est très confortable.
3. Le journaliste parle à des étudiants satisfaits.
4. Si on arrive tard dans la journée il y a beaucoup de places pour la voiture.
5. Il y a de nouveaux laboratoires.
6. Les résidences universitaires offrent des chambres agréables.
7. L'université se trouve près des montagnes blanches.
8. On construit une nouvelle cantine.
9. Les travaux pour l'année prochaine: de petites salles de sport.
10. Il y a déjà des transports pour aller en ville.

B. Mettez des adjectifs

(Don't use the same adjective twice and remember to make them agree.)

Dans cette ville il y a une __grande__ université, mais elle a d'__énormes__ problèmes. Elle a de __petites__ salles de cours, des parkings __peu fréquents__ et de __vieux__ laboratoires. Il y a aussi des résidences __agréables__ et une __nouvelle__ bibliothèque. On est en train de construire un __nouveau__ centre sportif équipé d'une __longue__ piscine et de __larges__ salles de sport. Les étudiants aiment être près de la mer __bleue__, et en été ils se bronzent sur le sable __chaud__.

C. Remplacez les adjectifs

eg: Nous avons une **belle** université *(modern)* → Nous avons une université **moderne**

1. Il y a de **petites** salles de cours *(big)* grandes
2. Ce sont des étudiants **satisfaits** *(unhappy)* mécontents
3. La journée est **longue** *(short)* courte
4. Je n'aime pas les cours **ennuyeux** *(long)* longs
5. Nous avons une **excellente** voiture *(green)* verte
6. Elle écoute le **bon** professeur *(French)* p. français
7. J'achète une **jolie** maison *(other)* autre
8. Elle a un classeur **bleu** *(small)* petit c.
9. Les étudiants achètent un vin **mousseux** *(red)* rouge
10. C'est un exercice **difficile** *(easy)* facile

À vous de parler

Vous et votre copain/copine allez habiter en France. Vous donnez votre surplus de possessions à vos amis.

un vélo *(bicycle)*, un ordinateur *(computer)*, des CD de Cliff Richard, des magazines, des livres, une table, un fauteuil *(armchair)*, une lampe, des classeurs *(files)*, une cafetière *(coffee pot)*, un tapis *(rug/carpet)*, un micro-ondes *(microwave)*, des serviettes *(towels)*, une bouteille de whisky, un livre de Tintin, un parapluie *(umbrella)*, une souris *(mouse)*.

1. Donnez vos possessions à vos amis
eg: Je donne **mon** parapluie à Béatrice. Je donne **mes** cassettes vidéo et **ma** souris blanche à Marc.

2 Votre copain/copine donne ses possessions à ses amis. Notez ce qu'il/elle donne.
eg: Il/Elle donne **son** parapluie à Béatrice..etc.

3 Vérifiez *(check)*
eg: Vous donnez **votre** parapluie à Béatrice? etc.

4 Vos voisins déménagent aussi *(your neighbours move house too)*. Ils donnent aussi leurs possessions.
eg: Ils donnent **leur** parapluie à Béatrice, **leurs** magazines à Antoine. etc.

Le jeu des 10 questions

Choisissez une profession dans la liste ci-dessous. Les autres participants vous posent des questions sur votre profession. Vous répondez seulement *(only)* par oui ou par non. Trouvez la bonne profession en moins de 10 questions. Essayez de varier vos questions, par exemple:

- Vous travaillez à l'extérieur/à l'intérieur?
- Est-ce que vous travaillez dans un bureau?
- Votre travail est-il dangereux?
- Êtes-vous en contact avec beaucoup de personnes?
- Est-ce que vous travaillez avec vos mains *(hands)*?

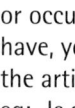

To say what profession or occupation you have, you always omit the article.
eg: Je suis coiffeur.
I am a hairdresser.
Je suis étudiant.
I am a student.

Voici quelques professions:

facteur	*postman*	mécanicien	*mechanic*	musicien	*musician*
professeur	*teacher*	agent de police	*policeman*	pharmacien	*pharmacist (chemist)*
secrétaire	*secretary*	concierge	*porter*	informaticien	*Inf.Techn. specialist*
boulanger	*baker*	infirmière	*nurse*	comptable	*accountant*
général	*general*	peintre	*painter*	clown	*clown*

Apprendre à prononcer 'u' et 'ou'

Attention à bien prononcer les **u** avec la bouche en cul de poule *(with lips pursed)*. Lisez à haute voix:

Tu	*you (fam.)*	sur	*on, over*	nu	*naked*
tout	*all*	sous	*under*	nous	*we, us*
un truc	*a thing/a trick*	sûr	*sure*	dur	*hard*
un trou	*a hole*	sourd	*deaf*	doux	*soft, sweet*
un cou	*a neck*	une rue	*a street*	pur	*pure*
un cul	*a 'bum'*	une roue	*a wheel*	pour	*for*
dessus	*on top*	un jus	*a juice*	un pouce	*a thumb*
dessous	*below*	une joue	*a cheek*	une puce	*a flea, a microchip*

Pour s'amuser

Quelques virelangues (*some tongue-twisters*)

Prononcez ces phrases le plus rapidement possible!
- Je suis ce que je suis et si je suis ce que je suis, qu'est-ce que je suis?
- Trois petites truites crues. *(plusieurs fois)*
- Tu t'uses et tu te tues à tout tuer.
- As-tu vu le tutu de tulle de Lili d'Honolulu?
- La roue sur la route roule; la rue sous la roue reste.
- Fruits frais, fruits frits, fruits cuits, fruits crus.

PAS DE PROBLÈME

A grammar crossword

Grammatical terms may or may not be familiar to you. They are useful labels to simplify grammatical explanations: it is much easier to refer to the word **le** as 'an article' rather than 'the little word that goes before a noun and defines its gender and number'. If you are unfamiliar with the grammar terms used in this chapter, this crossword will help you discover their meaning.

Across

- 3 Belongs to the male gender
- 5 Represents a person, thing, animal, event, place or idea
- 7 A word used in place of a person, thing, animal, event, place or idea
- 10a Refers to more than one person, thing, animal, event place or idea
- 10b A word that indicates an action
- 12 Refers to when the action of a verb takes place
- 14 A describing word

Down

- 1 Means that the action of a verb takes place now
- 4 Belongs to the female gender
- 6 Refers to only one person, thing, animal, event or idea
- 7 A little word placed before a noun to identify it
- 11 Refers to something that is not the case

Jeu des mots 'marchepied'

Comment jouer? Cachez les définitions.

Jouez seul: en 60 secondes, commencez à gauche, sur une marche, regardez seulement une définition à la fois *(each time)* et essayez de deviner! Pour gagner, allez sur toutes les marches, mais toujours l'une près de l'autre, en 60 secondes.

Jouez avec un ami: une personne commence et essaye de deviner le mot mystérieux. Si elle devine en 10 secondes, elle marque la marche avec une initiale ou une couleur et elle continue avec une lettre à côté. Si elle ne devine pas vite, l'ami commence etc. Le gagnant est la personne avec le maximum de marches.

A? Première lettre d'un petit légume avec une odeur très forte!
S? Première lettre pour décrire/parler de personnes et endroits *(places)* agréables.
C? Première lettre d'un pot pour le café chaud.
B? Première lettre d'un autre mot pour 'travail'.
P? Première lettre d'un animal minuscule ou d'une très petite partie électronique.
N? Première lettre d'un transport entre deux places différentes.
C? Première lettre du nom d'un fromage normand célèbre.
V? Première lettre d'une salle pour changer de vêtements.

O? Première lettre pour dire 'ce n'est pas fermé'.
S? Première lettre d'une partie d'un ordinateur ou un petit animal.
C? Première lettre de la profession de la personne qui garde un bâtiment.
F? Première lettre du nom de la personne qui arrive avec les lettres chez vous.
C? Première lettre d'une chose pour fermer une porte.
M? Première lettre pour parler d'une personne pas contente.
L? Première lettre d'un diplôme d'université
L? Première lettre pour un autre mot pour 'bâtiments'.
C? Première lettre d'un boisson célèbre en Normandie.
A? Première lettre d'un autre mot pour 'maintenant'.

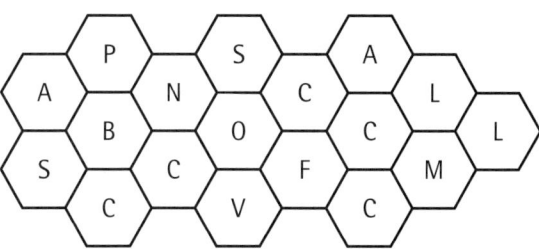

 Écoutez: Un jeu radiophonique

Interviewer: Et maintenant, chers auditeurs, notre nouveau jeu : 'Être ou ne pas Être?' Vous écoutez notre invité mystérieux, vous pensez bien et vous téléphonez vite. La première personne avec la bonne réponse gagne un prix.
Alors, monsieur, vous aimez travailler?

PAS DE PROBLÈME

Homme mystérieux:	Pas beaucoup! Les heures sont longues. Mon boulot a deux aspects: je suis assis dans mon bureau, et j'aide ou j'essaye d'aider les gens avec leurs problèmes, alors je parle beaucoup ou bien je marche beaucoup!
Interviewer:	Vous marchez dans votre bureau?!
Homme mystérieux:	Non, il n'y a pas de place, il est trop petit! Je marche parce qu'à certaines heures, je circule entre beaucoup de bâtiments, je grimpe des escaliers, ce n'est pas toujours agréable!
	Dring Dring!
Interviewer:	Ah! c'est un auditeur. Allô oui? Vous devinez la profession de notre invité?
Auditeur:	Allô, je m'appelle Philippe. Monsieur, vous êtes facteur?
Homme mystérieux:	Désolé, je ne suis pas facteur, je ne travaille pas à la poste!
Interviewer:	Au revoir, Philippe. Merci.
Homme mystérieux:	J'entre dans beaucoup de locaux; si les longs couloirs et les salles sont sombres … quand il n'y a pas beaucoup de personnes, le soir, c'est désagréable!
Interviewer:	Il y a un risque d'attaque?
Homme mystérieux:	C'est possible. Je vérifie si les portes sont fermées, si les choses chères sont cachées. Mais si le personnel est surmené et ne ferme pas les portes, il y a un énorme problème; si j'arrive en retard, on est fichu!
	Dring Dring!
Auditrice 1:	Allô? Mon nom est Suzanne. Vous travaillez pour une banque?
Homme mystérieux:	Pas du tout, désolé! En fait, en général, il n'y a pas de personnes très riches dans les chambres ou la cafétéria, la bibliothèque ou la piscine. Je suis entouré d'un grand nombre de jeunes. Beaucoup sont sympa et très gentils, mais il y a aussi des mécontents! Une autre situation difficile c'est les parkings. Ils sont pleins à craquer dans la journée, alors les visiteurs stationnent souvent devant les portes de secours.
Interviewer:	Oh! C'est dangereux et irresponsable.
	Dring Dring!
Auditrice 2:	Allô, allô? Je m'appelle Catherine. J'ai la bonne réponse. J'ai de la chance! Le monsieur est BzzBiiipmmmmmm …
Interviewer:	Zut! Elle n'a pas de chance! La ligne est coupée!

Nouveaux mots

un auditeur	*a listener*	un bâtiment	*a building*	les couloirs	*the corridors*
gagner un prix	*to win a prize*	des escaliers	*stairs*	fermer	*to close*
marcher	*to walk*	un facteur	*a postman*	cacher	*to hide*
ouvrir	*to open*	désolé	*sorry*	sorties de secours	*emergency exits*

Chapitre 1

 Écoutez: Sylvie cherche un boulot

(Sylvie Fauché habite chez Madame Fiche-Rien. Elles sont ensemble quand Sylvie regarde le journal.)

Sylvie Fauché: Je cherche un petit travail dans le journal. Ah! Il y a une annonce. On cherche quelqu'un pour nettoyer à l'Université. Hum! C'est un travail dur, long et ennuyeux, je suppose. Il y a beaucoup de bâtiments et d'étudiants!

Mme Fiche-Rien: Non! Nettoyer à la Fac c'est très facile! Pas de problèmes! J'ai de l'expérience.

Sylvie: Ah bon? Vous travaillez à l'Université? Vous gagnez beaucoup d'argent?

Mme F-R: Je gagne mon argent et je ne travaille pas dur! Je porte mon uniforme, alors j'ai les clés de tous les bâtiments. J'ouvre les bureaux: il y a les ordinateurs, les photocopieurs, les imprimantes, les téléphones. Ils sont poussièreux mais je ne touche pas! Je n'essaye pas de nettoyer par terre parce que le personnel ne regarde pas par terre! Alors je ferme la porte! J'ai une bonne excuse!

Sylvie: Vous avez une excuse?

Mme F-R: Oui... Si je ne touche pas, je ne risque pas de casser! Après, dans les chambres des étudiants, il y a toujours des vêtements et des magazines par terre devant la porte, partout, alors je n'entre pas. Mes deux bonnes excuses? Je ne marche pas sur les vêtements et je risque de tomber!

Sylvie: Oh!! Et les autres locaux?

Mme F-R: Les amphithéâtres? Ils sont pleins à craquer dans la journée, les gens ne regardent pas. Les salles de sports, les vestiaires? Les gens entrent, marchent partout, alors j'ai une bonne excuse! La vieille bibliothèque? Elle est sombre, il y a beaucoup de livres, beaucoup de tables et beaucoup de gens. Une autre excuse actuellement: les travaux pour construire la nouvelle bibliothèque! La poussière arrive partout!

Sylvie: Alors vous aimez votre boulot parce que vous n'êtes pas surmenée!

Mme F-R: Oui. Je profite de la cafétéria pour rencontrer mes amies. Nous mangeons ensemble. La Fac a un cadre agréable, on est entouré d'arbres verts, alors on aime s'asseoir dans le parc et se bronzer. Oui, voilà mon expérience à l'Université! Je suis licenciée maintenant.

Sylvie: Oh? Vous avez un diplôme, une licence d'université? Est-ce que vous êtes étudiante?

Mme F-R: Non, je suis licenciée parce que mon chef n'aime pas mon travail. Hier matin, il annonce: 'Madame Fiche-Rien, il n'y a pas de boulot pour vous! Vous êtes remplacée!. C'est un mystère!

Nouveaux mots

chercher	to seek
une annonce	an advert
quelqu'un	someone
nettoyer	to clean
gagner de l'argent	to earn money
une imprimante	a printer
la poussière	dust
casser	to break
tomber	to fall
être licencié	1. to have a degree or diploma
	2. to be made redundant
le chef	the boss

Treize 13

PAS DE PROBLÈME

À votre tour

Listen to **Un jeu radiophonique** and answer in English.

1. What is the name of this new radio quiz?
2. What will entice the listeners to listen and guess the mystery guest's identity?
3. The guest says there are two sides to his job: what are they?
4. What was the first listener's guess?
5. What does the guest find unpleasant in the evening?
6. Why is he worried if the staff are overworked?
7. What job suggestion did the first female listener offer?
8. What kind of people is the guest surrounded with at work?
9. Why are the car parks a problem?
10. Why was the last listener both lucky and unlucky?
11. Did you guess the man is 'un concierge à la fac'?

Écoutez **Sylvie cherche un boulot** et répondez en français.

1. Sylvie cherche un appartement dans le journal?
2. Est-ce qu'elle trouve une annonce intéressante?
3. Dit-elle: 'ce travail est facile, rapide et intéressant, je suppose'?
4. Est-ce que Madame Fiche-Rien a une opinion sur le travail à la Fac?
5. Elle n'a pas de clé?
6. Il y a des vêtements dans les bureaux?
7. Est-ce qu'elle touche à la poussière?
8. Pourquoi est-ce qu'elle n'essaye pas de nettoyer par terre?
9. Est-ce que vous comprenez ses excuses pour ne pas nettoyer les chambres?
10. Pourquoi est-ce que les travaux pour la nouvelle bibliothèque sont une excuse?
11. Comment Mme Fiche-Rien profite-t-elle des facilités de la Fac?
12. Est-ce que Mme Fiche-Rien est licenciée parce qu'elle étudie à la Fac?

Au boulot

Research exercise, writing and speaking

Using the Internet or a reference book, seek out information on one French university (see website on page 17) or one town in France. Prepare to make a short presentation. The following expressions might give you some ideas, but you will need to go further.

Je trouve cette ville/université intéressante parce que ...
Il y a .... mille étudiants/habitants.
Elle est moderne/vieille/ belle/ etc.
Elle a quand même ses problèmes ......
On vient ici parce que ......

Elle est située ...
Ses spécialités sont ......
Elle est équipée de ...

Start with: Mesdames et Messieurs, permettez-moi de vous présenter l'Université/la ville de ...

Chapitre 1

Un coup d'oeil sur ...

La Normandie

Nouveaux mots

des vergers	*orchards*
des champs	*fields*
des collines	*hills*
des poutres	*beams*
gras	*fatty*
boire	*to drink*
les stations balnéaires	*sea side resorts*
le fer	*iron*
une clé	*a key*
la chirurgie	*surgery*
effrayant	*frightening*
un chef-d'oeuvre	*a masterpiece*
brodé	*embroidered*
le Débarquement	*the Normandy landing*

Son autre nom est 'la petite Suisse' parce qu'elle est très verte (vergers, champs, collines) avec de jolies maisons aux poutres de bois. Elle est célèbre pour ses pommes donc son cidre et son 'Calvados' (un *brandy* de cidre), et aussi pour ses vaches donc son beurre, sa crème et ses fromages: par exemple le Camembert, fromage assez mou mais il a une mauvaise odeur quand il est vieux!

'Le trou normand' (*the Norman hole*), c'est une coutume à un grand repas: les plats sont gras? La solution: boire rapidement un petit verre de 'Calvados'! Après ça, il y a plus de place dans votre estomac pour continuer à manger. Les Normands sont-ils mystérieux? Si quelqu'un donne 'une réponse normande': il ne dit pas 'oui' mais ne dit pas 'non'!

Visitez: les stations balnéaires élégantes comme Deauville; la ville de Rouen (où Jeanne d'Arc est morte, brûlée) et son musée très intéressant avec des collections énormes de choses en fer, par exemple une clé gigantesque de château-fort ou les premiers instruments de chirurgie. Ils sont effrayants!

À Giverny, entre Rouen et Paris: regardez les fleurs et marchez dans le superbe jardin du grand peintre impressioniste du 19e siècle, Claude Monet. Admirez aussi près du port du Havre, le Pont de Normandie, sur la Seine. Il a 2,4 kms de long: très moderne et impressionant, un chef-d'oeuvre de technologie!

Les plages au nord de Caen (ville moderne universitaire) sont célèbres pour un départ et une arrivée: en octobre 1066 Guillaume le Conquérant (descendant des Vikings installés en France en 910) et son armée traversent la Manche pour attaquer l'Angleterre et le roi Harold. Pour regarder l'histoire de la bataille féroce à Hastings, brodée en détails, sur une magnifique tapisserie, allez au musée de Bayeux, au sud de Caen. Huit cent soixante dix-huit ans après, le 6 juin 1944, sur les mêmes plages, les armées anglaises et américaines (les Alliés) arrivent pour libérer la France occupée par les Allemands, pendant la 2ème guerre mondiale. Visitez le Musée du Débarquement: films, sons des combats, objets: c'est un voyage fascinant dans le passé, au bord de la célèbre plage au sable fin!

La Normandie: jolie, agréable, intéressante, historique, délicieuse!

Une maison normande à Deauville

Free On Line Photos (http://patrick.verdier.free.fr)

Quinze 15

PAS DE PROBLÈME

 Récapitulation

A Put the correct ending for the verbs in brackets. Beware of word order in negative sentences!

1. Mon chat ___ (aimer) les ordinateurs parce qu'il ___ (manger) les souris!
2. Son chat ___ (ne pas aimer) les ordinateurs parce qu'ils ont (avoir) des puces!
3. Vous avez (avoir) de la chance, le stationnement est (être) gratuit ici.
4. Les étudiants ___ (ne pas profiter) d'études ennuyeuses.
5. On ___ (trouver) beaucoup de bureaux dans un grand bureau.
6. Les informaticiens sont (être) souvent entourés d'écrans.
7. Nous ___ (ne pas ouvrir) notre magasin le dimanche. ___ (être) un jour de repos. n'ouvrons. (c'est)
8. En 1906 Pierre Curie ___ (essayer) de traverser devant un bus mais il ___ (tomber)!
9. Les cyclistes du Tour de France ___ (circuler) souvent sur des routes de montagne.
10. Les vrais végétariens ___ (refuser) de tuer: ils ___ (ne pas manger) d'animaux.

B Use **du, de la, de l', des, de** to fill the gaps.
Remember! They can all mean *some/any, from the, of the.*

1. Le facteur ouvre la porte de la boîte (fem.) aux lettres.
2. Les scientifiques cherchent des solutions aux problèmes de la vie.
3. Les météores tombent du ciel (masc.) sur la Terre.
4. La navette circule du centre-ville aux parkings de la banlieue (fem).
5. Le président des Etats-Unis et l'empereur du Japon (masc.) parlent à la télé.
6. Voilà une télécopie ___ secrétaire (fem.) ___ nouvelle firme.
7. Les hommes politiques profitent souvent ___ situation.
8. Un chat agile ne tombe pas ___ branches ___ arbre quand il grimpe!
9. Nous regardons la brochure ___ hôtel où nous aimons aller en vacances.
10. Vous avez ___ sandwichs? Hum désolé, je ne mange pas ___ viande et pas ___ poisson!

C Translate into French, using the appropriate possessive adjectives (**mon/ma/mes**, etc.). Remember: they do not agree with the 'owner'! Pay attention to the ways of asking questions.

1. You look for your files at the registrar's office? *(use **on** and **ses** instead of **vous** and **vos**)*
2. My dear brother, why are you looking for your clothes here?
3. When does their new shop open?
4. Is her office in an old building?
5. We like his small house and its superb setting: how much is it?
6. How much do you earn for your hard work?
7. Don't you find their exercises interesting?
8. Your tutor is Monsieur Cassepieds? Aren't his classes boring?
9. Our old grandparents hate climbing the stairs in our house.
10. Where and when does he meet my new friends?

16 Seize

Chapitre 1

D Give an answer in French, in the negative form, then give the correct facts.

eg: Is the Eiffel Tower in London? Answer: Non! Elle n'est pas à Londres, elle est à Paris.

1. Is Champagne a red wine?
2. Does one find the Bayeux tapestry in the region of the Alps?
3. Are the D-day beaches near the Atlantic ocean?
4. Is Louis Pasteur a famous president?
5. Does the Head of Purchasing eat the goods? (le chef des achats/les marchandises)
6. If your health is bad, are you lucky?
7. On a nudist beach, people wear clothes, don't they?
8. In France, do cars drive on the left like in England?
9. Maths students study history, don't they?
10. Do people park (their car) in a 'piscine'?

Suggested websites

The University of York Language Teaching Centre:
http://www.york.ac.uk/inst/ltc/

French Grammar Central:
http://globegate.utm.edu/french/globegate_mirror/gramm.html

French search engines:
http://nomade.fr
http://fr.yahoo.com/
http://voila.fr/

Link to French universities:
http://www.education.gouv.fr/sup/univ.htm

La Normandie:
http://www.normandy-tourism.org/fr/index.html
http://www.ville-caen.fr/raphael/

Chapitre 2

Menu

Dealing with health issues
Talking about daily life
Saying how long, when and where

Present tense of verbs other than -er verbs
Reflexive verbs
Present tense used to express the future
Aller, faire, devoir, vouloir, pouvoir, savoir/connaître
Irregular adjectives
Depuis, depuis quand, pendant

Assignment: talking and writing about health problems

Un coup d'oeil sur … L'Auvergne

Thermalisme et remise en forme aux thermes de Néris-les-Bains en Auvergne.
© *Comité Régional du Tourisme D'Auvergne*

 Find a way of learning vocabulary that suits **you**, such as writing on different colour cards according to gender and put the translation on the back. Then stick them on the bathroom mirror, the fridge, etc., the dafter, the more memorable. Or store vocabulary in different files on your computer, e.g. words you keep forgetting or words you hate or words you like etc. Whatever method you use, personalise it, you will remember vocabulary far more easily.

18 Dix-huit

Chapitre 2

Rappel

le matin	*the morning*	expliquer	*to explain*	quand	*when*
l'après-midi	*the afternoon*	aujourd'hui	*today*	le soir	*the evening*
commencer	*to start*	maintenant	*now*	la nuit	*the night*
quitter	*to leave (something)*	un mari	*a husband*	écrire	*to write*
bien sûr	*of course*	une femme	*a woman/wife*	lire	*to read*
vite	*quickly*	un hôpital	*a hospital*	vendre	*to sell*
immédiatement	*immediately*	le vin	*wine*	aider	*to help*
fatigué	*tired*	une voiture	*a car*	parler	*to speak/talk*
pauvre	*poor*	une semaine	*a week*	penser	*to think*
voisin	*neighbouring*	un mois	*a month*	utiliser	*to use*
un arbre	*a tree*	un an/une année	*a year*	chercher	*to look for/fetch*
une fleur	*a flower*	un jour/une journée	*a day*	trouver	*to find*
une chaussure	*a shoe*	un journal	*a newspaper*	demander	*to ask (for)*
un bureau	*an office*	un/e locataire	*a tenant/lodger*	poser	*to put (down)*

Time: À sept heures. Il **est** sept heures cinq, sept heures et quart, sept heures et demie, huit heures moins vingt-cinq, huit heures moins le quart, midi, minuit, une heure et demie. Il **est** seize heures trente-cinq.

Date: janvier, février, mars, avril, mai, juin, juillet, août, septembre, octobre, novembre, décembre; lundi, mardi, mercredi, jeudi, vendredi, samedi, dimanche; le premier novembre, le quatorze juillet, le vingt-cinq décembre, le mercredi neuf mars (NOTE: lower case in French).

Numerical order
premier *(first)*, deux**ième**, trois**ième**, quatr**ième** etc, neuv**ième**, onz**ième**, douz**ième**, dernier *(last)*.

This/these/those
Ce collègue (m. sing.) **Cet** article (m. sing. before vowel and 'h') **Cette** personne. (f. sing.) **Ces** résultats. (pl.). These can be made more specific by adding –**ci** or –**là** after the noun to make clear that you mean **this** item rather than **that** item. Eg: Je préfère **ce** livre-**ci** à **ce** livre-**là**. *I prefer this book to that book.*

PREPOSITIONS

à	*to/at*	devant	*in front of*	avant	*before*	à côté de	*next to*
de	*from/of*	derrière	*behind*	après	*after*	en face de	*opposite*
par	*through/by*	contre	*against*	en	*in*	au-dessus de	*above*
pour	*for*	entre	*between*	sauf	*except*	au-dessous de	*below*
sans	*without*	sur	*on*	vers	*towards/in the direction of*		
avec	*with*	sous	*under*	près de	*near*	auprès de	*close to*
chez	*at the house/place of*			dans	*in*	grâce à	*thanks to*
en dehors de	*outside*						

The following prepositions are never directly followed by a noun: **dessous, dessus, dedans, dehors**. Eg: Je verse les gouttes dans le verre (*I pour the drops into the glass*) **BUT** Les gouttes sont dedans (*The drops are in it/inside*).

Dix-neuf 19

Le corps humain

Exercice d'identification

Using a dictionary if necessary, label the body of the dancer and sketch the anatomical parts onto the body outline below.

les cheveux	la tête
les oreilles	le front
les yeux	le nez
les sourcils	la bouche
les joues	la mâchoire
les lèvres	le menton
les dents	la gorge

le cou
les épaules
le bras
le coude
le poignet
la main
le doigt

la poitrine
le ventre
le dos
la taille
les hanches

la jambe
la cuisse
le genou
la cheville
le pied
un orteil

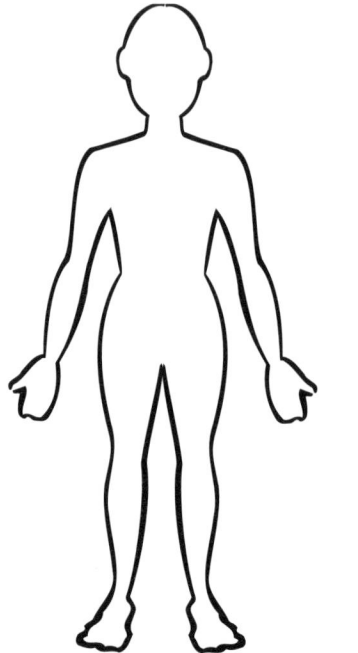

la colonne vertébrale
les poumons
le coeur
l'estomac

le foie
les reins
les intestins
le sang

Attention! Nouveau!

PRESENT TENSES OF VERBS EXCEPT -ER VERBS (CH.1)

In the present tense, all the verbs that do not belong to the -er group have the following endings:

je	ends with	s	
tu	ends with	s	
il/elle/on	ends with	t/d	
nous	ends with	ons	except nous sommes
vous	ends with	ez	except vous dites, vous faites, vous êtes
ils/elles	ends with	ent	(a few end with ont: ils ont, ils sont, ils font, ils vont)

PRESENT TENSE OF -IR VERBS

Verbs ending in -ir in the infinitive (the 'to' form of a verb, e.g. finir = to finish) fall into two main patterns:

a) The majority follow this pattern:

je	finis
tu	finis
il/ elle/on	finit
nous	finissons
vous	finissez
ils/elles	finissent

Amongst common verbs that follow this pattern:

choisir	to choose	remplir	to fill
agir	to act	obéir	to obey
fournir	to provide	nourrir	to nourish
maigrir	to loose weight	grossir	to get fat
grandir	to grow (in size)	rougir	to blush

b) **But** some common -ir verbs are irregular, e.g.:

partir	to go away, to leave	mentir	to lie (untruth)
sortir	to go out	venir	to come
courir	to run	mourir	to die
tenir	to hold	obtenir	to obtain
sentir	to feel, to smell	servir	to serve

In particular, these verbs **do not** have the **iss** form in the plural

eg: Nous venons, vous obtenez, ils partent.

c) Ouvrir-type verbs behave like -er verbs (see Ch. 1). They are:

ouvrir	to open	cueillir	to pick (fruit)
couvrir	to cover	découvrir	to discover
souffrir	to suffer	offrir	to offer
accueillir	to welcome	recouvrir	to cover again

eg: J'ouvre, tu couvres, il découvre, nous recouvrons, vous souffrez, ils offrent.

FAIRE AND ALLER IN THE PRESENT TENSE:

FAIRE and ALLER are irregular verbs, i.e. verbs that do not always follow the regular pattern of the present tense; memorise them as they are so commonly used.

je fais	I do, I make
tu fais	you do, you make (fam.)
il fait	he/it does, he/it makes
elle fait	she/it does, she/it makes
on fait	'one' does, 'one' makes
nous faisons	we do, we make
vous faites	you do, you make (pl. and formal)
ils font	they do, they make (masc.)
elles font	they do, they make (fem.)

je vais	I go
tu vas	you go (fam.)
il va	he/it goes
elle va	she/it goes
on va	'one' goes
nous allons	we go
vous allez	you go (pl. and form.)
ils vont	they go (masc.)
elles vont	they go (fem.)

FAIRE USED TO DESCRIBE WEATHER CONDITIONS:

When you describe the weather, the temperature or other ambient conditions, the expression **il fait** is used in French. If, for example, you wish to say 'it is hot today', do not try to translate the 'it is' with 'c'est' or 'il est' but use the correct **il fait** expression, e.g. **Il fait chaud aujourd'hui**.

Some common expressions include:

il fait beau/chaud aujourd'hui	it is nice/hot today
il fait froid/gris dehors	it is cold/grey outside
il fait clair/sombre maintenant	it is light/dark now
il fait jour/il fait nuit	it is daytime/it is night-time
il fait du vent/il fait du brouillard	it is windy/it is foggy

ALLER USED TO EXPRESS THE IMMEDIATE FUTURE:

To express the future you generally use a verb in the future tense (see Chapter 11). But, to express something that is going to happen soon, you can use the verb **aller** followed by the verb in the infinitive (the 'to' form of a verb, e.g. to walk = marcher).

eg: Je vais manger bientôt	I am going to eat soon
Elle va finir demain	She is going to finish tomorrow
Nous allons danser ce soir	We are going dancing tonight

Note that although the construction aller + infinitive implies the immediate future, it is often used in **spoken** French in place of the future tense

eg: Après mon bac, je vais faire des études de médecine.
After the baccalaureate, I am going to study medicine (even if the bac is years ahead)
Nous allons examiner la surface de la planète Mars en 2011.
We shall study the surface of the planet Mars in 2011.

THE PRESENT TENSE USED TO EXPRESS THE FUTURE:

If an expression of time such as tomorrow, next week, soon etc. is added to the present tense, then a future action is implied without having to resort to using the future tense.

eg: Demain nous quittons Lyon	Tomorrow we leave Lyon
Elle se marie la semaine prochaine	She is getting married next week

SE LEVER, S'ASSEOIR, SE LAVER (REFLEXIVE VERBS)

Verbs like **se laver** *(to wash oneself)* are called reflexive verbs because the pronoun se reflects the subject of the action. In the example je me lave *(I wash (myself))* the **je** and the **me** refer to the same person *(I myself)*. Many ordinary verbs can be made reflexive by adding the reflexive pronoun. Take the verb **laver**, made into the reflexive verb **se laver**: compare **nous lavons le chien** *(we wash the dog)* with **nous nous lavons** *(we wash (ourselves))*.

The reflexive pronouns are:

me (accompanies je)	je me lave	I wash (myself)
te (accompanies tu)	tu te laves	you wash (yourself)
se (accompanies il/elle/on)	il se lave	he washes (himself)
nous (accompanies nous)	nous nous lavons	we wash (ourselves)
vous (accompanies vous)	vous vous lavez	you wash (yourselves)
se (accompanies ils/elles)	elles se lavent	they wash (themselves)

The reflexive pronoun always goes in front of the verb in French.

Reflexive verbs are quite common in French; they are not always translated with *oneself* in English. Look at the verbs below and notice that their translation varies between the reflexive and the non-reflexive form.

Se lever	to get up	Jean se lève	but	lever	to lift	Jean lève les yeux
Se coucher	to go to bed	Jean se couche	but	coucher	to put to bed	Jean couche le bébé
Se réveiller	to wake up	Jean se réveille	but	réveiller	to wake	Jean réveille le chien
S'endormir	to go to sleep	Jean s'endort	but	endormir	to send to sleep	Jean endort l'audience
S'ennuyer	to be bored	Jean s'ennuie	but	ennuyer	to annoy	Jean ennuie ses amis
S'amuser	to have fun	Jean s'amuse	but	amuser	to amuse	Jean amuse la galerie
S'arrêter	to stop	Jean s'arrête	but	arrêter	to stop, to arrest	Jean arrête la voiture
Se tromper	to make a mistake	Jean se trompe	but	tromper	to betray	Jean trompe sa femme
Se promener	to go for a walk	Jean se promène	but	promener	to walk	Jean promène le chien
S'asseoir	to sit down	Jean s'assied	but	asseoir	to sit xxx down	Jean assied le bébé
Se tenir	to stand	Jean se tient droit	but	tenir	to hold	Jean tient sa femme
Se rappeler	to remember	Jean se rappelle	but	rappeler	to call back	Jean rappelle son chien
S'occuper de	to look after	Jean s'occupe du bébé	but	occuper	to occupy	Jean occupe le bébé
Se servir de	to use	Jean se sert de l'auto	but	servir	to serve	Jean sert le dîner
Se fâcher	to get angry	Jean se fâche	but	fâcher	to anger	Jean fâche sa femme
Se souvenir	to remember	Jean se souvient	(no common non-reflexive equivalent)			
Se dépêcher	to hurry	Jean se dépêche	(no common non-reflexive equivalent)			

Reflexive verbs can also be used to express a reciprocal action, often translated into English by the expression *each other*

> eg: Harold et Maud se rencontrent tous les jours.   Harold and Maud meet each other every day.

Often in English the *each other* is not translated, even though the action is reciprocal,

> eg: Harold et Maud se marient.   Harold and Maud are getting married (= are marrying each other).

POUVOIR, DEVOIR, VOULOIR, SAVOIR

Pouvoir is used to express an ability and is often translated into English by *to be able to, can*, or *may*.

> eg: Nous pouvons visiter ce pays avec un visa   We are able to visit this country with a visa
> Elle peut lever le pied   She can lift her foot
> Est-ce que je peux aller aux toilettes?   May I (can I) go to the loo?

Note that if you use the form of question that uses an inversion, **je peux** changes into **puis-je?**

> eg: Puis-je aller aux toilettes?   May I (can I) go to the loo?

Devoir is used to express necessity as well as obligation.

> eg: Nous devons respirer pour vivre   We have to breathe to live
> Nous devons travailler pour vivre   We must work to live

Vouloir is used to express a desire or request and is often translated into English by *want*.

> eg: Je veux travailler pour Médecins sans Frontières   I want to work for Médecins sans Frontières

PAS DE PROBLÈME

Savoir means *to know facts/to know how (to do something)* and must not be confused with **connaître** which means *to know people, places or things/to be acquainted with*.

eg: Je sais faire des crêpes	I know how to make pancakes
Je sais qu'il est malade	I know that he is ill.
Je connais bien Louis	I know Louis well.
Je connais les films de Truffaut	I know Truffaut's films

Do not confuse **savoir** and **connaître**

The verbs **pouvoir, devoir, vouloir, savoir** are followed by the infinitive of the verb that they modify.

eg: Je peux marcher	I can walk
Je dois marcher	I must walk
Je veux marcher	I want to walk
Je sais marcher	I know how to walk

All these verbs are irregular and their present tense is as follows:

Pouvoir
je peux	I can
tu peux	you can
il peut	he can
elle peut	she can
on peut	one can
nous pouvons	we can
vous pouvez	you can
ils peuvent	they can
elles peuvent	they can

Devoir
je dois	I must
tu dois	you must
il doit	he must
elle doit	she must
on doit	one must
nous devons	we must
vous devez	you must
ils doivent	they must
elles doivent	they must

Vouloir
je veux	I want
tu veux	you want
il veut	he wants
elle veut	she wants
on veut	one wants
nous voulons	we want
vous voulez	you want
ils veulent	they want
elles veulent	they want

Savoir
je sais	I know
tu sais	you know
il sait	he knows
elle sait	she knows
on sait	one knows
nous savons	we know
vous savez	you know
ils savent	they know
elles savent	they know

ADJECTIVES (AGAIN)

Beau, nouveau, vieux are adjectives that come before the noun that they describe (see Chapter 1). If that noun is masculine and starts with a vowel or letter 'h', then a modified version of the adjective is used to make it easier to pronounce.

eg: Un **bel** habit *(a beautiful suit)*, un **nouvel** hôtel *(a new hotel)*, un **vieil** ami *(an old friend)*.

The feminine form of these adjectives is **belle(s), nouvelle(s), vieille(s)**.

Some adjectives change their meaning depending on whether they are placed before or after the noun that they describe; for example **propre** means *own* when placed before the noun and *clean* when placed after the noun.

eg: mes propres vêtements	my own clothes
mes vêtements propres	my clean clothes

Look out for the different meanings of **propre** *(own/clean)*, **ancien** *(former/ancient)*, **cher** *(dear/expensive)*, **pauvre** *(poor = pitiable/poor = destitute)*. **Prochain** and **dernier** also have slight differences in meaning:

la semaine prochaine	*next week*	la semaine dernière	*last week*
la prochaine fois	*next time*	la dernière fois	*last time*

Finally, **grand** changes meaning depending on position and context.

If *big* is intended, place before the noun:	un grand garçon	*a big boy*
If *great* is intended, place before the noun:	un grand homme	*a great man*
If *tall* is intended, place after the noun:	un homme grand	*a tall man*

DEPUIS, DEPUIS COMBIEN DE TEMPS, PENDANT, POUR

Depuis: In English, if you wish to say that you have been doing something for a while and are still doing it, you use the past tense. But in French you use the present tense and **depuis** to indicate that you have been doing this *since* a particular time.

eg: Je travaille chez Michelin depuis dix ans	*I have been working for Michelin for 10 years (and still am)*

Depuis combien de temps means literally *since how long*. It is the phrase needed for asking *how long have you been doing something?* It requires the present tense, as the action is still going on.

eg: Depuis combien de temps travaillez-vous chez Nestlé?	*How long have you been working for Nestlé?*

Pendant means *during* and *for (a length of time)*.

eg: Je dois travailler pendant les vacances	*I have to work during the holidays*
Il faut chauffer la solution pendant 5 minutes	*It is necessary to heat the solution for 5 minutes*

[Note: **Pendant** is particularly used to refer to a length of time that is **past**.]

eg: J'ai travaillé chez Renault pendant 10 ans	*I have worked for Renault for 10 years (and am now no longer working there)*

Pour can only be used to refer to a span of time in the future.

eg: Je vais partir pour 15 jours	*I am going to go away for a fortnight*

If you are in doubt about whether to use **pendant** or **pour,** use **pendant** to be on the safe side.

PAS DE PROBLÈME

La vie quotidienne

Écoutez

1. Permettez-moi de me présenter.* Je m'appelle Philippe Bouvet. Je suis vétérinaire et je travaille en Auvergne depuis vingt-sept ans. Ma journée typique commence quand je me lève vers six heures et demie. Je m'habille vite parce que je vais faire une promenade à cheval avant le travail*. Pour moi, le boulot finit d'habitude vers sept heures du soir. Je me dépêche de rentrer. À la maison je me douche, puis c'est le moment que j'attends depuis le matin... encore une promenade dans la belle campagne de l'Auvergne.

2. Quelle vie en ce moment! Métro, boulot, dodo! Nous habitons, mon copain et moi, à Paris. Nous faisons nos études et nous travaillons en même temps. Il faut payer le loyer, non?

   Jean-Louis doit quitter la maison à six heures. Il va à la bibliothèque où il écrit des dissertations, lit des articles et fait des recherches. Puis il va à ses cours. Après il va dans un centre d'appels. Il travaille pendant cinq heures. Il vend du vin par téléphone. Et moi, après les cours à la fac, je me couche, et si possible je m'endors immédiatement. C'est parce que je travaille la nuit dans un bar. Quelle vie!

3. Salut! *Je m'appelle Clotilde. Je suis mariée et nous avons deux enfants, Jean-Luc et Xavier. Je suis infirmière, alors je travaille souvent la nuit. Nous nous couchons à neuf heures du soir, mais je me réveille à minuit et je vais à l'hôpital. Quand les autres dorment, je m'occupe des malades. Quand mon mari, Jean, et les enfants se lèvent, j'attends le bus pour rentrer*. Vous vous demandez pourquoi je fais ce travail? Je choisis la nuit parce que c'est calme, et je suis infirmière parce que j'aime aider les gens.

4. Mon nom? Bond. Prénom: James. Ma routine? Ma vie n'a pas de routine. Je m'habille en costume noir, classique. Je me sers d'un Walther PPK. Je me couche quand je trouve une jolie fille. Je me lève avant elle. (Et quoi? Je ne veux pas me remarier!) Je travaille pour les services secrets. Je me défends bien. Quand je me fâche contre un adversaire il en subit les conséquences. Je vais, régulièrement, parler avec Q, responsable des gadgets. Aujourd'hui je vais demander une nouvelle voiture pour remplacer la vieille. J'ai ce modèle ancien depuis sept semaines. Elle souffre un peu depuis ma dernière rencontre avec le petit monsieur au chapeau melon.

Nouveaux mots

quotidien *daily*
(un quotidien *a daily newspaper*)
s'habiller *to get dressed*
faire une promenade *to go for a walk*
un cheval/aux *a horse(s)*
d'habitude *usually*
se doucher *to take a shower*
encore un/e *another*
le dodo *sleep (childish)*
en même temps *at the same time*
le loyer *the rent*
un centre d'appels *call centre*
une infirmière *a nurse*
un malade *a sick person*
se demander *to wonder*
les gens *people*
un costume *a suit*
se servir de *to use*
se fâcher *to get angry*
remplacer *to replace*
une rencontre *an encounter*
un chapeau melon *a bowler hat*

Chapitre 2

À votre tour

Écoutez et notez

- Sans regarder les textes, écoutez l'enregistrement et notez les détails personnels de ces personnes.
- Écoutez une deuxième fois et notez les détails de leur routine quotidienne.

À vous d'écrire

- Dans les passages 1, 2 et 3, il y a une partie marquée *...*.
  Pour le premier passage, écrivez les phrases à la troisième personne (Il s'appelle, etc.).
  Pour le deuxième passage, écrivez les phrases comme Jean-Louis (Je dois quitter, etc.).
  Pour le troisième passage, écrivez les phrases à la troisième personne (Elle s'appelle Clotilde, etc.).

À vous de parler

- Travail à deux. Décrivez votre routine quotidienne (réelle ou imaginaire). Votre partenaire doit noter les détails. Après ça, vous vérifiez.

Note the usage of pendant and depuis in passages 1, 3 and 4 in **La vie quotidienne**.

À vous d'écrire

 Remplissez les blancs dans les phrases ci-dessous.

Choisissez un des termes suivants: **depuis, pendant, pour**.

1 Mon collègue travaille dans ce bureau _depuis_ janvier.
2 J'espère voyager en Afrique _pendant/pour_ 6 mois.
3 Nous habitons au Canada _depuis_ 3 ans.
4 Les candidats étudient l'article _depuis/pour_ une demi-heure, puis ils expliquent le texte à l'examinateur.
5 _Depuis_ l'été nous travaillons dans une colonie de vacances. *(pendant)*
6 J'ai mon chat _depuis_ 1999, et nous nous entendons très bien.
7 Le chef des ventes *(sales manager)* va s'absenter _pour_ deux semaines.
8 Ils cherchent les documents d'assurance *(insurance)* _depuis_ l'accident.
9 Mon fils s'amuse à l'ordinateur _pendant_ 10 heures du matin.
10 Écrivez votre dissertation avant le cours mais pas _pendant_.

B Mettez ces phrases en français

eg: *How long have you been studying politics?*
   Depuis combien de temps étudiez-vous les sciences politiques?/Vous étudiez les sciences politiques depuis combien de temps?

1 How long has she been unconscious?
2 How long have you had a sore throat?
3 How long has the Eurostar been running? (to run (train, bus etc): *circuler*)
4 How long has the 'Tour Eiffel' been in Paris?
5 How long have they been working at 'Michelin'?
6 How long have you been waiting?
7 How long has one been able to travel under the English Channel?
8 How long have you known these friends?
9 How long has he known (that) she wants to go abroad?
10 How long has it been foggy?

Vingt-sept 27

PAS DE PROBLÈME

Vous pouvez sauver une vie!

Savez-vous faire le bouche-à-bouche si quelqu'un ne respire pas?

D'abord s'il y a une obstruction vous tournez **la tête** de la victime sur le côté et vous devez nettoyer rapidement **sa bouche**.

Puis mettez **une main** sur **le front** et l'autre main derrière **le cou**: comme ça vous pouvez pencher sa tête en arrière, et l'air peut entrer.

Ensuite: poussez **le menton** vers le haut; pincez **le nez** avec **vos doigts**, comme ça le nez est fermé; mettez votre bouche sur la bouche de la victime, et soufflez très fort quatre fois très rapidement.

Après les quatre gros souffles, **la poitrine** doit se gonfler puis s'abaisser. Il faut faire attention et bien regarder! Quand elle s'abaisse, vous devez souffler encore, puis regarder ..., puis souffler, puis regarder ...

Quand elle peut respirer sans aide, vous devez tourner la victime sur **le ventre**, avec sa tête tournée sur le côté, **une jambe** un peu pliée, **ses bras** à plat par terre, de chaque côté du **corps**.

Il faut couvrir la victime si vous pouvez, parce qu'elle est probablement dans un état de choc, donc elle a froid. Et bien sûr, quelqu'un doit téléphoner à une ambulance ou un docteur!

IL FAUT is always used in the **il** form only and means *it is necessary/one needs*.
eg: Il faut manger pour vivre: *One needs to eat to live.*

It can also have the meaning of *one/we/you must*
eg: Il faut faire attention: *You/we/one must pay attention (be careful).*

IL NE FAUT PAS means *there is no need to*.
eg: Il ne faut pas vous lever: *There is no need for you to get up.*

It can also have the meaning of *one/we/you must not*.
   Il ne faut pas faire ça!   *You/we/one must not do that!*

Chapitre 2

À votre tour

A Mettez les phrases dans le bon ordre et corrigez les erreurs.

Pour pouvoir sauver une vie:

a) il faut mettre les bras de la victime à plat, près de son corps.
b) il faut pincer les oreilles avec vos doigts.
c) il faut nettoyer lentement la bouche s'il y a une obstruction.
d) il faut tourner la victime sur le ventre.
e) il faut pousser le menton vers le bas.
f) il faut mettre un pied sur le front et l'autre derrière le cou.
g) il faut mettre votre bouche dans la bouche de la victime.
h) il faut souffler quarante fois très rapidement.
i) il faut recommencer à souffler quand la poitrine s'abaisse.
j) il faut faire attention et fermer vos yeux.
k) il faut mettre la tête de la victime entre ses pieds, quand elle peut respirer.
l) lil faut découvrir la victime parce qu'elle a froid.

B Maintenant décrivez vos actions si vous faites un bouche-à-bouche.

eg: D'abord, s'il y a une obstruction, je tourne la tête de la victime...

C Vous connaissez le corps humain? Il manque un mot (*a word is missing*). Mettez le mot exact:

1. Le ____ est entre la tête et les épaules.
2. Le ____ est l'articulation entre la main et le ____.
3. Les ____ sont de chaque côté de la tête.
4. La ____ ____ se trouve au milieu du dos et la ____ au milieu de la bouche.
5. Le ____ se situe entre la poitrine et les cuisses.
6. Les jambes se plient grâce à l'articulation des ____.
7. Est-ce que vous vous servez de vos ____ pour compter?
8. Les ____ sont les doigts des ____.
9. L'articulation entre la jambe et le pied s'appelle la ____.
10. Les mâchoires portent les ____, à l'intérieur de la ____.
11. Si on a seulement un ____, on est borgne (*one-eyed*).
12. Le visage se compose d'un ____ en haut, puis deux ____ sont situés au dessus des ____; au milieu, le ____ est au dessus de la ____; en bas du visage se trouve le ____.

Danger!

AVOIR MAL ...
    à la tête   *to have a head ache ('an ache to the head')*
    au ventre   *to have tummy ache*
    à l'estomac   *to have stomach ache*
    aux pieds   *to have sore feet*
avoir mal au coeur   *to feel sick (nauseous). NOT 'to have a pain in the heart'!*
J'ai mal ici   *it hurts here/I have an ache here*
Ça fait mal   *it hurts*
Aïe!   *Ouch!*
Avoir (la jambe cassée)   *to have (a broken leg)*
Avoir besoin de   *to need (lit. 'to have need of'): j'ai besoin de*

PAS DE PROBLÈME

Conseils importants

Vous avez un rhume *(a head cold)*, une toux *(a cough)*, la grippe *('flu)*, une piqûre *(a sting/also an injection)*? Allez à la pharmacie: le pharmacien va proposer quelque chose contre vos symptômes.

Sur un médicament il y a des instructions: il faut faire attention et obéir *(learn the vocabulary)*.

- À prendre (avant/après) les repas — *To be taken before/after meals*
- À jeun/dans un demi-verre d'eau — *On an empty stomach/in $\frac{1}{2}$ a glass of water*
- Une cuillerée (une/deux)fois par jour — *One spoonful (once/twice) a day*
- Dissoudre dans un peu d'eau — *Dissolve in a little water*
- Ne pas prendre plus de 3 fois en 24 h — *Do not take more than 3 times in 24 hrs*
- Avaler sans croquer — *Swallow whole ('without crunching')*
- Ne pas mâcher, avaler entier — *Do not chew, swallow whole*
- Risque de somnolence — *May cause drowsiness*
- Ne pas utiliser près des yeux — *Do not use near the eyes*
- Ne pas prendre en cas de grossesse — *Not to be taken in pregnancy*
- Arrêter en cas d'effets secondaires — *Stop if you suffer side effects*
- Appliquer la pommade modérément — *Apply ointment sparingly*

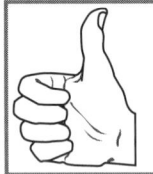

'Un préservatif' will not be found in processed food ... It is a condom!

Nouveaux mots

le cabinet — *the surgery*
les heures de consultation — *the surgery hours*
un écriteau — *a notice board*
une ordonnance — *a prescription*
agir — *to act*
perdre — *to lose*
une feuille de soin: *a form proving medical care*
un formulaire — *a form*
la Sécurité Sociale — *National Health Service*
un médicament — *medicine*
une vignette — *a sticker*
une étiquette — *a label*
coller — *to stick*
obtenir — *to obtain*
la paperasserie — *red tape/official paperwork*

Malade en France?

Si vous tombez malade, vous pouvez choisir votre médecin et son cabinet médical. Les *heures de consultation* sont *affichées* sur un *écriteau* près de la porte d'entrée. C'est une bonne idée de penser à l'avance comment dire en français où vous avez mal et décrire vos symptômes.

Le médecin doit vous examiner, puis il va écrire une *ordonnance*. Il va peut-être conseiller des suppositoires... même pour une angine ou pour une toux, parce que c'est absorbé par le corps et ça agit plus vite!

Il doit aussi signer la feuille de soins et le formulaire E111 si vous êtes touriste britannique. Vous devez payer ou la consultation ou sa visite, mais la *Sécurité Sociale* en Grande Bretagne va rembourser le coût.

Il faut aller à la pharmacie pour acheter les *médicaments* mentionnés sur l'ordonnance, mais attention! Il ne faut pas perdre la *vignette* c'est-à-dire la petite *étiquette* collée sur la boîte ou la bouteille: vous devez coller ce papier sur un formulaire pour obtenir un remboursement.

Les Français aiment *la paperasserie* administrative! Alors, bonne santé!

À votre tour: vrai ou faux?

A **Lisez et écoutez Malade en France puis répondez vrai ou faux et donnez la bonne réponse.**

1. Vous ne choisissez pas votre médecin, n'est-ce pas?
2. Les heures de consultation sont cachées, n'est-ce pas?
3. Les médecins ne viennent pas à domicile, n'est-ce pas?
4. Vous devez décrire vos symptômes, n'est-ce pas?
5. Il donne une ordonnance avant de vous examiner, n'est-ce pas?
6. Vous devez demander qu'il signe la feuille de soins, n'est-ce pas?
7. La consultation est toujours gratuite, n'est-ce pas?
8. La Sécurité Sociale s'occupe du remboursement, n'est-ce pas?
9. On obtient les médicaments à la droguerie, n'est-ce pas?
10. Les médicaments sont gratuits pour les touristes, n'est-ce pas?
11. Une 'vignette' est seulement une taxe pour les voitures, n'est-ce pas?
12. Un touriste ne peut pas obtenir de remboursement, n'est-ce pas?

À votre tour

Jeu de rôle

Vous faites un séjour chez des amis en France; malheureusement vous tombez malade. Ils appellent le médecin.

1. À vous d'écrire

Lisez le dialogue **Une visite médicale**.
Écrivez, en français, les détails de vos symptômes.
Écrivez en anglais les questions et les réponses du docteur.

Une visite médicale

Médecin: Bonjour. Alors, depuis combien de temps ça ne va pas?
Vous: *Hello Doctor. I have not felt well for 2 or 3 days, I have a terrible headache. I feel very tired, I am sleepy all the time! I don't eat because I am not hungry.*
Médecin: Vous avez de la fièvre, n'est-ce pas? Ouvrez la bouche, je vais prendre votre température (il place un thermomètre dans votre bouche) et je vais ausculter vos poumons (il écoute votre poitrine avec un stéthoscope). Respirez profondément. Encore une fois. Bon, ça va.
Vous: *I am hot one moment, I am very thirsty, then I am cold ... I also often get shivers.*
Médecin: Oui, bien sûr, parce que je pense que vous avez la grippe! Regardez, vous avez 39 de température! Vous devez rester au lit pendant plusieurs jours. Il faut boire du liquide souvent, un peu d'eau. Il ne faut pas vous inquiéter si vous n'avez pas faim: votre corps se bat contre les microbes, il ne veut pas manger! C'est normal.

PAS DE PROBLÈME

Vous: *Can I have some medicine for the headache?*
Médecin: Mais oui! Je vais faire une ordonnance; vous devez prendre ces comprimés toutes les quatre heures. J'espère que vous allez vous sentir mieux dans quelques jours!

Danger!

Vous allez **vous sentir** mieux   *You are going to feel better*

Note the difference between **sentir** (to feel, also to smell something) and **se sentir** which is used to express how you feel.

Danger!

Avoir + noun = to be + adjective (for person or animal)

avoir faim	*to be hungry*	avoir peur	*to be afraid*
avoir soif	*to be thirsty*	avoir raison	*to be right*
avoir froid	*to be cold*	avoir tort	*to be wrong*
avoir chaud	*to be hot/warm*	avoir de la chance	*to be lucky*
avoir sommeil	*to be sleepy*	avoir honte	*to be ashamed*
avoir (vingt) ans	*to be (20) yrs old*		

---

2. À vous de parler

a Utilisez le dialogue d'**Une visite médicale**. Une personne est le médecin, l'autre est le patient. Vous parlez français, bien sûr! D'abord chaque personne peut lire son rôle, mais ensuite essayez d'avoir cette conversation sans trop regarder le texte.

b La personne A est le malade et pense à un problème de santé mais peut seulement répondre 'oui' ou 'non'. La personne B est le docteur et pose des questions sur les symptômes pour deviner *(guess)* le problème.

Nouveaux mots

des frissons   *shivers*
un comprimé/un cachet *a tablet*
vomir   *to vomit*
ausculter *to examine (chest)*
une entorse   *a sprain*
une angine   *tonsilitis*
le vertige   *dizzy spell*
des courbatures   *stiffness*
la diarrhée   *diarrhoea*
le torticolis   *stiff neck*
une douleur   *a pain*
une coupure   *a cut*
la gueule de bois *hangover*

Trente-deux

Pour s'amuser

Le dictionnaire est indispensable!
Cochez la bonne réponse.

1. On cherche du **sparadrap** quand
   - on se coupe le doigt. ☐
   - on est enrhumé. ☐
   - on a mal à la tête. ☐

2. Une **angine** est une maladie
   - du coeur ☐
   - des hanches ☐
   - de la gorge ☐

3. Quand on a **mal au coeur**
   - on va vomir ☐
   - on va souffrir une crise cardiaque ☐
   - on est amoureux de quelqu'un ☐

4. On **se casse la tête** quand
   - on tombe ☐
   - on cherche une solution ☐
   - on meurt ☐

5. Les **joues** font partie
   - des jambes ☐
   - de la figure ☐
   - du cou ☐

6. Un **kinésithérapeute** pratique
   - le massage ☐
   - la consultation conjugale ☐
   - la chirurgie esthétique ☐

7. Un **orteil** est
   - une plante qui fait mal quand on touche ☐
   - un organe pour écouter ☐
   - une partie du pied ☐

8. Si on veut **une tisane** on prend
   - une tasse ☐
   - une seringue ☐
   - un cachet ☐

9. On consulte **une sage-femme** si
   - on est stupide ☐
   - on est enceinte ☐
   - on veut savoir son destin ☐

10. **Une femme qui est docteur** est
    - une médecine ☐
    - un médicament ☐
    - une femme docteur ☐

✚ Blague

Dans un milieu bourgeois, le mari meurt subitement. La domestique demande à Madame: 'Madame, je mets où le mort?' Madame répond choquée: 'Valentine, on dit Monsieur! Mettez Monsieur dans sa chambre, les pompes funèbres vont bientôt arriver'. Quelques heures plus tard, les croque-morts sont à la porte. Valentine va ouvrir, puis revient trouver Madame. 'Madame, les croque-monsieur sont ici!'

PAS DE PROBLÈME

Le docteur Croquemort va voir 5 patients à l'hôpital, mais il trouve que ses notes sont en désordre. Utilisez les informations au dessous du tableau pour remplir les cases et reconstituer ses dossiers.

No. du lit	1	2	3	4	5
Prénom					
Profession					
Condition médicale					
Passe-temps					
Autres informations					

Un peu de vocabulaire pour vous aider:

un/e scientifique	*a scientist*	un/e informaticien/ne	*an IT specialist*
un/e malade mental/e	*someone who has mental problems*		
une mâchoire cassée	*a broken jaw*	l'asthme	*asthma*
l'équitation	*riding*	le jardinage	*gardening*
chauve	*bald*	célibataire	*single/unmarried*
un lit	*a bed*	la cuisine	*here: cooking*

Informations:

* Magali a mal au dos.
* La personne dans le premier lit a huit enfants.
* La personne qui utilise un microscope dans un laboratoire a un frère en Australie.
* Pierre sait tout sur les locataires.
* Maryvonne s'occupe des malades. La personne à côté d'elle travaille à l'ordinateur.
* La personne qui doit nettoyer l'escalier va souvent au stade pour jouer au football.
* L'infirmière est malade mentale.
* La personne qui travaille pour les forces de l'ordre sait préparer le coq au vin.
* La femme qui est asthmatique est célibataire.
* La personne qui se fâche facilement occupe le dernier lit.
* Maryvonne aime les fleurs et les arbres.
* Le film préféré de Françoise est 'A Bout de Souffle'.
* La personne qui n'a pas de cheveux a des angines fréquentes.
* La personne dans le lit à côté de l'agent de police a deux chevaux.
* Jean-Paul est dans le lit entre Magali et Françoise.
* Le concierge a la mâchoire cassée.
* La personne qui pratique l'équitation se trouve dans le lit numéro deux.
* L'informaticienne adore les films de François Truffaut.
* La personne dans le lit numéro quatre est asthmatique.
* Maryvonne occupe le lit numéro cinq.

Chapitre 2

Au boulot

Chez le médecin

Writing and speaking
You are ill, need to go and see a doctor but do not feel very confident about speaking. So you prepare in writing a description of your symptoms and all the questions you wish to ask. Write it out, then rehearse with a partner and present the doctor/patient exchange to your group.

Un coup d'oeil sur ...

l'Auvergne

Nouveaux mots

un ensemble *a collection*
des restes (f) *remains*
endormi *dormant*

grâce à *thanks to*
une cascade *a waterfall*
sans *without*
une bouteille *a bottle*

la charcuterie *delicatessen*
la pêche *fishing*

La région de l'Auvergne occupe la majorité du Massif central, vaste ensemble de hautes terres du centre et du sud de la France. Elle est célèbre pour ses 'puys', des restes de volcans. Il y a même des villes au sommet de certains puys. On peut visiter le puy de Dôme. Impressionnant, il culmine à 1465 m, mais repose sur un plateau granitique à 1000 m. Mais vous ne risquez pas de danger. Ce volcan est endormi depuis 11 000 ans!

C'est grâce à son histoire de volcanisme qu'il y a, aujourd'hui, de belles montagnes, de jolis lacs, des cascades et des sources minérales et thermales. Vous êtes malade? Vous devez visiter une station thermale: Chaudes-Aigues pour les rhumatismes, le Mont-Dore pour l'asthme, Royat pour les artères et le coeur. Sans oublier Vichy, où on met les eaux en bouteille parce qu'elles sont si bonnes pour la digestion.

En Auvergne il y a beaucoup de vaches, de moutons, de chèvres et de porcs. Donc il y a aussi de très bons fromages comme le Cantal, le Saint-Nectaire et la Fourme d'Ambert, et des saucisses sèches et d'excellents jambons dans les charcuteries. Si vous êtes très courageux vous pouvez aussi goûter les tripoux de Chaudes-Aigues. Vous aimez le poisson? Il y a beaucoup de possibilités pour faire la pêche dans la région. On mange bien en Auvergne.

La chaîne des Puys. © P. Soissons/Comité Régional du Tourisme D'Auvergne

PAS DE PROBLÈME

Nouveaux mots

une randonnée *a long walk*
fier *proud*

subir un échec *to suffer a setback*

rude *harsh*

une usine *a factory*

étroit *narrow*
radin (fam.) *stingy/mean*

Après le repas, un peu d'exercice! La région offre beaucoup de choix: randonnées dans les montagnes, ski alpin ou ski de fond, cyclisme, promenades à cheval ... Ou on peut regarder les autres! Pourquoi pas aller voir un match de football à Clermont Ferrand?

Les Auvergnats sont fiers de leur histoire. En 52 avant J-C, Vercingétorix, jeune noble du pays, organise la résistance à l'armée romaine. Son armée est bien supérieure à l'armée de César et les Romains subissent ici leur seul échec important en Gaule. Ce n'est pas seulement Astérix!

Aujourd'hui la région souffre un peu de la 'désertification' de la campagne. Il n'y a pas assez de travail pour les habitants dans les villages, le climat est rude et les gens vont s'installer dans les villes. Il y a quelques industries importantes dans les villes, par exemple les usines Michelin à Clermont Ferrand et les imprimeries de billets de la Banque de France à Chamalières. Dans la capitale, Clermont Ferrand, on trouve aussi une université spécialisée dans la recherche industrielle, les biotechnologies et l'électronique.

L'Auvergne, avec son paysage magnifique offre aussi des églises médiévales, des villages à ruelles étroites, des animaux sauvages comme la marmotte et le premier funiculaire de France à traction électrique (Mont-Dore). Vous êtes sûr de trouver quelque chose pour vous plaire. Mais attention! Les Auvergnats sont réputés être radins!

Récapitulation

A Rewrite these sentences using the correct form of the verb in brackets.

1. Mes étudiants ___ (devoir) s'occuper des rats.
2. Nous ___ (se réveiller) très tard pendant les vacances.
3. Je ___ (ne pas pouvoir) m'absenter aujourd'hui.
4. L'infirmière ___ (aller) chercher du sparadrap.
5. Tu ___ (s'entendre) bien avec ton mari?
6. Est-ce qu'ils ___ (vouloir) voir les résultats de l'examen?
7. Les employés ___ (ne pas savoir) où trouver le chef.
8. Excusez-moi! Je ___ (se tromper)!
9. Il faut faire attention quand vous ___ (choisir) votre médecin.
10. Ils ___ (ne pas pouvoir) dire si c'est la bonne route.

B Choose the appropriate preposition from the list to fill each gap in this passage.

Dans (×2); à côté; à gauche; entre; sous; sur (×2); contre; derrière.

Quand je monte me coucher, je m'assieds ___ le lit *(bed)* pour me déshabiller. Je place mes dents ___ le verre ___ la table ___ de mon lit. Je pose mes lunettes *(spectacles)* ___ des dents. Puis j'enlève mon oeil en verre. Je pose l'oeil ___ une boîte *(box)*, ___ les dents et les lunettes. Ensuite je défais ma jambe de bois *(wooden)*. Je pose la jambe ___ le lit. Comme ça, elle ne peut pas tomber. Mon mari n'a pas ces problèmes. Il est aveugle *(blind)*! Mais il laisse sa canne *(stick)* ___ sa chaise, ___ le mur.

Chapitre 2

C Use an expression containing the verb avoir to complete these sentences.

eg: Je vais à la pharmacie parce que **j'ai besoin** *(avoir besoin)* d'un médicament.

1 On ouvre la fenêtre quand on ___a chaud___.
2 Vous ___avez faim___ ? Voici un sandwich.
3 Aïe! Je n'aime pas la forêt la nuit. J'___ai peur___.
4 Mes amis se réveillent toujours très tôt, et à dix heures du soir ils ___ont sommeil___.
5 Non, mon ami. Je regrette, mais tu ___as tort___. Tu calcules mal.
6 Elles ___ont hâte___. Elles vont partir en Australie pour 2 mois!
7 Donne-moi de la limonade, s'il te plaît. J'___ai soif___.
8 On ___a hâte___ en Auvergne en hiver si on ne porte pas de manteau.
9 Il dit que c'est la seule solution et il ___a raison___.

D Write a sentence containing the verb faire to express these ideas in a different way.

eg: Il est 6 heures du matin et la nuit a passé. > Il fait jour.

1 Il ne fait pas chaud.
2 Quel temps! Impossible de voir *(see)* ma main devant moi.
3 Un temps splendide!
4 Il y a du tonnerre et des éclairs.
5 Vous regardez à gauche et à droite avant de traverser *(cross)* la rue.
6 J'adore passer une journée à la rivière avec ma canne et mon filet *(net)*.
7 Nous cherchons un résultat.

E Translate into French.

1 I want to study Physics at Rennes University.
2 We cannot yet explain the consequences of this illness.
3 My friend is going to give the suit to Marc.
4 When she works nights she is very hungry.
5 I don't know Ibrahim, but they know where he lives.
6 We get up at 6.20 am and go for a walk in the country.
7 They're going to go to Sylvie's house, like *(comme)* last week.
8 When it's cold I go to bed at 10 pm.
9 After work I'm going to hurry home.
10 The lecture theatre is filling up. I'm going to sit down.

Suggested websites

Grammar, verb tenses:
http://www.york.ac.uk/inst/ltc/lfa/fr2tenses.htm

Practical life:
http://www.pratique.fr/vieprat/secsoc/

Auvergne:
www.ville-clermont-ferrand.fr

Trent-sept

Chapitre 3

Menu

Understanding and explaining procedures

Following and describing recipes and experiments

Giving orders

Pronouns

Other negatives

Prendre, dire, venir, mettre

Quel and qu'est-ce que

Assignment: giving instructions and describing recipes

Un coup d'oeil sur ...
La Provence

La Maison Carrée à Nîmes

Adopt the habit of translating the idea, not the words. This is particularly important with verbs: for example *I am looking* is translated by just one verb: *je regarde*.

Train yourself not to translate word for word. When the English use '*I am ......ing*', ask yourself '*What is the main verb?*'

I am looking	je regarde
you are looking	tu regardes/vous regardez
to be looking	regarder

Rappel

To say *about 8/10/15* etc., the following expressions are used:

about 8: une huitaine *about 10*: une dizaine *about 12:* une douzaine
about 15: une quinzaine (also means a fortnight)
about 20: une vingtaine *about 30*: une trentaine *about 40*: une quarantaine
about 50: une cinquantaine *about 60*: une soixantaine *about 100*: une centaine

Note that **only** the numbers above can have *-aine* added to them.

To say *about 1000*: un millier

Revise or recall any food vocabulary already known (le pain, le beurre, la confiture, etc.)

l'alimentation	*food*
les légumes	*vegetables*
les surgelés	*frozen food*
les produits laitiers	*dairy products*
une grande surface	*a superstore*
un rayon	*a shelf/an aisle (in a supermarket)*, e.g.: Vous trouvez ça au rayon boulangerie/pâtisserie/boucherie/charcuterie/traiteur/épicerie etc.
	(You'll find this in the bakery/cake/fresh meat/cooked meat/delicatessen/grocery aisle)

remplir	*to fill*	vous remplissez	*you fill*	(on the model of **finir**, see Attention Nouveau of Chapter 2)
servir	*to serve*	vous servez	*you serve*	(this is irregular, see Attention Nouveau of Chapter 2)

la cuisine	*the kitchen*
un cuisinier	*a cook*
un fourneau	*a cooker*
un four	*an oven*
une plaque (chauffante)	*a ring (of a cooker) or hob*
un plat	*a dish*
une casserole	*a pan*
une poêle (à frire)	*a frying pan*
un récipient	*a container*
le parfum, la senteur	*the perfume (smell)*
le parfum, la saveur	*the flavour (taste)*
sentir	*to smell, to feel*

Attention! Nouveau!

HIM/IT, HER/IT, THEM (PRONOUNS)

These words refer to and replace a noun, so are called pronouns (for a noun).

NORMAL USE:
him/it (refers to a masculine person/thing) le + VERB
her/it (refers to a feminine person/thing) la + VERB
them (refers to several persons/things) les + VERB

> Vous voyez le garçon? Oui, je le vois.
> *Do you see the boy? Yes, I see him.*
>
> Vous voulez le livre? Oui, je le veux.
> *Do you want the book? Yes, I want it.*
>
> Elle aime mes vêtements? Oui, elle les aime.
> *Does she like my clothes? Yes, she likes them.*

Note that in French the pronoun is placed **before the verb**.

These are called **direct object pronouns** because, when you ask a question such as *I see whom?* or *she likes what?*, the answer is simply *him* or *them* and there is no other word involved between the verb and the pronoun (such as *to him* or *about them*).

Le/la/les are used **after the verb** when giving a command (in the Imperative)

> Appelez-le!   *Call him!*   Finissez-le! *Finish it!*
> Regardez-la! *Look at her!*   Coupez-les!   *Cut them!*

PRONOUNS WITH VERBS + À (someone/something), e.g.

parler à — to speak to
demander à — to ask (s.o.)
téléphoner à — to phone (s.o.)
offrir à — to offer (s.o)
vendre à — to sell to (s.o)
conseiller à — to advise (s.o)

> him/ it, her/ it = LUI
> Je lui téléphone tous les jours
> *I 'phone him/her every day*
>
> them = LEUR
> Nous leur vendons nos produits
> *We sell them our products*

These are called **indirect object pronouns** because the à of these verb implies *to him/to them* and is still there, though hidden within **lui/leur**.

You could think of **lui** as a mixture of **le + à** or **la + à**, and **leur** as **les + à**.

me: me   *us*: nous   *you*: te/vous
are used in all these cases:

> Il me parle.   *He speaks to me.*
> Elle nous appelle. *She calls us.*
> Nous te voyons.   *We see you.*

PRONOUNS AFTER PREPOSITIONS

Learn the list expressing *at home/to the house, place or firm of* using **chez**: je vais chez moi, chez toi, chez lui, chez elle, chez nous, chez vous, chez eux (mixed or all masculine), chez elles (all feminine). The pronouns moi, toi, etc. can be used with these prepositions:

à	to	excepté	apart from
après	after	hormis	except
avant	before	malgré	in spite of
avec	with	par	by
chez	at	parmi	amongst
contre	against	pour	for
d'après	according to	sans	without
de	from/of	sauf	except
devant	in front of	selon	according to
derrière	behind	sous	under
entre	between	sur	on
envers	towards	vers	towards

> eg: C'est à moi (à lui/à elle).
> *It belongs to me (to him/to her)* or *It's my (his/her) turn.*
> Il est chez lui.
> *He is at home (or at the home of some other male mentioned before).*
> Il va chez elle.
> *He is going to her house.*
> Ces ouvriers travaillent chez Nestlé.
> *These workers work at Nestlé's.*

GIVING ORDERS USING THE IMPERATIVE

The stem and endings are usually the same as the Present Tense *without* the pronouns tu/vous.

> eg: Choisis!   *Choose!* (familiar)
>   Choisissez! *Choose!* (formal/plural)

Note that in the familiar form -er verbs (also aller/ouvrir and compounds) lose their -s:

> eg: Travaille!   *Work! (to a friend or family member).*
> Va chez toi!   *Go home!*

To express *Let us/Let's!*, use the verb at the 'nous' form (present ending)

> eg: Travaill**ons**!   *Let us work!*
> All**ons** en France!   *Let's go to France!*

Exceptions:
être   sois!   soyons!   soyez!   *Be! Let us be! Be!*
avoir   aie!   ayons!   ayez!   *Have! Let us have! Have!*
savoir sache!   sachons!   sachez!   *Know! Let us know! Know!*

REFLEXIVE VERBS IN THE IMPERATIVE

Affirmative
Link the pronoun with a hyphen

Lave-*toi*!	Wash (yourself)!
Réveillez-*vous*!	Wake up!
Dépêchons-*nous*!	Let's hurry up!

Negative
NE + pronoun + verb + PAS

NE te lave PAS!	Don't wash!
NE vous réveillez PAS!	Don't wake up!
NE nous dépêchons PAS!	Let's not hurry!

IMPERATIVE WITH OBJECT PRONOUNS

Affirmative
Link the pronoun with a hyphen

Finis-le!	Finish it!
Regardez-le!	Look at him/it!
Choisissons-les!	Let's choose them!
Parlez-moi!	Talk to me!

Negative
NE + pronoun + verb + PAS

NE le finis PAS!	Don't finish it!
NE le regardez PAS!	Don't look at him/it!
NE les choisissons PAS!	Let's not choose them!
NE me parlez PAS!	Don't talk to me!

(Note that **me** becomes **moi** in this case)

(Note: no change in **me**)

Affirmative: thing + person
Link all pronouns with hyphen

| Donnez-les-moi! | Give them to me! |

Negative: person + thing + verb
no hyphen

| NE me les donnez PAS! | Don't give me them! |

Exception! With **lui/leur** in the affirmative *and* negative the pronoun order does not change.

| Envoyez-la-lui! | Send it to him! |
| Donnons-les-leur! | Let's give them to them! |

| NE la lui envoyez PAS! | Don't send it to him! |
| NE les leur donnons PAS! | Let's not give them to them! |

PRENDRE, DIRE, VENIR AND METTRE (PRESENT)

Memorize the following common verbs which have an irregular pattern in the present tense:

PRENDRE	*TO TAKE*	DIRE	*TO SAY/TO TELL*
je prends	*I take/am taking*	je dis	*I say/am saying*
tu prends	*you take/ are taking (fam.)*	tu dis	*you say/are saying*
il/elle/on prend	*he/she/'one' takes*	il/elle/on dit	*he/she/one says/is saying*
nous prenons	*we take/are taking*	nous disons	*we say/are saying*
vous prenez	*you take/are taking*	vous DITES	*you say/are saying*
ils prennent	*they take/ are taking*	ils/elles disent	*they say/are saying*

Note that prendre does *not* mean *to take someone/something somewhere* (see Chapter 8). Other verbs ending in -prendre follow this pattern: comprendre (*to understand*), apprendre (*to learn*).

Other verbs ending in -dire follow this pattern: redire (*to say again*), prédire (*to predict*).

PAS DE PROBLÈME

VENIR	TO COME	METTRE	TO PUT/TO PUT ON
je viens	*I come/am coming*	je mets	*I put/am putting*
tu viens	*you come/are coming*	tu mets	*you put/are putting*
il/elle/on vient	*he/she/one comes/is coming*	il/elle/on met	*he/she/one puts /is putting*
nous venons	*we come/are coming*	nous mettons	*we put/are putting*
vous venez	*you come/are coming*	vous mettez	*you put/are putting*
ils/elles viennent	*they come/are coming*	ils/elles mettent	*they put/are putting*

Other verbs ending in -venir on this pattern:
revenir (*to come back*), devenir (*to become*).

Other verbs ending in -mettre on this pattern:
remettre (*to put back*), promettre (*to promise*)

MORE NEGATIVES

In spoken French, people often drop the word **ne**.

> eg: Je sais pas.   *I don't know.*   Il boit jamais.   *He never drinks.*

Do not translate the word *do/does* when it does not mean *to do/to make*.

> eg: Je ne sais pas.   *I do not know.*   Il ne parle pas.   *He doesn't talk.*

Anything after any negative is translated by **rien**.

> eg: Il ne mange plus rien.   *He no longer eats anything.*

ne ... plus: *no longer/no more/not any more* (note that the 's' of 'plus' is *not* pronounced)

> eg: Je ne bois plus de café.   *I do not drink coffee any more.*

ne ... jamais: *never*

> eg: Je ne mange jamais de viande.   *I never eat meat.*

ne ... rien: *nothing/not anything*

> eg: Un aveugle ne voit rien.   *A blind person sees nothing/ does not see anything.*

ne ... que: *only*

> eg: Ce train ne circule que le samedi.   *This train only runs on Saturdays.*
> *Alternatively*: ce train circule **seulement** le samedi.

ne ... personne: *nobody/not anybody/not anyone*

> eg: Il ne connaît personne ici.   *He does not know anybody here.*

ne ... guère: *hardly*

> eg: Nous n'allons guère à l'étranger.   *We hardly go abroad*
> *Alternatively*: nous allons à **peine** à l'étranger.

Lecture d'instructions

Nouveaux mots

mise en place (f) *installation*
pile (f) *battery*
vis (f) *screw*
desserrer *loosen*
mélanger *mix*
usé *worn out*
neuf/-ve *new*
appareil (m) *appliance*
borne (f) *terminal*
éviter *avoid*
bécher (m) *beaker*

truc (m) *trick*

goutte (f) *drop*
sembler *seem*
vide *empty*
auditoire (m) *audience*
ressembler à *look like*
bon marché *cheap*
verser *pour*
marron *brown*
goût (m) *taste*

brûler *burn*

allumette (f) *match (cheese straws)*
farine (f) *flour*
cuillerée (f) *spoonful*
pâte *dough*
râpé *grated*
ramasser *collect*
linge (m) *cloth*
étendre *spread/roll out*
dorer *glaze*
plaque de four (f) *baking tray*
cuire *cook*

A Mise en place des piles

1. Desserrer la vis du compartiment à piles à l'aide d'un tournevis cruciforme.
2. Mettre en place 4 piles alcalines de 1,5 V comme indiqué à l'intérieur du compartiment.
3. Remettre en place le couvercle et visser la vis. Ne pas trop serrer.

Attention! Ne pas mélanger piles neuves et piles usées, piles alcalines et piles rechargeables. Enlever les piles lorsque l'appareil n'est pas utilisé pendant une longue période. Mettre les bornes des piles dans le bon sens pour éviter les court-circuits.

B Étonnez vos amis! Changez l'eau en vin puis en cola.

D'abord préparez votre matériel: 3 béchers ou 3 verres, de l'eau oxygénée et une très petite quantité de permanganate de potassium pulvérisé.

Ensuite, avant de présenter votre 'truc de magie', placez les 3 récipients devant vous. Dans le deuxième mettez quelques grains de permanganate de potassium, et dans le troisième quelques gouttes d'eau oxygénée. Les 3 récipients doivent sembler vides aux spectateurs. Devant l'auditoire remplissez le premier bécher d'eau ordinaire. Puis versez l'eau du premier verre dans le deuxième. Elle va se colorer immédiatement en violet. Ce liquide ressemble à du vin très bon marché.

Enfin versez le contenu du deuxième verre dans le troisième. Le liquide devient marron et effervescent. Il ressemble à du cola.

Attention! Ne buvez pas le liquide! Malgré les apparences le goût n'a rien du cola!

Précautions: l'eau oxygénée peut brûler la peau et les muqueuses, et devient très dangereuse à manipuler quand elle est concentrée.

C La recette du jour: les allumettes au fromage

Mettre dans un bol 2 verres de farine, une cuillerée à café de sel et 2 cuillerées à soupe de beurre. Bien mélanger le tout sans trop travailler la pâte. Ajouter 10 cuillerées à soupe de fromage râpé, puis 5 cuillerées à soupe de lait. Ramasser la pâte en boule, l'envelopper d'un linge et la laisser reposer pendant au moins une $\frac{1}{2}$ heure au frigo. Ensuite étendre la pâte à l'épaisseur de $\frac{1}{2}$ à 1 cm. Dorer le dessus à l'oeuf et couper en allumettes. Mettre sur une plaque de four huilée et cuire au four à 240°C pendant environ 10 minutes.

À votre tour

Lecture

First read the three passages above. Notice when the infinitive (e.g. mettre) is used to make a command, and when the -ez form is chosen.

À vous de parler

Partner A
Re-read and understand in detail the first and third instructions. Then, without looking at the text, explain what you remember in your own words. Use: Il faut ..., Vous devez ..., On doit ..., the imperative, (e.g. Placez ...) or the infinitive (e.g. Placer ...).

Partner B
Re-read and understand in detail the second instruction. Then, without looking at the text, explain what you remember in your own words.. Use: Il faut ..., Vous devez ..., On doit ..., the imperative, (e.g. Placez ...) or the infinitive (e.g. Placer ...).

Conseils et ordres

Exprimez autrement ces conseils et ordres.

Exemple: Il faut prendre du lait (Tu) ⇨ Prends du lait!

1 Il faut allumer l'appareil tout de suite. (Tu)
2 Il faut choisir des tomates mûres. (Vous)
3 Il faut faire attention de ne pas toucher au métal. (Vous)
4 Il faut introduire le rat dans le labyrinthe. (Tu)
5 Il faut battre les blancs d'oeuf en neige. (Tu)
6 Il faut mettre le liquide à chauffer. (Vous)
7 Il ne faut pas revenir dans la salle pendant une demi-heure.(Vous)
8 Il faut se renseigner au plus vite possible. (Tu)
9 Il faut se protéger contre les effets de la radio-activité .(Vous)
10 Il ne faut pas se tromper de fil. (Tu)

Gymnastique négative

Dites ou écrivez en français:

1 He does not smoke any more.
2 They never go to bed before midnight!
3 My brother never does anything.
4 She only speaks English.
5 I don't see anyone.
6 Do you only want water?
7 We hardly know our neighbour.
8 The franc is no longer used here.
9 There is nobody.
10 Sorry ... I hardly see her!

Chapitre 3

JEU: Trouvez les différences

Regardez les deux images et décrivez les différences.

Utilisez: ne ... plus/ne ... que/ne ... rien/ne ... personne

Quarante-cinq

PAS DE PROBLÈME

Blague

Un Parisien se promène à la campagne. Il passe près d'un fermier qui s'occupe de son champ de fraises. Le Parisien dit: 'Elles sont vraiment superbes! Qu'est-ce que vous mettez sur vos fraises?'

Le fermier répond: 'On met du fumier*. Et vous, les Parisiens, qu'est-ce que vous mettez sur vos fraises?'

Le Parisien dit: 'Nous ne mettons que de la crème et du sucre.'

(*fumier: *manure*)

Rien de rien

Non, rien de rien,
Non, je ne regrette rien ...

Vous connaissez sûrement le début de cette célèbre chanson d'Edith Piaf. Si vous voulez connaître la suite, essayez de trouvez les paroles sur http://www.paroles.net/auto/lis/EdiPia.htm ou écoutez un enregistrement *(a recording)*.

Il y a beaucoup d'expressions françaises avec **rien**. Cherchez leur sens dans un dictionnaire.

Rien du tout	Trois fois rien	*Et pour dire qu'on ne possède rien:*
Rien de rien	Rien ne va plus!	J'suis sans l'sou
Rien de mieux	De rien!	J'suis fauché
Rien à faire	Un petit rien	J'suis à sec
		J'ai pas un radis/J'ai pas un rond

Nouveaux mots

dedans: *inside (it)*
négociant *merchant*
arrondi(e) *rounded*
mouler *to mould*
la chaleur *heat*
déssécher *to dry up*
pousser *to grow*
le goulot *bottle neck*
accrocher *to suspend*
à l'envers *wrong way up*
au-dessus *above*
affamé *hungry*
craindre *to fear*
mûrir *to ripen*
une serre *a greenhouse*
cueillir *to pick*
il n'y a qu'à *all there is to do*
détacher *to untie*

Comment la met-on dedans?

Dans un magasin de souvenirs on peut voir une bouteille avec un bateau dedans! Mais chez un négociant en vins, une jolie bouteille arrondie peut avoir une poire entière dedans! Comment est-ce qu'on la fait pénétrer?

Non, on ne moule pas le verre autour d'elle car la chaleur va la déssécher! Le secret? On va vous le dire!

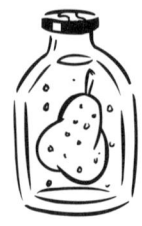

D'où vient cette poire? D'un petit verger de poires dans le sud de la France: on la fait pousser et se développer à l'intérieur de la bouteille! En mai, les poires ne sont que des fruits miniatures de 20 mm de diamètre. L'agriculteur les nettoie avec soin, et les introduit individuellement dans le goulot des bouteilles! Comment le fait-il? Où sont ces bouteilles? Il les accroche à l'envers dans des filets fixés aux branches au-dessus des fruits. La pluie, les oiseaux affamés, les poires ne les craignent plus! Elles mûrissent dans ces serres chaudes miniatures, et en septembre, on les cueille quand on détache les bouteilles. Il n'y a qu'à les laver et ajouter du jus de poire fermenté, distillé dans la région et voilà!

Le mystère de *l'Eau de Vie de Poire*, cette liqueur française traditionnelle depuis le 17ème siècle, n'est plus un mystère: vous le connaissez maintenant!

À votre tour

1 **Lecture.** Read and listen to the text above and understand it. Then pick out the pronouns **le/la/les** and the verbs linked to them. Write down the meaning of these groups of words.

> Look at this sentence taken from the text. Note that the pronoun (le, la, les) goes just before the infinitive.
>
> La chaleur va la déssécher.   *The heat will dry it up.*

2 **Traduction.** How does one say in French?

a This pear, how do you put it inside?
b All there is to do is to pick them.
c The glass, do you clean it carefully?
d They don't fear them any more!
e We pick them in August.
f You cannot eat them.
g One makes them ripen inside it.
h Hang them upside down!
i This wine, do you buy it often?

À vous de parler – Vous êtes d'accord?

Vous parlez à une amie. Etes-vous d'accord avec elle? La première fois vous êtes d'accord, la deuxième fois vous n'êtes pas d'accord.

eg: J'aime bien ce livre.   *Moi aussi je l'aime./Moi, non, je ne l'aime pas.*
     Je mange les poires mûres.   *Moi aussi je les mange mûres./Moi, non, je ne les mange pas mûres.*
     Je peux prendre le train à 20h15.   *Moi aussi je peux le prendre à 20h15./Moi, non, je ne peux pas le prendre à 20h15.*

1 J'étudie l'astronomie.
2 Je trouve les maths faciles.
3 J'achète tous les livres nécessaires.
4 Je passe mes vacances au Mexique cette année.
5 Je fais mes courses chez Carrefour.
6 Je vais rater mes examens.
7 J'introduis le gaz lentement.
8 Je consulte le docteur quand je suis enrhumé/e.
9 Je fais toujours mon travail tout de suite.
10 Je dois quitter la résidence la semaine prochaine.
11 Je sais faire cette expérience.
12 Je veux quitter l'entreprise.

PAS DE PROBLÈME

Nouveaux mots

une vérité	truth
une patte	a paw
une aile	a wing
se déplacer	to move
voler	to fly/to steal
un chasseur	a hunter
un pêcheur	a fisherman
un cuisinier	a cook
un plat	a dish
une grive	a thrush
une alouette	a lark
un chant	a song
une bouchée	mouthful
pourtant	yet
un cerf	a stag
un roi	a king
tuer	to kill
un homard	a lobster
une ficelle	a string
jeter	to throw
vivant	alive
bouillant(e)	boiling
un morceau	a piece
vanter	to praise
gourmand	greedy
souffrance	suffering
goûter	to taste
une preuve	a proof
un escargot	a snail
le caoutchouc	rubber
faire savoir	to inform
un foie	a liver
une oie	a goose
un fermier	a farmer
un bec	a beak
une volaille	fowl
peu après	soon after
une grenouille	a frog
savourer	to enjoy
un cadavre	a corpse
rendre	to make (+ adjective)
un défi	a challenge
lancer	to throw

La copier ou lui dire ses vérités?

On l'appelle 'La douce France'? Vous le croyez? En fait, c'est un pays très dangereux si on a deux, quatre ou pas de pattes, des ailes ou si on vit dans l'eau! Si quelque chose se déplace, vole, nage… les chasseurs et les pêcheurs ne les respectent pas: ils les assassinent! Et les cuisiniers les transforment en plats. La jolie petite grive ou l'alouette au chant mélodieux? Ils la préfèrent morte. Pourtant chaque oiseau est à peine une bouchée! Le cerf, roi de la forêt? Ils le tuent!

La mer n'est pas un refuge non plus. Demandez aux homards! Est-ce que les clients des restaurants savent que le chef prend le homard, lui attache les pattes avec une ficelle et le jette, vivant, dans de l'eau bouillante? Et les gens qui mangent le homard 'à l'américaine'? Ils ne pensent pas à lui, le homard, quand ils commandent, car leur choix signifie que le chef le coupe en morceaux, vivant, pour le cuire dans une sauce au vin élaborée.

Chaque région a ses propres plats. Bien sûr, on les vante aux touristes et gourmands sans coeur, on leur dit: 'c'est la tradition' … mais est-ce que ces gourmands pensent à la souffrance et l'agonie qu'on leur sert, entourées d'une sauce? En fait, beaucoup de plats sont délicieux simplement grâce aux sauces appétissantes aux fines herbes ou au vin qui leur donnent leur bon goût! Une preuve? Les escargots: le chef les jette vivants dans l'eau bouillante, et peut les servir avec des sauces exquises variées: beurre, persil, champagne … mais le goût des escargots? Les manger, ces pauvres petites bêtes, c'est comme mâcher des morceaux de caoutchouc!

Le foie gras du Périgord? Le monde entier le connaît … mais est-ce qu'on lui fait savoir que c'est le foie malade d'une oie? Le fermier tient le cou et le bec de la pauvre volaille, et la force à avaler énormément de nourriture chaque jour. Trop, en fait! Finalement il lui donne mal au foie, pour lui couper le cou peu après.

Et les fameuses grenouilles? Elles sont vivantes quand, sans anesthésie, on leur coupe les pattes minuscules!

Les sauces et les vins exquis, oui goûtez-les, servez-les! Mais on peut les savourer dans des plats délicieux sans cadavres d'animaux torturés: tant de végétariens le font! La cuisine française? On la copie, mais pourquoi ne pas essayer de la rendre plus douce et l'humaniser? Voilà un défi à lui lancer!

À votre tour

1. **Lecture.** Read, listen to and understand the text above, then find the pronouns **lui/leur** as well as **le/la/les** and the verbs they are linked to. Write down what those phrases mean.

2. **Traduction.** How does one say in French:
   - a. You don't believe it?
   - b. If they move, he kills them.
   - c. People tell him: 'it's tradition'.
   - d. He serves them a delicious sauce.
   - e. To eat them is unpleasant!
   - f. Taste them and enjoy them!
   - g. They do it, so we can do it too.
   - h. It makes him happy.
   - i. Sweets give her tooth ache.
   - j. Do you tell him the truth?

À vous d'écrire

Remember that with verbs + à (e.g. donner à) the pronoun for *him/her* is **lui**, the pronoun for *them* is **leur**.

eg: Le patron *(the boss)* donne des ordres aux employés =
Les employés? Le patron **leur** donne des ordres.

Now explain who does what, to whom and turn the sentence into the form given in number 1.

1. Le fournisseur? Le chef des achats (téléphoner à). *Le chef des achats lui téléphone.*
2. Sa femme? Michel (donner de l'argent à).
3. Les enfants? La mère (permettre à ... de jouer dehors).
4. Les ouvriers? Le directeur (refuser à ... une augmentation de salaire).
5. Le malade? Le médecin (prescrire *(to prescribe)* à ... une ordonnance).
6. Le client? Le chef des ventes (montrer à ... la gamme de produits).
7. Les étudiants? Le professeur (expliquer à ... les règles *(the rules)*).
8. Nos amis? Nous (envoyer à ... des cartes de Noël).
9. Ma soeur? Je (offrir à ... un cadeau d'anniversaire).
10. Vos collègues? Vous (demander à ... d'aider).

Écoutez: Les instructions *(Transcript in the support book)*

Listen to these instructions. Each is given twice. Explain each instruction to your tutor, first in English, then in French (use **on doit, il faut, vous devez**).

Vocabulaire: encadrer *(to frame)*, le fer *(iron)*, la pâte *(dough/pastry)*

Écoutez: Les raisins yo-yo *(Transcript in the support book)*

Look at the vocabulary and listen to the description of a simple scientific experiment.

Vocabulaire: une expérience *(an experiment)*, une bulle *(a bubble)*, une pierre *(a stone)*, les raisins secs *(raisins)*, éclater *(to burst)*, le bois *(wood)*, au début *(at the beginning)*, un bocal *(a jar)*, une ride *(a wrinkle)*, une fois *(once)*.

PAS DE PROBLÈME

À votre tour

1 Listen to **Les raisins yo-yo**, then make a sketch to explain the experiment to your partner.

2 Listen again and answer in French.
    i) Quelle est la question posée avant la description de l'expérience?
    ii) Quel est le mot essentiel pour expliquer le phénomène?
    iii) Pour faire cette expérience, on a besoin de quel matériel?
    iv) Qu'est-ce qu'il faut faire?
    v) Qu'est-ce qu'on observe par la suite?
    vi) Expliquez ce phénomène.

3 Using your sketches and answers, present the experiment to the class or your partner as if you were explaining it to children.

Danger!

Asking What?

QUEL/s	=	WHAT referring to a **masculine** word
QUELLE/s	=	WHAT referring to a **feminine** word

means *What*, followed by: **Verb TO BE** (any tense)

What is the date?	Quelle est la date?
What are the ingredients?	Quels sont les ingrédients?

a NOUN (can also mean *which* followed by a noun)

What oils do you like?	Quelles huiles aimez-vous?
What chemicals do you use?	Quels produits chimiques utilisez-vous?

QU' EST-CE QUI?	= subject (does action of verb)
QU' EST-CE QUE?	= object (receives action of verb)
QUE or QU' before vowel or 'h' (+ verb turned round)	= object (receives action of verb)

means *What*, followed by: **ALL VERBS** (except TO BE, in which case QUEL(LE)/S applies)

What amuses you?	Qu'est-ce qui vous amuse?	
What do you want?	Qu'est-ce que vous voulez?	= Que voulez-vous?
What are they doing?	Qu' est-ce qu'ils font?	= Que font-ils? (the main verb here is *doing*)
What does it mean?	Qu'est-ce que ça veut dire?	
Exception! *What is it?*	Qu'est-ce que c'est?	

Un petit jeu rapide

Lisez ces questions, pensez vite et répondez avant votre (vos) partenaire(s).

1. Quelles parties du corps servent à marcher?
2. Quelle région occupe la majorité du Massif Central?
3. 'DEUG', qu'est-ce que ça veut dire?
4. Quel est le nom du célèbre brandy de cidre normand?
5. Qu' y a-t-il de célèbre à Giverny, en Normandie?
6. Le camembert, qu'est-ce que c'est?
7. Quel homme célèbre bat le roi Harold en 1066?
8. Que pouvez-vous voir au musée de Bayeux?
9. L'usine Michelin se trouve dans quelle ville en Auvergne?
10. Dans quels appareils utilise-t-on des piles?

Questions

This is how you would ask someone

what days s/he comes here: quels jours est-ce que vous venez ici/quels jours venez-vous ici?

what s/he is studying: qu'est-ce que vous étudiez/qu'étudiez-vous?

How would you ask someone:

1. what medicine s/he takes.
2. what his/her job is.
3. what her/his firm manufactures.
4. what s/he sells.
5. what the opening and closing times are.
6. what s/he wants.
7. what amuses her/his friends.
8. what you must do.
9. what the main problems are.
10. what something means.
11. what the difference is.
12. what makes that noise.
13. what is free of charge.
14. what appointments s/he has.

Pour s'amuser

1. Ajoutez au tableau ci-dessous 2 mots ou phrases qui vont avec chaque verbe.

eg: couper ...   ... le fromage ...   le gaz ...   en deux.

attendre	... le bus		
travailler	... dur		
faire	... le minimum		
prendre	... son déjeuner		
demander			
savoir			
perdre			
mettre			
présenter			
descendre			
connaître			

PAS DE PROBLÈME

2 La phrase la plus longue.

Le professeur: *Je me réveille.*
Étudiant 1: *Je me réveille, d'habitude, à sept heures.*
Étudiant 2: *Je me réveille, d'habitude, à sept heures, quand le chat saute sur le lit.*
Étudiant 3: *Je me réveille, d'habitude, à sept heures, quand le chat saute sur le lit et demande son petit déjeuner.*

On crée la phrase la plus longue possible. Quand il est impossible de continuer, toute la classe répète la phrase. Commencez avec:

* À midi je prends une omelette ...   * Je me couche ...
* Je vais à la fac ...   * Il doit se lever ...   * Sa soeur est mariée ....

3 Prépositions cachées
Cherchez les onze prépositions. Attention! Comprenez-vous ces termes?

A	C	O	T	E	D	E
S	T	N	A	V	E	D
P	U	O	S	U	R	A
E	N	P	O	O	R	V
R	P	O	U	R	I	A
S	A	N	S	R	E	V
A	C	O	N	T	R	E
E	R	T	N	E	E	C

À votre tour

Un petit boulot à la cuisine

Le nom de **la salade niçoise** vient de la belle ville de Nice, sur la Côte d'Azur.

Essayez cette recette délicieuse et rapide à préparer!

Mais d'abord complétez la recette: écrivez ou dites en français les mots entre parenthèses.

(Take) deux belles tomates mûres, *(wash them and cut them)* en morceaux et *(put them)* dans un grand bol. *(Peel)* un oignon et *(cut it)* en lamelles fines.

(Slice up) un beau concombre, et *(put it)* dans le bol avec le reste. *(Wash carefully)* des feuilles de laitue, et *(put them)* avec les autres ingrédients.

(You can add) du persil hâché finement, et du basilic *(if you like it)*.

(Open) une boîte d'anchois ou/et de thon et *(mix)* le contenu dans la salade.

(Add) du sel et du poivre et bien sûr *(pour)* de l'huile d'olive! *(Mix)* bien et *(decorate)* avec beaucoup d'olives vertes ou noires.

Pour un plat encore plus nourrissant, *(cook)* de petites pommes de terres nouvelles dans de l'eau salée, *(let them cool off)* et *(add them)* à la salade. *(Keep cool)* au frigo.

Bon appétit!

Au boulot

Go to a French recipe website of your choice or consult the website given on the menu page of this chapter. Study the vocabulary for the ingredients and for describing the method.

Then, choose a favourite recipe of your own: write out the ingredients, quantities and instructions in French and explain the instructions to your class, speaking as freely as possible, perhaps in the style of a celebrity cook.

Lecture
Ça sent bon à Grasse!

Nouveaux mots

l'odorat	sense of smell
le siècle	century
huileux	oily
la gamme	the range
la senteur	scent
extraire	to extract
le procédé	process
écraser	to crush
chauffer	to heat
à travers	through
refroidi	chilled
traiter	to treat
veut dire	(it) means
un cadre	a frame
le suif	tallow
le saindoux	lard
le bétail	cattle
fondu(e)	melted
le gras	the fat
se débarrasser	to get rid of
prêt(e)	ready
le mélange	the mixing

Vous avez un nez, donc vous devez avoir le sens de l'odorat, c'est-à-dire que vous pouvez sentir. Les gens inventent des méthodes pour faire des parfums depuis des siècles.

Savez-vous qu'en France la ville de Grasse, en Provence, est célèbre pour son industrie de parfumerie? Mais d'abord, voyons d'où vient un parfum!

Les odeurs délicieuses (ou désagréables!) des plantes sont causées par des gouttes minuscules de liquide huileux. Il y a des milliers de plantes dans le monde mais il n'y a qu'environ 200 plantes qui produisent la gamme d'huiles essentielles que la parfumerie utilise, et qui, avec l'addition de senteurs synthétiques, forment la base de l'industrie du parfum.

Certains parfums contiennent jusqu'à une centaine d'huiles différentes ... mais comment est-ce qu'on les transforme en parfums?

Les Arabes sont les premiers à utiliser la distillation pour extraire les huiles essentielles, un procédé qu'on emploie encore souvent maintenant: les fleurs ou les feuilles de la plante odorante sont coupées ou écrasées, puis chauffées à la vapeur pour obliger les huiles volatiles à s'évaporer. Pour condenser les huiles, on fait passer cette vapeur à travers un tube de verre refroidi.

Ne pensez pas qu'on obtient des litres de liquide parfumé! Pas du tout: la quantité obtenue est moins d'un millième de la masse totale ... Mais le parfum est extrêmement fort, même si on le dilue cent fois!

Malheureusement, la distillation peut endommager certaines odeurs, donc on ne l'emploie pas toujours. À Grasse, la technique pour traiter ces huiles délicates s'appelle 'enfleurage'. Qu'est-ce que cela veut dire?

Vous allez probablement être surpris ... Les fleurs sont placées sur des cadres de suif (graisse de bétail fondue) ou saindoux (graisse de porc fondue), qui sont très purifiés heureusement! On les laisse entre un et trois jours dans une salle sombre et assez froide. Vous pensez sans doute: 'Pourquoi? Qu'est-ce qui se passe?'

Parce que pendant ce temps, le gras absorbe les huiles des fleurs, et produit une matière appelée 'pommade'. Pour se débarrasser du gras non désiré et superflu, on ajoute de l'alcool, alors on obtient finalement juste les huiles dans la solution d'alcool. Après cela, elles sont prêtes pour les mélanges et la création d'un des fameux parfums de Grasse.

PAS DE PROBLÈME

Nouveaux mots

durer	*to last*
autrefois	*formerly*
une baleine	*whale*
un castor	*beaver*

C'est tout? Non, parce que pour faire durer l'odeur du parfum, on ajoute des fixatifs: heureusement de nos jours on emploie des produits chimiques et non pas comme autrefois, des secrétions d'animaux, d'intestins de baleine ou de glandes de castor ou civet!

La prochaine fois que vous allez acheter ou mettre du parfum, vous allez peut-être vous souvenir de ces méthodes bizarres?

Un coup d'oeil sur ...

La Provence

Nouveaux mots

les cigales	*cicadas (crickets)*
les pins	*pine trees*
les amandiers	*almond trees*
les troncs	*trunks*
les tuiles romaines	*rounded roof tiles*

les Phocéens: peuple grec de l'Ionie (aujourd'hui côte turque); le Pont du Gard: aqueduc romain près de Nîmes; les Arènes de Nîmes: amphithéâtre romain

Fermez les yeux et respirez les parfums du thym, du romarin ou de la lavande.

Ouvrez vos oreilles et écoutez le chant des cigales, le mistral* dans les pins, ou le son de la mer contre les rochers.

Maintenant, regardez ces couleurs: le rose des amandiers en fleur, le vert argenté des oliviers aux troncs noirs, le rouge orangé des tuiles romaines, le bleu turquoise des calanques*.

Enfin, goûtez ces saveurs: les melons, les pêches, les abricots, les olives, l'ail, la bouillabaisse*, le pistou*, le pastis* ou encore le châteauneuf-du-pape*.

Vous êtes en Provence, une fête pour tous les sens, une terre qui attire colons, artistes et touristes depuis des millénaires.

Terre grecque (Marseille est fondée en 600 av. J.-C. par les Phocéens qui introduisent le vin et l'olive), puis province romaine, la Provence doit son nom à la 'Provincia' romaine. La Montagne Sainte-Victoire, rendue célèbre par le peintre aixois Paul Cézanne est un rappel à la victoire des Romains sur les indigènes en 125 av.J.-C. En Provence les pierres

* **le mistral**: vent du nord qui souffle vers l'est en Provence
* **les calanques**: criques étroites et profondes de la Méditerrannée
* **la bouillabaisse**: soupe de poisson marseillaise
* **le pistou**: spécialité faite d'ail, de basilic et d'huile d'olive
* **le pastis**: boisson alcoolique à l'anis; on la mélange avec 5 parts d'eau
* **le châteauneuf-du-pape**: vin rouge de la région d'Avignon

Chapitre 3

Nouveaux mots

flâner   *to stroll*

Senanque et Silvacane: abbayes cisterciennes du XIIè siècle.

un royaume   *a kingdom*

le Cours Mirabeau: avenue au centre d'Aix-en-Provence bordée d'arbres, de cafés et d'élégantes propriétés

le Pape   *the Pope*

Vous connaissez la chanson "Sur le pont d'Avignon ...'?

les liens   *links*

au coeur de
at the heart of

béni(e)   *blessed*

un récit   *a tale*

un pays   *a country*

à la fois
at the same time

sauvage   *wild*

chaudes vous parlent: allez admirer le Pont du Gard, le Théâtre d'Orange ou les Arènes de Nîmes, allez flâner dans les rues antiques de Vaison-la-Romaine ou allez passer une heure dans le calme des abbayes romanes de Senanque ou de Silvacane.

Au Moyen-Age la Provence est un royaume avec son propre parler: le Provençal. La ville d'Aix-en-Provence, la capitale de ce royaume, s'embellit de superbes fontaines. Aujourd'hui Aix est un très grand centre universitaire (l'Université compte 40 000 étudiants). Prenez un verre aux terrasses du Cours Mirabeau, regardez cette ville bouger.

Avignon, cité des Papes et du pont de la chanson, ne se cache pas derrière ses remparts. Allez donc goûter le théâtre moderne au Festival d'Avignon.

Enfin Marseille, avec plus d'un million d'habitants, est une cité cosmopolitaine qui garde ses liens avec l'Afrique du Nord et sa vocation de port au coeur d'un très important domaine pétrolier dans les Bouches-du-Rhône.

Terre bénie par le soleil, la Provence fascine les artistes, de Cézanne à Picasso, de Van Gogh à Matisse. Les formes et les couleurs de la Provence lancent leur défi aux plus grands. Ces paysages sont si célèbres que, même sans aller en Provence, nous connaissons tous un peu la Provence.

Et puis, lisez Alphonse Daudet, Jean Giono ou Marcel Pagnol: leurs récits sont une parfaite introduction à ce pays à la fois sauvage et civilisé.

Le paysage de La Montagne Ste-Victoire près d'Aix-en-Provence

Récapitulation

À la recherche de conseils

Lisez et écoutez les lettres et les réponses, puis faites les exercices.

> Chère Marie-Jo,
>
> Aidez-moi, je vous en prie! Je suis mariée depuis 7 ans mais je ne suis plus heureuse. Mon mari ne pense plus à sa petite Sandrine depuis que nous habitons ensemble, c'est certain. Le problème, c'est l'argent. Je ne travaille pas en dehors de la maison parce que je m'occupe de nos deux enfants. Michel achète les provisions au supermarché et ne me donne jamais d'argent pour moi. Je n'ai rien à moi dans la banque, alors je ne peux rien acheter sans lui. Je n'ai personne pour m'aider. J'ai besoin d'une vie à moi! Je ne veux plus dépendre de lui. La solution, Marie-Jo?
>
>   Sandrine

Cinquante-cinq   55

PAS DE PROBLÈME

Sandrine,

Ne vous désespérez pas! La solution est claire. Dites à votre mari qu'il doit choisir: ou vous trouvez un emploi et une garde-enfants, ou il comprend votre situation et permet à sa femme de dépenser de l'argent pour elle-même de temps en temps. Expliquez votre dilemme. Dites à Michel que vous voulez une vie avec lui et les enfants, mais que, s'il continue à être radin, vous allez quitter le foyer avec eux.

Chère Marie-Jo,

J'en ai ras le bol des enfants! Nous avons 3 fils, Guy (13 ans), Jacques (15 ans) et Raoul (16 ans). En ce moment j'ai l'impression qu'ils se moquent de moi. Ils ne pensent qu'à eux-mêmes. Ils ne rangent jamais leurs chambres, ils ne font rien pour aider leurs parents. Chez nous personne ne se lève avant midi le weekend à part nous. Pour nous c'est un véritable cauchemar. Nous ne voyons qu'une vie de corvées devant nous. Que faire?

Patricia

Patricia,

C'est vrai que c'est difficile quand les enfants deviennent adolescents, mais patientez. N'oubliez pas qu'ils travaillent dur au collège. Ils n'ont guère de temps libre dans la semaine. Profitez de vos fils pendant qu'ils sont là. Soyez compréhensifs et amicaux. Ils vont vite quitter la maison familiale. Et la pagaille? Ne vous inquiétez pas pour ça. Demandez gentiment qu'ils rangent leurs affaires pour la Fête des Mères qui arrive bientôt.

À votre tour

A Dans les deux lettres à Marie-Jo, cherchez toutes les phrases qui contiennent les pronoms: **moi, toi, lui, elle, nous, vous, eux, elles**. Quelles prépositions précèdent les pronoms?

eg: *à* moi, *sans* lui.

B **Répondez aux questions et employez un pronom.**

eg: Sandrine vit avec Michel depuis 7 ans? ⇨ *Oui, elle vit avec lui depuis 7 ans.*

1. Est-ce que Sandrine passe ses journées avec ses enfants?
2. Est-ce qu'elle peut acheter des vêtements sans son mari?
3. Est-ce que Michel pense à sa femme?
4. Est-ce que les fils de Patricia habitent chez leurs parents?
5. Est-ce que les garçons se moquent de leur mère?
6. Est-ce qu'il y a une vie de repos devant les parents?
7. Est-ce que les fils font le ménage pour leur mère?
8. À votre avis, est-ce que les hommes se débrouillent bien sans les femmes?
9. Est-ce que les femmes agacent les hommes quand elles font tout pour les hommes?

C. Ajoutez le négatif correct à ces phrases.

eg: Selon Sandrine, Michel_ aime_ sa femme. Selon Sandrine, Michel **n'aime plus** sa femme.

1. Sandrine ____ peut ____ acheter.
2. Marie-Jo propose que Sandrine ____ offre ____ deux possibilités à son mari.
3. Michel ____ donne ____ d'argent à Sandrine.
4. Il ____ y a ____ pour aider Sandrine.
5. Depuis qu'ils sont adolescents les fils de Patricia ____ font ____ pour aider à la maison.
6. Selon Marie-Jo, les garçons ____ ont ____ le weekend pour se reposer.
7. Selon Marie-Jo, Patricia ____ a ____ à demander et ses fils vont ranger leurs chambres!
8. A mon avis ____ va changer, même si elle demande gentiment!
9. Selon moi, ____ range sa chambre pendant l'adolescence.
10. Moi, je ____ vais ____ écrire à Marie-Jo.

Suggested websites

La Provence:
www.aixenprovencetourism.com
www.marseille.com

Science site:
http://permanent.sciencesetavenir.com

Algerian cuisine:
http://perso.wanadoo.fr/moktari/index2.htm

French cuisine:
http://www.cuisineaz.com

Chapitre 4

Menu

Expressing the past (1)
Living and working abroad
Practical life and everyday situations

The perfect tense with avoir
Comparatives and superlatives (more and the most)
Lequel (which)

Assignment: learning to translate and interpret

Un coup d'oeil sur …
La Bretagne

Un phare en Bretagne – Phare de la Vielle. © Erich Spiegelhalter

Tu et vous

As you know, **vous** is used in formal dealings with people, the **tu** form being reserved for friends, family members or much younger people. The problem is *when* to use the familiar **tu** form.

If you spend some time in France or another French-speaking country, use **tu** for children and fellow students. But for everybody else, even colleagues, observe the etiquette and remain formal until you have been offered the **tu**.

Rappel

- Revise thoroughly the verb **avoir** (Rappel, Chapter 1), you'll need it to form the past tense.

- Be careful to make the distinction when you pronounce **je** – pronounced '*zhe*' and **j'ai** – pronounced '*zhay*', as, when you are speaking, it can make all the difference between present and past, e.g.:

Je fais	*I do*	**J'ai fait**	*I have done/I did*

avoir besoin de	to need
vous avez besoin d'un passeport	you need a passport
j'ai besoin de trouver un petit boulot	I need to find a (small) job
il faut	it is necessary to/one needs/one has to
il faut aller au bout de la rue	you need/have to go to the end of the street (in general)
il **vous** faut aller au bout de la rue	you need/have to go to the end of the street

(you can personalise **il faut** by putting **me, te, lui, nous, vous, leur** in between **il** and **faut**).

étudier	to study. Be careful to pronounce the **i** in j'étudie!
faire des études de	to study
j'étudie la situation	I am studying the situation
je fais des études de mathématiques	I am studying maths
avant	before
avant de	before (doing something)
avant les vacances	before the holidays
avant d'aller à l'étranger	before going abroad
l'information, le bureau d'information	information, the information office
les renseignements, le bureau de renseignements	information, the information office
envoyer et recevoir de la documentation sur ...	to send and to receive documentation on (about)...
le Syndicat d'Initiative/l'Office du Tourisme	the tourist information office
la Mairie/l'Hôtel de Ville	the town hall

PAS DE PROBLÈME

Attention! Nouveau!

THE PERFECT TENSE/LE PASSÉ COMPOSÉ
This tense is used to describe completed actions in the past:

Hier **j'ai pris** le bus pour aller en ville.
Yesterday I took the bus to go into town.

Ils ont décidé de passer un mois en Italie.
They have decided to spend a month in Italy.

In this tense the verb is made up of two parts: the auxiliary or 'working' verb and the past participle. In most cases the auxiliary verb is **avoir**, and the past participle comes from the verb that you wish to use.

Present of AVOIR + PAST PARTICIPLE of verb required

The past participle of regular verbs is formed as shown below:

-er verbs:	Remove -er and add -é, e.g. employer > **employé**
-ir verbs:	Remove -ir and add -i, e.g. choisir > **choisi**
-re and -oir verbs:	Remove -re or -oir and add -u, e.g. voir > **vu**, répondre > **répondu**.
-uire verbs:	Remove -uire and add -uit, e.g. construire > **construit**.

There are some exceptions to this rule for the formation of the past participle. Here are some of the most common:

avoir **-eu**, être **-été**, s'asseoir **-assis**, connaître **-connu**, courir **-couru**, craindre **-craint**, devoir **-dû**, dire **-dit**, écrire **-écrit**, faire **-fait**, lire **-lu**, mettre **-mis**, obtenir **-obtenu**, ouvrir **-ouvert**, plaire **-plu**, pleuvoir **-plu**, pouvoir **-pu**, prendre **-pris**, recevoir **-reçu**, rire **-ri**, savoir **-su**, suivre **-suivi**, tenir **-tenu**, vivre **-vécu** (for a guide to past participles, see table at the end of this book.)

Here are some examples to show how the perfect tense looks in use:

1. **Nous avons visité** le port hier matin.
   We looked round the harbour yesterday morning.
2. Est-ce que **tu as parlé** au chef des ventes?
   Did you talk /Have you talked to the Head of Sales?
3. **Ils n'ont pas reçu** ma lettre de confirmation.
   They did not receive/have not received my letter of confirmation.
4. **Avez-vous réservé** des places?
   Have you booked/Did you book seats?
5. **Je lui ai envoyé** le dossier.
   I (have) sent him/her the file.
6. Et les clés? Est-ce que **le propriétaire les a données** à Marc?
   And the keys? Did the owner give them/Has the owner given them to Marc?
7. Ce cadeau, **ta fille l'a choisi** pour toi.
   This present, your daughter chose/has chosen it for you.

Note that:

- to make a question by inversion (example 4), it is the auxiliary verb (e.g. **avez**) and the pronoun (**vous**) that are inverted, and the past participle follows on unaffected. It is, of course, also possible to make questions by putting **est-ce que** in front of a statement, e.g.:

  Est-ce que vous avez cherché sur Internet?
  Avez-vous cherché sur Internet?
  Have you looked/Did you look on the Internet?

- when using ne ... pas (example 3), the two parts of the negative are placed around the auxiliary verb (e.g. **ont**), and once more the past participle (**reçu**) is not involved, e.g.:

  Elle **n'a pas pris** la voiture.
  She didn't take the car.

  Nous **n'avons pas** consulté le dictionnaire.
  We didn't look in the dictionary.

- when using a direct or indirect object pronoun (examples 5, 6 and 7), it is put before the auxiliary verb (e.g. **ai** or **a**). If it is a direct pronoun such as **le**, **la** or **les**, an agreement is needed on the past participle, as if it were an adjective (example 6; in example 7 the pronoun is masculine singular, so no agreement is shown.). If it is an indirect pronoun (e.g. **lui**), no agreement is needed:

  Les disquettes? Elle **les a données** à Clément, mais Clément **lui a rendu** toutes les disquettes hier.
  The floppy disks? She gave them to Clément, but Clément gave them all back to her yesterday.

Soixante

COMPARATIVES and SUPERLATIVES
(*More interesting, The most interesting*)

To compare one thing/person with another, you use a comparative.

Plus
Moins + Adjective + que
Aussi

Cet hôtel est **plus** cher **que** l'autre.
This hotel is more expensive than the other.

Ils sont **moins** doués **que** toi.
They are less gifted than you.

Madame Vaubert est **aussi** amusante **que** son mari.
Mme Vaubert is as funny as her husband.

Note that the adjective agrees with the noun that it describes, as usual.

To say that something/someone is *the most intelligent, the best, the fastest* etc., you use a superlative. This is formed like the comparative, but with **le, la** or **les** in front of the adjective. It has already been noted (Chapter 2) that some adjectives are placed before the noun that they describe and some after. This is also the case with a superlative, e.g.:

La Bretagne est la région **la plus** mystérieuse de la France.
Britany is the most mysterious region in France.

La Bretagne est **la plus** belle région de la France.
Britany is the most beautiful region in France.

Ces crêpes sont **les moins** chères de la ville.
These pancakes are the least expensive in the town.

Note that you use **de, du, de la, des** after a superlative to express *in* or *of*.

The adjectives **bon, mauvais** and **petit** have irregular comparative and superlative forms, as shown below, all of which need the appropriate agreement.

bon(ne/s)	meilleur(e/s)	le/la/les meilleur(e/s)
mauvais	plus mauvais	le plus mauvais
	or pire	le pire
petit	plus petit	le plus petit
	or moindre	le moindre

Pire is less frequently used. **Moindre** and **le moindre** mean *lesser* and *the least/the slightest*, whereas **plus petit** and **le plus petit** mean *smaller* and *the smallest*.

It is also possible to make comparative and superlatives with adverbs to describe something being done, for example, *more honestly, less often, as carefully*:

Cette agence décrit les appartements **plus honnêtement** mais **tout aussi soigneusement** que l'autre, et leurs clients sont **moins fréquemment** déçus.
This agency describes its flats more honestly but just as carefully as the other one, and their clients are less often disappointed.

To say that something gets *more and more difficult* or *harder and harder*, the following construction is used:

Les examens sont **de plus en plus** difficiles. Mais je dois admettre que je travaille **de moins en moins**.
The exams are harder and harder. But I must admit that I work less and less.

> **Danger!**
> Do not confuse MEILLEUR and MIEUX!
> Je travaille **mieux**   BUT   Ce travail est **meilleur**
> Use **mieux** with all verbs *except être*. Use **meilleur** to describe nouns and *with être*.

LEQUEL, LAQUELLE, LESQUELS, LESQUELLES

The pronouns **lequel, laquelle, lesquels, lesquelles** mean *which* in a question or after a preposition such as **dans, pour, avec**. They need to agree with the noun that they refer to.

Voici deux studios. **Lequel** choisissez-vous?
Here are two bedsits. Which one are you choosing.

Médecins sans Frontières, c'est l'organisation pour **laquelle** j'ai travaillé.
Médecins sans Frontières is the organisation for which I have worked.

After **à**, use **auquel, à laquelle, auxquels, auxquelles**, and after **de**, use **duquel, de laquelle, desquels, desquelles**.

Le dossier **auquel** je me réfère.
The file to which I refer.

L'hôtel en face **duquel** vous êtes.
The hotel in front of which you are.

PAS DE PROBLÈME

Écoutez: À l'agence de location

Urgent!
Étudiante sérieuse, non-fumeuse, cherche studio en ville.
Prête à partager.
Environ 500 euros par mois.

Claude: Alors, Mademoiselle Lapierre, vous cherchez un logement. Vous disposez de combien d'argent par mois pour le loyer?

Thérèse: J'ai fait mes calculs. Je peux mettre 900 Euros environ par mois pour le loyer.

Claude: Bon. Je pense qu'il va être possible de trouver un studio quelque part. Où voulez-vous habiter?

Thérèse: Y a-t-il des studios intra-muros?

Claude: Voyons … Nous avons loué notre dernier studio dans ce quartier hier. Mais il y a un appartement près du marché. Il est assez grand donc peut-être un peu cher.

Thérèse: Ça coûte combien?

Claude: C'est 1 300 Euros par mois. Mais si vous êtes prête à partager ….

Thérèse: Avec qui? J'ai rompu avec mon copain à Noël.

Claude: Ah oui? Quel dommage. Comment faire alors?

Thérèse: Oui, je dois trouver quelque chose avant la fin de la semaine.

Claude: J'ai une idée. Est-ce que …? Mais non. Mauvaise idée.

Thérèse: Qu'est-ce que vous voulez dire?

Claude: Écoutez, vous permettez que je vous tutoie? Écoute … Après tout, comment t'appelles-tu?

Thérèse: Euh … Thérèse … mais …

Claude: Alors, Thérèse. Moi aussi, je cherche un coin en ce moment. Je te propose une solution à notre problème.

Thérèse: Un moment, Monsieur!

Claude: Claude, Thérèse. Je m'appelle Claude.

Thérèse: Qu'est-ce que vous proposez? Je ne vous connais pas.

Claude: Pourquoi est-ce que tu te fâches, Thérèse?

Thérèse: Non mais, vous exagérez! Quelle honte! J'en ai assez! Je m'en vais.

Claude: Mais non, Thérèse. Tu n'as pas compris.

Thérèse: Ça suffit! Quelle sorte d'agence emploie un vieux salaud comme vous?

Nouveaux mots

disposer de *to have at your disposal*
le loyer *rent*

intra-muros *inside the city walls*
louer *to rent/let/hire*
un quartier *a district*

partager *to share*
rompre *to split up*
Quel dommage! *What a pity!*
Comment faire? *What shall we do?*

tutoyer *to call someone 'tu'*

un coin *a corner, a place*
proposer *to suggest*

Vous exagérez! *You are going too far!*
Quelle honte! *What a disgrace!*
J'en ai assez! *I have had enough of this!*
Je m'en vais *I am off!*
Ça suffit! *That's enough*
un vieux salaud *an old bastard*

Claude:	Écoute! C'est pour ma fille.
Thérèse:	N'insistez pas. Je … Comment? Qu'est-ce que vous dites?
Claude:	Ma fille cherche une chambre à louer. Elle a pris un poste à l'office de tourisme et elle ne veut plus faire le trajet St Malo–Rennes tous les jours.
Thérèse:	Mais j'ai pensé…. C'est à dire … je n'ai pas voulu …
Claude:	Je sais, Thérèse. Alors, tu veux voir l'appartement?

Nouveaux mots
un trajet   *a journey*

Saint Malo. © Erich Spiegelhalter

À votre tour

A Écoutez

Décidez si les affirmations ci-dessous sont vraies ou fausses.

1 Thérèse Lapierre est à l'agence de voyages.
2 Elle peut payer 900 euros pour un logement.
3 L'agent, Claude, propose un studio intra-muros.
4 Thérèse a un copain qui s'appelle Noël.
5 Elle n'a pas beaucoup de temps pour trouver un logement.
6 Claude devient très familier.
7 Thérèse adore sa familiarité.
8 Thérèse tutoie Claude.
9 Elle se fâche.
10 Elle annonce qu'elle va partir.
11 Claude cherche un appartement pour son fils.
12 Claude invite Thérèse à voir un appartement.

PAS DE PROBLÈME

B À vous d'écrire

Lisez le texte du dialogue et écoutez-le de nouveau. Puis écrivez vos réponses aux questions ci-dessous.

1. Thérèse, qu'est-ce qu'elle cherche comme logement?
2. Elle dispose de combien d'argent pour le loyer?
3. Pourquoi est-ce que l'idée de partager lui pose un problème?
4. Qu'est-ce qu'elle pense quand l'agent propose une solution au problème?
5. Comment réagit-elle?
6. Quelle est la solution de Claude en réalité?

C Jeu de rôle

Joueur 1 Vous cherchez un appartement dans le centre-ville, entre 1000 et 1200 Euros par mois, pour deux personnes, à occuper tout de suite. Vous êtes très épris de (*you are very taken with*) l'agent. Montrez-lui votre intérêt.

Joueur 2 Vous êtes agent de locations, assez timide. Vous aidez un/e client/e à trouver un logement. Vérifiez ses besoins. Tous vos studios et appartements sont dans la banlieue (*suburbs*). Ils coûtent entre 1000 et 2000 Euros par mois.

Chercher means *to look for*. You do not translate the *for*.

This also applies to verbs like to wait for   attendre
                                  to ask for   demander

They have asked for the file   Ils ont demandé le dossier

Lecture
Travailler à l'étranger

Nouveaux mots

se débrouiller   *to cope*

un courrier électronique
an e-mail

un logement
accommodation

une cité universitaire
halls of residence

Je suis étudiante à l'Université de Caen. Je m'appelle Amélie Dutronc. J'ai un ami anglais, Kevin Chatworth, qui est étudiant de biochimie à York. Il va venir étudier en France cette année. Avant de partir il a fait des recherches pour savoir comment se débrouiller.

Tout d'abord il a envoyé un courrier électronique à une autre étudiante anglaise, Rosie, qui va rentrer en juillet. Il a posé beaucoup de questions sur les préparations nécessaires. Elle a expliqué que les problèmes sont minimes.

On a besoin d'un logement, mais en général l'université s'occupe des chambres pour les étudiants étrangers, et on loge dans une cité universitaire, comme elle. Si on a besoin d'argent pour financer ses études, il faut chercher un 'petit boulot'. Rosie a trouvé un poste sur Internet avant d'arriver en France. Elle a travaillé 4 heures par nuit, 5 nuits par semaine chez Pizza Hut pendant les mois d'hiver. (Moi, je préfère travailler pendant les vacances. J'ai déjà accepté de travailler cet été pour une compagnie qui organise des vacances d'activités pour jeunes en France). Kevin a choisi d'attendre. Il va chercher un emploi après son arrivée à Caen.

Nouveaux mots

améliorer *to improve*
il vaut mieux *it is better to*
s'entraîner *to train*

un coup de main *help (a helping hand)*
les formalités *the requirements*
une carte de séjour *a residents' permit*
obligatoire *compulsory*
constater *to take note*

un mur d'escalade *a climbing wall*
fana *addicted to*

On veut probablement améliorer ses connaissances du français, alors il vaut mieux suivre des cours avant de partir. Grâce à ces cours, Rosie a appris à s'exprimer assez bien avant d'arriver en France, mais elle a dit à Kevin que le plus difficile pour elle est de comprendre. Alors Kevin a décidé de pratiquer au maximum. Il va s'entraîner deux heures par jour dans le laboratoire de langues. Après tout, il va suivre des cours de biochimie en français!

Il a téléphoné chez moi hier pour demander un coup de main. Après notre conversation j'ai consulté les pages Web de l'Université de Caen. J'ai pu joindre le C.R.O.U.S. (Centre Régional des Oeuvres Universitaires et Scolaires) pour savoir le prix d'une chambre. Ils ont expliqué qu'il est aussi très important de s'informer des formalités à remplir pour obtenir une carte de séjour avant de partir pour la France. Cette carte est obligatoire si on va rester plus de quelques mois. Avec cette carte beaucoup d'étudiants ont reçu une Aide Personnalisée au Logement ainsi que d'autres aides.

Sur le site Web j'ai pu constater aussi qu'il y a un mur d'escalade au centre sportif de l'Université. (Kevin est fana de l'escalade.) Et le Syndicat d'Initiative a même promis d'envoyer une documentation sur la ville à Kevin.

J'attends son arrivée avec impatience. Voilà 9 mois qu'on ne se voit pas, et je dois dire que je suis assez éprise de ce petit Anglais. En effet, c'est le plus beau mec aux cheveux roux qui existe!

À votre tour
À vous de parler/écrire

A Cherchez tous les verbes au passé dans le passage Travailler à l'étranger.

B Questions de compréhension.

1. Kevin, qu'est-ce qu'il a fait pour contacter Rosie?
2. Qu'est-ce qu'il a écrit?
3. Qu'est-ce que Rosie a fait avant de partir en France?
4. Amélie, quel travail est-ce qu'elle a trouvé cette année?
5. Où est-ce que Rosie a logé pendant son séjour à Caen?
6. Est-ce que Rosie a travaillé chez Pizza Hut toute l'année?
7. Kevin, a-t-il cherché un emploi en France avant de partir?
8. Kevin, qu'est-ce qu'il a décidé de faire pour améliorer ses connaissances du français?
9. Amélie, où est-ce qu'elle a trouvé des informations pour son ami, Kevin?
10. Quel bureau a-t-elle joint pour avoir des renseignements sur la ville de Caen?
11. Comment est-ce que la carte de séjour a aidé beaucoup d'étudiants étrangers?

PAS DE PROBLÈME

C Kevin a fini ses études en France. Il est de retour à York. Un autre étudiant lui pose des questions. Imaginez ses réponses.

1. Où as-tu logé?
2. Quand as-tu cherché un emploi?
3. Est-ce que tu as trouvé une petite amie française?
4. Tu as pu te débrouiller en français?
5. Qu'est-ce que tu as fait quand tu as eu du temps libre?
6. Est-ce que tu as dû obtenir des papiers?
7. Tu as compris les cours en français?

D Mettez les verbes au passé composé:

1. Nous .... le système. (étudier)
2. Ils .... la porte. (ouvrir)
3. On .... le premier appartement. (choisir)
4. Les employés .... que le patron est difficile. (dire)
5. L'expérience .... ce résultat. (produire)
6. Vous .... assister (*attend*) au concert? (devoir)
7. Madame Bonnard .... à votre lettre le 6 mai. (répondre)
8. Je .... le prix. (ne pas demander)
9. Tu .... ce boulot pendant l'été? (ne pas faire)
10. Mes amis .... le site Web. (ne pas voir)

Écoutez: Se débrouiller et se renseigner en France

Igor est à Paris depuis quelques jours. Il décide de prendre le *R.E.R.* (c'est-à-dire le Réseau Express Régional): ces trains circulent du centre de Paris jusqu'à la banlieue la plus lointaine. Il veut profiter de son séjour pour assister à un spectacle 'Son et Lumière' au château de Versailles, et aller voir un copain à Fontainebleau, mais il ne connaît pas ces lignes, alors il se renseigne au bureau de renseignements:

Igor:	Bonjour Mademoiselle. Je ne connais pas bien le système de transport ici. J'ai besoin de quelques renseignements. C'est bien le RER que je dois prendre pour aller dans la banlieue?
Employée:	Mais oui Monsieur. Les tickets de métro sont valides pour le RER en zone 1 et 2, c'est-à-dire la banlieue la plus proche. Mais si vous désirez aller plus loin, dans la banlieue la plus éloignée, alors vous entrez dans les zones 3, 4 etc … jusqu'à la zone 8. Donc vous devez acheter un autre ticket.
Igor:	C'est combien?
Employée:	À partir de la zone 3, ça dépend de la distance, Monsieur, et si vous prenez aller simple ou aller-retour.
Igor:	On achète les tickets à un guichet?
Employée:	Oui, au guichet ou bien à une billeterie.

Nouveaux mots

se renseigner — *to find out*
le réseau — *network*
la banlieue — *suburbs*

proche — *close*
lointain — *far, remote*

à partir de — *from*
un aller simple — *a single ticket*
un aller-retour — *a return ticket*
le guichet — *counter/ticket office*

Igor:	Pardon? Je ne comprends pas, une … quoi?
Employée:	Une billeterie: c'est un distributeur automatique de billets, de tickets. C'est commode si vous êtes pressé, vous n'êtes pas obligé de faire la queue aux guichets!
Igor:	Les machines acceptent les paiements par cartes bancaires?
Employée:	Oui, bien sûr. Il y a aussi des forfaits, c'est-à-dire des prix spéciaux, par exemple une carte hebdomadaire: c'est le tarif le moins cher si vous voyagez plusieurs fois dans la semaine. Pour les touristes il y a la carte 'Paris-Visite'.
Igor:	J'espère que je ne vais pas me perdre … Il y a tant de couloirs … N'oubliez pas de me dire quel quai …
Employée:	Pas de problème! Des panneaux très clairs indiquent l'accès à la gare RER, les panneaux d'affichage horaire montrent les horaires et le nom de la ligne et des trains…. Vous avez l'air surpris: oui, certains trains ont un petit nom, c'est mignon, n'est-ce pas!
Igor:	C'est vrai! Je vous remercie Mademoiselle. Vous êtes très aimable.
Employée:	De rien Monsieur. À votre service!

Nouveaux mots

commode *handy*
le forfait *set price*
hebdomadaire *weekly*
plusieurs fois *several times*
tant de *so many/so much*
se perdre *to get lost*
le panneau *sign/panel*
un affichage *display/poster*
un horaire *timetable*
avoir l'air *to seem/to appear*
mignon *cute/sweet*
vous êtes très aimable *you are very kind/helpful*

Métro Parisien

Free On Line Photos (http://patrick.verdier.free.fr)

PAS DE PROBLÈME

À votre tour
Trouvez l'équivalent en français.

JEU 1: vous pouvez regarder le texte rapidement pour trouver les mots.

JEU 2: ne regardez pas le texte. Répondez de mémoire! Vous pouvez même faire la course contre un autre étudiant.

1	*a few*	8	*to queue*
2	*information*	9	*banking card*
3	*suburbs*	10	*the cheapest*
4	*yes indeed!*	11	*several*
5	*the furthest*	12	*I hope*
6	*from/starting from*	13	*Don't forget!*
7	*handy/convenient*	14	*Don't mention it!*

Au boulot

1 Traduction

Interprète gratuit!
Vous faites la queue au guichet de renseignements de la gare. La femme devant vous est Américaine; elle ne parle pas le français et ne comprend pas les explications de l'employé. Vous offrez de faire l'interprète.

L'Américaine   *I would like to go to Versailles. My friend told me that I can use the Underground. Is that right?*

Vous   .... (translate).

L'employé   Pas du tout, Madame, c'est faux. Versailles n'est pas sur une ligne de métro, mais une ligne du RER, c'est-à-dire le réseau express régional: il circule entre le centre de Paris et la banlieue la plus lointaine.

Vous   .... (translate).

L'Américaine   *What must I do? I don't know this transport system! I come from the United States ... So, Underground tickets are not valid on trains?*

Vous   ....

L'employé   Les tickets de métro sont valides seulement pour les deux premières zones, car c'est la banlieue proche. Mais si vous voulez aller plus loin, il faut acheter un ticket de train. Le prix varie parce qu'il dépend de la distance.

Vous   ....

L'Américaine   *Oh! It's complicated... and I want to travel a lot and visit Paris and its region this week... What is the cheapest method?*

Vous   ....

L'employé   Ne vous inquiétez pas! C'est facile. Alors, si vous voulez aller à Versailles, c'est donc la zone 4 ... ça fait 31 francs. Mais pour les touristes, il y a la carte 'Paris-Visite' c'est le moins cher. Regardez, voici une liste des prix: vous pouvez comparer

Vous   ....

L'Américaine	Thanks ... I see. Oh, don't forget to tell me which line I must take ... Is it clearly indicated? It is my first time on the Continent, I am afraid of getting lost!
Vous	....
L'employé	Pas de problème! Il y a beaucoup de panneaux: ils indiquent le nom de la ligne et les horaires. Pour Versailles, c'est très simple: restez dans le train jusqu'au terminus!
Vous	....
L'Américaine	Very well, thank you, you are very helpful! And I would like to thank our interpreter too...
Vous	....
L'Américaine	May I offer you a cup of French coffee?

2 À vous de parler

Maintenant répétez la scène oralement et présentez cette scène à votre groupe.

ET DANS VOTRE PAYS?

Explain to a French visitor what possibilities there are in your country for obtaining cheaper rail or bus fares.

Vocabulaire utile:

un jour férié	bank holiday	une heure de pointe	peak hour
un carnet	book of tickets	une réduction	reduction
un abonnement	season ticket/ subscription	une correspondance	connection
en provenance de	coming from	à destination de	going to
composter	to punch ticket/ to validate it	à partir de (+ date/place)	from
durer	to last	changer	to change
faire le pont	(to prolong the week-end before a bank holiday, so many places are closed)		

LES JOURS FÉRIÉS EN FRANCE:

le 1er janvier	le Jour de l'An	New Year's Day
en mars/avril	le lundi de Pâques	Easter Monday
le 1er mai	la Fête du Travail	Labour day
le 8 mai	la Fête de la Libération	Liberation of France, VE day
en mai	l'Ascension	the Feast of the Ascension
	la Pentecôte	Whitsun
le 14 juillet	la Fête Nationale	Bastille Day
mi-août	l'Assomption	the Feast of Assumption
le 1er novembre	la Toussaint	All Saints' Day
le 11 novembre	l'Armistice	Armistice/Remembrance Day
le 25 décembre	Noël	Christmas Day

PAS DE PROBLÈME

Lecture
Un coup de fil inattendu

Nouveaux mots	
un coup de fil	*telephone call*
inattendu	*unexpected*
un jour de congé	*day off*
courir	*to run*
recevoir	*to receive*
un colis	*a parcel*
le courrier	*mail*
pleuvoir	*to rain*
falloir	*to be necessary*
soudain	*suddenly*
croire	*to think/to believe*
tenir à	*to insist*
le toupet	*impudence/cheek*
vivre	*to live*
un défaut	*a fault*
prévoir	*to plan/foresee/forecast*
la bagnole	*car*
le but	*goal*
au retour	*on the return journey*
boire un pot	*to have a drink*
plaire à	*to please*

Le 24 octobre! Mon anniversaire ... et cette semaine, heureusement, aussi un jour de congé.

Le matin, j'ai attendu le facteur avec impatience; plusieurs fois j'ai couru à la fenêtre ... mais rien!

Puis je l'ai entendu, enfin!

J'ai eu de la chance: j'ai reçu deux petits colis et plusieurs cartes car ma famille et mes amis m'ont écrit; alors j'ai su qu'ils n'ont pas oublié ma date de naissance ...

J'ai lu mon courrier avec plaisir et en même temps, j'ai bu ma tasse de café au lait.

L'après-midi, il a plu un peu ... Zut!

Il a fallu que je décide quoi faire pour fêter ce jour historique! Soudain il y a eu un coup de fil inattendu.

D'abord, j'ai cru que c'était un faux numéro, mais non! J'ai vite compris: mon copain Thierry que j'ai connu à l'étranger mais que je n'ai pas vu depuis un an, a voulu me souhaiter 'Bon Anniversaire!'

Il est sympa, n'est-ce pas?

J'ai appris qu'il est en France depuis deux mois.

Puis il a tenu à savoir mon âge exact! Quel toupet! ...

Alors j'ai dit:

'J'ai vécu de nombreuses années ... et je vis toujours!'

Ainsi, il n'a pas pu savoir mon âge et il a dû apprendre que la curiosité est un villain défaut!

Ensuite, il a dit:

'Bon, je vais aller à un match de foot.'

Il a été très surpris quand j'ai répondu: 'Je peux venir avec toi? Je n'ai rien de prévu ... .'

Une demi-heure plus tard, Thierry m'a offert un joli bouquet de fleurs! Je l'ai mis dans un vase (le bouquet, pas Thierry!) puis nous avons pris la route ensemble et il a conduit sa vieille bagnole jusqu'au stade.

Les joueurs de son équipe préférée ont beaucoup couru, le gardien a bien défendu son but et finalement, ils ont battu leurs adversaires!

Au retour, nous avons bu un pot, ensuite nous avons regardé un film comique.

J'ai eu une journée inattendue ... Elle m'a plu!

Chapitre 4

À votre tour

A Lisez, écoutez et comprenez le texte Un coup de fil inattendu. Faites attention aux verbes.

B Faites une liste de l'infinitif de ces verbes et de leur participe passé, e.g: boire ⇨ bu

C Un jeu: contre la montre ou/et contre un partenaire! Vous vous souvenez de combien de participes passés en 'U'?

a) 1 starts with A: - - - - - - -
b) 2 start with B: - - - - -
   - -
c) 3 start with C: - - - - -
   - - - - -
   - - -
d) 2 start with D: - -
   - - - - - - -
e) 2 start with E: - - - - - - -
   - -
f) 1 starts with F: - - - - -
g) 1 starts with L: - -
h) 4 start with P: - -
   - - -
   - - -
   - - - - -
i) 2 start with R: - - - -
   - - - - - - -
j) 1 starts with S: - -
k) 1 starts with T: - - - -
l) 3 start with V: - - - -
   - - - - -
   - -

D Faites une liste des participes passés dans le passage qui ne se terminent pas en 'U' et donnez leur infinitif.

Que savez-vous?

Course contre la montre entre deux équipes. Une équipe doit formuler les questions correctement avec **lequel, laquelle, lesquels**, l'autre équipe donne la réponse correcte.

Le 21 juin ou le 21 décembre: .... est le jour le plus long?
                                      .... est la nuit la plus longue?

Le Massif Central ou le Jura: .... est le plus à l'est?
Les Pyrénées ou les Alpes: .... sont les plus hautes?
La Seine ou la Garonne: .... est la plus longue?

Soixante-onze

PAS DE PROBLÈME

La ville de Marseille ou la ville de Lyon: .... est la plus grande?

Le Royaume Uni ou la France: .... est le plus vaste?

Le Cognac ou le Champagne: .... pétille le plus?

De ces deux pays, ... est plus au nord: la France ou les Etats-Unis?

De ces deux fromages, ... est plus gros: un fromage de Brie ou un Camembert entier?

De ces deux îles, dans .... un empereur français a-t-il vu le jour: la Corse ou Ste-Hélène?

.... est la plus haute: la tour Eiffel ou la tour de Pise en Italie?

De ces deux bouteilles de vin, ... est plus mince: une bouteille d'Alsace ou de Bourgogne?

De ces deux bouteilles de vin, ... a une forme plus carrée: une bouteille de Bourgogne ou de Bordeaux?

Entre le Concorde et l'appareil de Louis Blériot, ... est le moins rapide?

.... de ces deux frères est le plus célèbre: Joseph-Michel Montgolfier ou Jacques-Étienne Montgolfier?

Connaissez-vous Paris? Maintenant posez les questions avec **duquel, de laquelle, desquels/quelles** ou avec **auquel, à laquelle, auxquels/quelles,** et donnez la réponse correcte.

Les Champs Elysées ou le Boulevard St Germain: au bout .... se trouve l'Arc de Triomphe?

Entre ces deux quartiers, le Marais et le Quartier Latin, ... appartient la Sorbonne?

La Place de l'Etoile ou la Place de la Concorde: au milieu .... se situe l'Obélisque?

Les Halles ou les Invalides: près .... trouve-t-on le Musée Rodin?

Le Musée d'Orsay ou le Musée du Louvre, ... faut-il aller pour voir les Impressionistes?

l'Arc de Triomphe

Free On Line Photos (http://patrick.verdier.free.fr)

À votre tour

À vous d'écrire   Les comparaisons

Reformulez les phrases suivantes.

A   Employez **aussi ... que**, comme dans l'exemple:

Monsieur Lagrange travaille dur, sa femme aussi. **Elle travaille aussi dur que lui.**

1. Cet hôtel est confortable, comme l'autre. **Cet hôtel ...**
2. La ville est vieille, le port aussi. **Le port est ...**
3. Hier il a fait très chaud, comme aujourd'hui. **Aujourd'hui ....**
4. Je suis doué en anglais, mais tu es plus doué. **Je ...**
5. Les jeunes sont très aventuriers de nos jours, et les personnes âgées aussi. **Les personnes âgées ...**
6. Ma copine est moins confiante que moi. **Ma copine ...**
7. La valise bleue est lourde, et la valise noire est légère (*light*). **La valise noire ...**
8. Les femmes de chambre sont aimables, et les serveuses (*waitresses*) aussi. **Les serveuses ...**

B   Employez **plus que** ou **moins que**, comme dans l'exemple:

Guylaine mesure 1 m 65, Patrick mesure 1 m 70. **Guylaine est moins grande que Patrick.** *Ou* **Patrick est plus grand que Guylaine.**

1. Le repas a coûté 50 euros, mais le vin a coûté 67 euros.
2. J'ai attendu longtemps pour avoir mon visa, mais Serge a attendu très longtemps.
3. La maladie de notre vache est grave, mais le mouton est près de mourir.
4. Nous sommes en retard pour le train, mais Joseph n'a pas encore quitté la maison.
5. Le jambon blanc est bon, mais le jambon de Bayonne est excellent.
6. Vous jouez bien de la guitare, mais pas aussi bien que moi.
7. Les Espagnols parlent vite, mais vous avez entendu parler les Italiens?
8. Le café me rend nerveux, alors je bois du thé.

C   Employez un superlatif, comme dans les exemples:

Ce tableau est très beau. **C'est le plus beau tableau du musée.**
La chambre est confortable. **C'est la chambre la plus confortable de l'hôtel.**

1. Le plat est délicieux. C'est le ...   ... restaurant.
2. La visite est intéressante. C'est la ...   ... année.
3. Les trains sont rapides. Ce sont les ...   ... journée.
4. Cet appartement est vieux. C'est ...   ... agence.
5. Cette robe n'est pas chère. C'est ...   ... collection.
6. L'étudiant est bon. C'est ...   ... classe.
7. Les enfants ne sont pas bien nourris. Ce sont ...   ... village.
8. Les joueurs sont mauvais. Ce sont ...   ... équipe.

PAS DE PROBLÈME

Pour s'amuser

Rébus: Lisez à haute voix pour trouver les phrases cachées.

L A H T 10 O 6	J é A 6 T
L A K C 10 E	L A U 1 T 1 20 é 1 9
G K C 1 9	L A U $\frac{si}{D}$
L A U 1 B B	L A U 6 $\frac{ri}{BB}$
G U 2 B B	C P I é
L $\frac{fer}{A}$	L é 20 Q?
1 B B $\frac{ri}{A}$	L A é T 20 Q!

Clues:
she bought ten sausages   she had some worries   she had six mice
she broke ten eggs   she suffered   it's paid for
I broke one egg   one baby smiled   she is defeated?
she had a baby   I attended it   she has been defeated!
I had two babies   she had one tea, one wine and one egg

Épluchez les mots! Remplacez ou enlevez une lettre à la fois, par ex.
PARIS-PRIS-PRÈS-TRÈS.

... De Paris au lit ...   ... de Paris au pot ...   ... De voir au fait ...
PARIS   PARIS   VOIR
P _ _ _ (taken)   P _ _ _ (taken)   S _ _ _ (evening)
R _ _ ((you) laugh)   R _ _ ((you) laugh)   S _ _ _ (silk)
R _ _ ((he) laughs)   M _ _ (put)   F _ _ _ (liver)
L _ _ (bed)   M _ _ (my (pl.))   F _ _ _ (times)
                                 M _ _ ((he)puts)   M _ _ _ (month)
                                 M _ _ (word)   M _ _ _ (but)
                                 P _ _ (pot)   F _ _ _ ((you) do)
                                                                  F _ _ _ (fact)

Coin poétique

Vers en 'ert'
Il m'a offert tant de fleurs!
Mon corps? Couvert de bijoux ...
Je lui ai ouvert mon cœur,
J'ai découvert mon âme ... tout!
J'ai vécu d'eau et d'amour,
Sourde et aveugle de bonheur.
Puis j'ai découvert, un jour,
Photos ... Femmes ... Adresses ... Horreur!
Mes yeux ont été ouverts ...
J'ai souffert, souffert, souffert ... *(Suzanne Leclercq)*

Chasse aux mots (A)

Trouver les participes passés en 'U' des verbes suivants:

appartenir *(to belong)* – apercevoir *(to notice)* – attendre *(to wait for)* – avoir – battre *(to beat)* – boire *(to drink)* – connaître – courir – croire *(to believe)* – devoir *(must/have to)* – entendre *(to hear)* – lire *(to read)* – perdre *(to lose)* – pouvoir – recevoir – relire *(to read again)* – savoir – secourir *(to rescue)* – taire *(to keep secret)* – tenir *(to hold)* – vaincre *(to defeat)* – vivre *(to live)* – vendre *(to sell)* – voir *(to see)*.

Certaines lettres peuvent se chevaucher (*overlap*). Les mots sont écrits horizontalement, verticalement, de droite à gauche, de haut en bas ou de bas en haut, ou forment un angle! Bonne chasse!

A	P	E	R	C	U	R	A	U	R	V	E
T	U	U	D	R	B	E	P	O	U	A	C
T	U	U	R	U	O	C	P	C	T	I	U
E	N	T	E	N	D	U	A	E	E	N	U
N	E	V	P	N	U	L	R	S	N	C	T
D	H	O	U	O	V	E	T	U	U	U	T
U	S	U	L	C	G	R	E	N	Z	B	A

Chasse aux mots (B)

Trouvez les participes passés en '-IS' des verbes suivants:

acquérir *(to acquire)* – apprendre *(to learn)* – asseoir *(to sit someone)* – comprendre *(to understand)* – mettre *(to put)* – promettre *(to promise)* – remettre *(to put back/postpone)* – reprendre *(to take again)* – surprendre *(to surprise)* – transmettre *(to pass on/transmit)*.

A	S	S	I	S	A	C
P	R	O	M	I	S	Q
P	M	O	C	G	H	U
R	I	S	O	P	R	I
S	I	R	P	R	U	S
I	M	S	N	A	R	T
R	E	P	R	I	S	N

Look up the reference table on past participles at the end of the separate booklet and notice the groups.

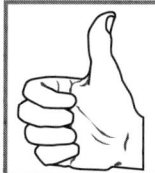

Notice that the verbs in each group above have the same participle ending, yet their infinitive ending is often very different.

Lecture
Médecins sans Frontières

Médecins sans Frontières est une organisation d'aide médicale et humanitaire qui a vu le jour en 1971. Les Médecins sans Frontières utilisent l'expertise de leur profession pour aider des populations en période de crise. Leur charte: s'engager auprès des populations, soigner le mieux possible, rester *(to remain)* indépendant.

Vous aussi pouvez aider, vous pouvez apporter votre motivation, votre compétence, votre expérience. Vous pouvez devenir volontaire, comme les 2000 qui s'engagent chaque année.

Mais vous devez avoir une expérience professionnelle. Les médecins doivent être diplômés, les infirmiers, techniciens, sage-femmes *(midwives)* et administrateurs doivent avoir deux ans d'expérience. Vous devez aussi être disponibles *(available)* de six mois à un an, vous devez parler au moins une langue étrangère.

Beaucoup de volontaires ont fait des expériences inoubliables *(unforgettable)* avec MSF. Séverine nous a donné ses impressions:

Séverine, infirmière, 27 ans

Quand on commence avec MSF, on ne sait pas très bien pourquoi on veut être volontaire, on est très idéaliste. Au briefing à Paris, avant le départ, on se dit: qu'est-ce qui va se passer?

Et puis j'ai débarqué *(I turned up)* au Burundi. J'ai eu de la peine à comprendre au commencement. Pourquoi ce fatalisme? Pourquoi les gens se résignent? Je me souviens d'un homme assis par terre avec deux de ses enfants blessés à coups de machette *(by blows from a machette)*; il a perdu sa femme et un autre de ses enfants le matin. Comment des hommes ont-ils pu faire ça?

Dans les camps, pas d'eau potable *(drinking water)*, le provisoire est permanent, la misère est partout. Mais les enfants ont gardé le sourire... On ne sait pas si on doit se révolter ou admirer ces enfants...

Le plus gros problème, c'est la malnutrition. Alors on distribue le plus possible: les enfants m'ont appelée 'Maman-bouillie' parce que j'ai distribué tant de bouillie *(food, the consistency of porridge)*. Ces enfants, on les a vus si mal en point *(in such bad shape)* que c'est une satisfaction immense de pouvoir les aider à survivre. Et puis on a eu la saison des pluies, de la boue *(mud)* partout. Mais on a aussi passé de bons moments. La vie en mission, c'est une vie en commun du matin au soir. Il y a des gens qu'on ne connait pas, qu'on n'a pas choisis, mais on doit travailler ensemble.

Les semaines, les mois ont passé si vite, on a presque oublié: on doit bientôt retourner en France. Alors on réalise la différence: nous, on peut rentrer en France, au Burundi ils ne peuvent pas choisir. Le jour du départ a été très dur. Mais la raison l'a emporté sur le coeur.

Chapitre 4

À votre tour

À vous de parler/écrire

1. MSF existe depuis combien de temps?
2. La charte de MSF se base sur trois principes; lesquels sont-ils?
3. Quelles sont les conditions que les volontaires doivent remplir? On doit …
4. Séverine a travaillé dans quel pays?
5. Quel malheur a frappé *(struck)* l'homme assis par terre?
6. Les enfants, comment ont-ils appelé Séverine?
7. Séverine, a-t-elle choisi ses collègues?
8. Comment a été le jour du départ?

Un coup d'oeil sur …

La Bretagne

Nouveaux mots

large *wide*
tandis que *whilst*

le bois *the wood*
la côte *the coast*
entourer *to surround*
une plage *beach*
une falaise *cliff*
un écrivain *writer*
un poisson *fish*
sentir *to feel*
quitter *to leave*
appartenir à *to belong to*
se régaler *to have a great time*
le tombeau *tomb*
farouche *fierce*
raconter *to relate/to tell*
une histoire *story*
une bénédiction *blessing*
une cornemuse *bagpipes*
un pas *step*
un alambic *a still*
le froment *wheat*
une langoustine *large prawn*
une huître *oyster*
une moule *mussel*
une bernique *limpet*

La Bretagne, péninsule longue de 250 km et large de 100 à 180 km au nord ouest de La France, a plus d'une identité. La Basse Bretagne à l'ouest est un pays celtique, tandis que la Haute Bretagne à l'est est la Bretagne française. Le pays se divise aussi entre L'Arvor 'le pays de la mer', et L'Argoad 'le pays des bois'. Mais partout c'est un pays de mystère, de traditions, de diversité, de richesse naturelle.

La mer qui entoure la péninsule a formé ses plages, ses falaises mais aussi son peuple. Ce peuple a sa propre langue, le breton. Les Bretons sont fiers de leur culture qui est fortement associée à la pêche, la terre, la religion et la légende. Jack Kerouac, écrivain américain d'origine bretonne, a dit que 'les poissons parlent breton'!

Pour les anciens La Bretagne est 'Pen ar Bed', 'la fin de la terre'. Quand on arrive en Haute Bretagne on sent très vite qu'on a quitté La France; les noms des villages, des rivières appartiennent à une autre culture, même si aujourd'hui seulement 20% de la population de la Haute Bretagne parle breton.

Si vous vous intéressez aux traditions, à l'histoire ou à la légende vous pouvez vous régaler ici. La forêt de Brocéliande au centre de la péninsule est le pays du tombeau de Merlin, du farouche chevalier noir, du Saint Graal, de toutes les légendes arthuriennes. Les calvaires médiévaux qui se trouvent devant certaines petites chapelles sont couverts de sculptures qui racontent les histoires de la Bible. Les énormes pierres, menhirs, dolmens et cairns, (comme à Carnac avec ses lignes droites de gigantesques menhirs sur 1 km de long), se trouvent un peu partout, et rappellent la civilisation mégalithique. Il y a souvent des histoires magiques associées. Le Mont St Michel est une petite île avec une vieille abbaye. Aux 'pardons' dans les petits ports de pêche vous pouvez voir les gens du pays habillés en costume traditionnel pour la bénédiction des bateaux. Et il y a, bien sûr, la musique bretonne avec la harpe celte et le biniou, (cornemuse bretonne); la danse bretonne où on fait des pas mais le corps reste presque rigide; les boissons du pays, le cidre non gazeux et des liqueurs faites à l'alambic, pratique illégale de nos jours; et des plats comme le kouign amann, gâteau délicieux plein de beurre et de sucre, les fameuses crêpes de froment qui se mangent au sucre, au beurre, au chocolat, à la confiture, et les galettes noires qui se mangent au fromage, au saucisson, au jambon, aux oeufs; sans oublier les fruits de mer: langoustines, crabes, huîtres, moules et berniques.

Soixante-dix-sept 77

PAS DE PROBLÈME

Nouveaux mots

faire de la voile *to go sailing*
accueillant *welcoming*
une vague *a wave*

Si vous venez visiter La Bretagne pour faire de la voile, jouer sur la plage, visiter les monuments, assister aux fêtes folkloriques ou même pour travailler, prenez le temps de parler avec les Bretons. Traditionnellement hospitaliers, ils sont ouverts et accueillants.

On n'oublie jamais le bruit des vagues de l'Atlantique, l'odeur des forêts et le mystère. Ce pays vous invite à le découvrir.

Les menhirs de Carnac. © *Erich Spiegelhalter*

Récapitulation
Le casse-tête des pronoms et des accords

À vous de parler

A Remplacez le nom par un pronom comme dans les exemples:

Professeur: Il a pris le train?
Etudiant: Il **l'**a pris.
Professeur: Nous avons demandé les cartes.
Etudiant: Nous **les** avons demandées.

1 Nous avons réservé les places.
2 Elle a envoyé le courrier.
3 Ils ont cherché l'adresse.
4 J'ai pris les clés.
5 Nous avons mis le vin sur la table.
6 Mon copain a compris le poème.
7 Vous avez entendu le bruit?
8 J'ai lu les instructions à l'ordinateur *(on the computer)*.
9 Mes collègues ont reçu la commande *(the order)*.
10 Tu as ouvert le paquet?
11 La femme de chambre a fait son travail.
12 Le technicien a construit ce modèle.

Chapitre 4

B Cette fois on ajoute un négatif, comme dans l'exemple:

Professeur: Il a pris le train.
Etudiant: Il **ne** l'a **pas** pris.

1 Nous avons réservé les places. etc.

À vous d'écrire

C Faites l'accord (si nécessaire), comme dans l'exemple:

Le livre? Je l'ai lu hier.
Les livres? Je les ai lus hier.
L'expérience (f)? Nous l'avons regardée ce matin.
Les expériences (f)? Nous les avons regardées ce matin.

1 Les chambres? Nous les avons ... hier (voir)
2 La secrétaire? Je l'ai ... cette semaine. (embaucher: *to take on /to employ*)
3 L'infirmière (f)? Le docteur l'a ... dehors. (trouver)
4 Les appartements (m)? Nous les avons ... (louer)
5 Les ouvriers? Le chef les a ... (former: *to train*)
6 La clef? On l'a ... (perdre)
7 Le repas? Elle l'a ... toute seule. (préparer)
8 Les dossiers (m)? Ils les ont ... (fermer)
9 Le circuit? Elle l'a ... (suivre)
10 Les conversations (f)? Nous les avons ... (entendre)

D Employez un pronom pour remplacer les mots en italiques.
N'oubliez pas l'accord.

Vous avez montré *la pièce* au chef? *Did you show the part to the boss?*
Vous l'avez montrée au chef? *Did you show it to the boss?*

1 Ils ont regardé *les questions* (f) la semaine dernière.
2 Est-ce que vous avez montré *la liste* au P.D.G.? (le P.D.G.: *the Managing Director*)
3 On a déterminé *la valeur de 'X'*.
4 Baudelaire a écrit *ces poèmes* (m) à Paris.
5 Nous avons vendu *votre tableau* (m) hier soir.
6 Ils ont ramassé *les papiers* (m) tout de suite. (ramasser: *to pick up, to collect*)
7 Elle a publié *sa théorie* dans le dernier journal. (publier: *to publish*)
8 Il n'a pas payé *le loyer*. (le loyer: *the rent*)
9 Est-ce que nous avons acheté *les billets* (m) avant le 31 décembre?
10 Vous n'avez pas envoyé *les instructions* (f) au bureau.

Suggested websites

Working while studying:
www.edufrance.fr/fr
www.cnous.fr/vieetud/jobs.htm
www.letudiant.fr

La Bretagne:
http://www.bretagne.com
http://visit-bretagne.com

Chapitre 5

Menu

Word games, charades, jokes
Cards and chess games
General knowledge quiz
Quiz on France

No new grammar: revision and practice

Aspects of life in France: weddings and other invitations
Telephone calls, complaints

Charades

Find the hidden word: each clue gives either the meaning of each syllable (or part of the word) or what it sounds like. Try saying your guess aloud as the spelling may be different, e.g.

my first likes fish and mice	(chat ⩾ cha)
my second may be eaten by my first!	(rat ⩾ ra)
my third sounds like the sum of 'one plus one'	(deux ⩾ de)
my whole is this game	(charade)

Essayez!

1. my **first** sounds like the translation of 'but' in French.
   my **second** sounds like 'slow' in French.
   my **third** sounds like 'I have' in French.
   my **whole** means 'to mix'.

2. my **first** sounds like 'and' in French.
   my **second** is (I) prove.
   my **third** looks like the end of a cigarette!
   my **whole** is a glass tube for experiments.

80 Quatre-vingt

3 my **first** sounds cooked!
   my **second** is at the end of a French kitchen
   my **third** is the day before 'aujourd'hui'.
   my **whole** is a lady who prepares meals.

4 my **first** could be the tail of a French rabbit?
   my **second** sounds like 'I have'.
   my **third** means 'neither'.
   my **fourth** has lost the first part of an hour?
   my **whole** is a skilled person.

5 my **first and second** together is an object usually on the floor.
   my **third** is at the beginning of a French week.
   my **fourth** sounds as if it grows in wet fields and is a nutritious food.
   my **whole** is a colourful piece of needle craft.

6 my **first** sounds low!
   my **second** starts to pull.
   my **third** is at the end of a government.
   my **whole** is a building.

7 my **first** starts a French story.
   my **second** sounds early!
   my **third** means nothing in French.
   my **whole** keeps record of past and present events.

8 my **first** glitters and is very expensive.
   my **second** is at the end of most days in France.
   my **third** starts to swim.
   my **fourth** sounds like a French singer who has lost his song!
   my **whole** is an essential tool nowadays.

À votre tour

Charades

Create you own clues for some French words: break the word down into syllables, check whether each looks like a short word or listen to the sound. Use these to start with if you wish:

gou.ver.ne.ment   dé.cem.bre   ca.ta.lo.gue   pa.ra.chute   nu.clé.aire   in.for.ma.ti.que

Les petits mots dans le grand mot

Use the letters of a long word to create other words (do not use the same letter more than once within the same word), e.g:

INFORMATICIEN: format   forme   forment   ami   amie   faim   matin   fait   fin   frein   train   tenir   ne   ma   rat   front (etc.)

Try to choose your own long word or start with these words:

constitutionnellement   révolution   récapitulation   emprisonnement   poissonnerie   apprentissage (training)   prestidigitateur (conjurer)

PAS DE PROBLÈME

Combien de mots avec chaque lettre d'un mot clé (key word)?

Think of all the possible words which begin with the same letter and make a list; you could race against time or against a partner!

e.g: mot-clé LIVRE

    L: lu/lapin/long/lent/lentement/lundi/lire/lis/lit/lisons/lisent
    I: important/impossible/ici/illogique/informatique/informaticien
    V: vin/vingt/vouloir/voulu/voir/vu/vert/vois/voit/voyons/voyez/voient, etc.
    R:
    E:

Essayez ces mots-clés: *Amérique   chambre   homard   Londres   jeux   voyez   golf*

À quoi ça sert? (what is it used for?, literally 'to what does it serve?')

Devinez la bonne réponse.

une b – – – – – – – –	sert à contenir du liquide
un l – – – –	sert à payer son logement
un c – – – – – –	sert à couper
un t – – – – –	sert à voyager en métro ou en train
un s – – – –	sert à se laver
un t – – – – –	sert à passer sous une montagne ou sous l'eau
un a – – – – –	sert à noter ses rendez-vous
une v – – – – –	sert à transporter ses vêtements et autres affaires
un r – – – – –	sert à se réveiller à l'heure voulue
une c – – – –	sert à trouver son chemin et ne pas se perdre

À vous maintenant

Donnez une définition de chaque mot (cherchez dans le dictionnaire les mots inconnus... et apprenez les!), par exemple: *un calendrier sert à noter les dates importantes.* Essayez:

    un dictionnaire/un peigne/un cintre/un frigo/un verre/un lit/une serviette/un pont/un avion/une fusée/un médicament/un bureau de renseignements/un outil/un moteur/une usine/une centrale nucléaire/un timbre/un rétroviseur/un bouchon/une ampoule/un musée/un tire-bouchon/une allumette

Écoutez: Un coup d'oeil en arrière

Écoutez bien ces différentes remarques ou questions et donnez votre opinion pour chaque phrase: qui parle, peut-être? où? pourquoi? qu'est-ce que cette personne dit?

Jouez avec les Français!

Un jeu de cartes

Un jeu comprend 52 cartes: il y a 2 couleurs: **noir** pour **le pique et le trèfle**, **rouge** pour **le carreau et le coeur**.

Chaque groupe a une carte pour chaque chiffre de deux à dix, **un valet** (knave), **une reine** (queen), **un roi** (king) et **un as** (ace).

Si les règles d'un jeu exigent seulement 32 cartes, il faut ôter les cartes de 2 à 6.

Selon les jeux on peut distribuer toutes les cartes entre tous les joueurs, ou on peut distribuer seulement quelques cartes et garder *'un talon'*, c'est-à-dire une petite pile, qui est souvent placé au milieu de la table.

Essayez ce jeu facile ... et personne ne peut tricher (*to cheat*)!

Domino–cartes
(avec un jeu de 52 cartes ... et des **jetons** *(counters)* comme 'argent').

- Les cartes sont distribuées.
- Le 1er joueur pose une carte par ex. *le 7 de coeur.*
- Le 2ème joueur met, à côté, *une carte de la même couleur* (donc rouge, pour cet exemple).
- Il la place *à droite* si elle a une valeur immédiatement *supérieure* (ex. le 8 de coeur ou de carreau), ou *à gauche* si elle est de valeur *inférieure* (un six).
- S'il a seulement *un 7 noir*, il le pose sur la table car il peut commencer une nouvelle série.
- Le 3ème joueur a le choix: il peut poser un 5 rouge à gauche du 6,
  ou un 9 rouge à droite du 8,
  ou un 6 de trèfle ou de pique à gauche du 7 de pique,
  ou un 8 noir à droite du 7 noir.
- Le jeu continue et se termine quand un joueur n'a plus de cartes en main.

Le gagnant *(winner)* reçoit de chaque joueur, autant *(as many)* de jetons qu'ils ont de cartes en main.

Bonne chance!

Un jeu d'échecs

Ce jeu comprend:

Le Roi, la Dame/la Reine, le Fou, le Cavalier, la Tour, les Pions placés sur **un échiquier** de 64 cases noires et blanches

Quand le roi adverse est placé dans une position où il est attaqué sans pouvoir se défendre on dit qu'il est *'échec et mat'.*

Mots de jeux de cartes et d'échecs 'Pêle – mêle'

Verticalement:
1. Diamond   2. King
3. Knave   4. Ace
6a. Part of a spade?   6b. Bishop
8. Rook overturned?

Horizontalement:
1. Knight   2. Ace
3. Game   4. Queen
5. Club   6. Pawn
7. Heart.
8. Checkmate (round the corner)

	1	2	3	4	5	6	7	8
1	c	a	v	a	l	i	e	r
2	a	g	a	s	a	q	n	u
3	r	a	l	j	e	u	t	o
4	r	r	e	i	n	e	e	t
5	e	o	t	r	e	f	l	e
6	a	i	n	p	i	o	n	t
7	u	g	c	o	e	u	r	a
8	e	c	h	e	c	e	t	m

PAS DE PROBLÈME

Un coup d'oeil sur ... la vie en France

Un mariage

Si vous avez la chance (et l'honneur) de recevoir un faire-part et une invitation à une réception de mariage, vous pouvez être sûr de passer plusieurs heures à table!

Mais d'abord le jeune couple doit se marier! En France la seule cérémonie légale est le mariage civil, à la mairie *(registry office)*. Six semaines avant le mariage, les fiancés doivent faire publier les bans aux mairies des communes où ils habitent.

Parce que l'État et l'Église sont séparés, si on désire avoir un mariage religieux dans une église, il faut d'abord se marier à la mairie, puis on a alors le droit d'aller se marier à l'église.

Du coup *(because of that)*, quelquefois il n'est pas possible de fixer les deux cérémonies le même jour, si la mairie ou l'église est très occupée! Alors qu'est-ce qui se passe? Eh bien on a deux mariages! Pour le mariage civil à la mairie, la mariée va peut-être porter un joli ensemble; puis le jour du mariage à l'église, elle porte la fameuse robe de mariée.

Dans les deux cas, les fiancés répondent 'Oui' à la question: 'Acceptez-vous de prendre pour légitime époux/épouse ...'

À la sortie, les invités lancent du riz ou des confettis de papier sur les nouveaux mariés et les demoiselles d'honneur, le photographe prend beaucoup de photos, les gens avec des caméscopes font des vidéos ...

Enfin tout le monde se dirige vers la salle de réception. Très souvent le cortège de voitures klaxonne bruyamment à travers la ville ou le village...et les agents de police font semblant *(pretend)* de ne pas remarquer!

Après toutes ces émotions, tout le monde a faim!

Souvent il y a un vin d'honneur où les invités savourent simplement des canapés *(open sandwiches)*, des petits fours et boivent du champagne. En général le grand repas est plus tard et peut durer des heures!

Donc vous allez déguster des plats aux sauces délicieuses, commençant par les hors d'œuvres ou entrées, puis le plat principal (peut-être même plusieurs plats!) et ses légumes, suivi d'un plateau de fromages. Les Français mangent le fromage avant le dessert (souvenez-vous qu'il y a plusieurs centaines de sortes de fromages en France!) ... Naturellement vous allez déguster de bons vins, blancs, rosés ou rouges, selon les plats.

Le clou de la fête *(highlight)* est la pièce montée c'est-à-dire le gâteau de mariage. Il est en forme de cône, composé de petites boules rondes en pâte à choux *(choux pastry)*; leur intérieur est crémeux (Attention! Ces choux ne sont pas des légumes verts!). Elles sont collées ensemble avec du caramel doré. Le sommet est décoré en général par deux petites figurines qui représentent la mariée en robe blanche et le marié.

Donc on ne découpe pas le gâteau en tranches! Il y a aussi des plaisanteries, des chansons ... et en général on finit toujours par danser!

À la fin de la réunion, la mariée déchire son voile *(veil)* en petits morceaux et les donne en souvenir porte-bonheur *(lucky charm)* à ses invités. Chaque invité emporte un petit souvenir: des dragées, qui sont des bonbons faits d'une amande *(almond)* recouverte de sucre dur rose, blanc ou bleu pâle.

Vous allez donc vous amuser avec tout le monde, mais vous ne pouvez pas suivre les nouveaux mariés quand ils vont partir en voyage de noces pour leur lune de miel *(honeymoon)*!

Un faire-part de mariage

Monsieur et Madame Léon Leclerc   *Monsieur et Madame Pierre Moleux*
et Madame Éléonore Montagnac

sont heureux de faire part du mariage de leurs enfants

Suzanne et Nicolas

*et vous prient d'assister à la messe qui sera
célébrée le samedi 6 août 2008, à 11h.30,
en l'église Notre-Dame (Avenue de la Victoire – Nice)*

*Vous êtes aussi cordialement invité à la réception qui suivra
à l'hôtel des Palmiers, promenade des Anglais.*

1 avenue des Genêts   *18 rue du Muguet*
06100 Nice   *62123 Boulogne*
                                                                  R S V P

Une pièce montée

Les Français envoient aussi un **faire-part de naissance** quand il y a un nouveau bébé. Si la famille organise une petite fête pour **le baptême** *(baptism)* et vous n'avez pas pu y aller, ces amis vont peut-être vous envoyer un petit paquet-souvenir avec quelques dragées dedans!

On peut parfois recevoir un **faire-part de fiançailles** *(engagement)* avec les noms des fiancés. Si vous en recevez un, vous devez répondre pour féliciter la famille et envoyer **vos voeux de bonheur.**

Si on vous envoie un **faire-part de décès** quand quelqu'un est mort, avec la date et l'heure des funérailles (aussi appelées 'obsèques'), vous devez envoyer une gentille lettre ou une carte avec toutes vos **condoléances**.

En général en France il y a plus d'enterrements *(burials)* que de crémations au crématoire. Le 1er novembre, la fête de la Toussaint, les Français rendent hommage à leurs proches *(close relations)* et leurs amis qui sont morts. La plupart vont au cimetière et mettent un pot de chrysanthèmes sur les tombes. Cette fleur est réservée exclusivement à cette triste occasion et symbolise la mémoire des morts; donc il ne faut jamais offrir de chrysanthèmes en cadeau si vous êtes invité en France!

PAS DE PROBLÈME

À vous de parler ou écrire

1. Lisez, écoutez et comprenez le texte 'Un mariage'.
2. En groupes ou avec la classe, comparez les coutumes *(customs/habits)* françaises avec les coutumes de votre pays ou d'autres pays et discutez.
3. Choisissez une réponse de la liste ci-dessous pour compléter la conversation:

   A Tu ne nous a pas rapporté un morceau ... quel dommage!
   B Tu as trop bu et trop mangé, n'est-ce pas? Est-ce que tu as été soûl?
   C Je parie que tu as eu une gueule de bois le lendemain!
   D Tu as de la chance! Pourquoi est-ce que tu as été invité?
   E Je n'ai jamais goûté de pièce montée: ce n'est pas aussi riche qu'un gâteau anglais, n'est-ce pas?
   F Le mariage a eu lieu où?
   G Et Pierre?
   H J'ai vu un mariage comme ça: les voitures ont klaxonné et les gendarmes ont fait semblant de ne pas remarquer ...
   I Est-ce que la mariée a porté la robe longue traditionnelle?
   J Je suppose que tout le monde a jeté du riz et a pris des vidéos!

   J'ai été au mariage de Pierre et Brigitte la semaine dernière!

   _____

   Parce que je les connais depuis dix ans, vous savez!

   _____

   Il a eu lieu à la mairie, parce que mes amis ne sont pas très croyants...

   _____

   Non, elle est plutôt moderne, elle a préféré une robe courte.

   _____

   Il a porté un costume.

   _____!

   Bien sûr, et des confettis aussi! Il y a eu un grand cortège de voitures à travers le village...

   _____

   Après, la réception a été somptueuse! Ils ont servi des plats de plusieurs pays différents! Et le vin et le Champagne ont coulé!

   _____

   Moi, ivre? jamais! J'ai eu un peu mal à la tête, c'est tout...

   _____

   Non, j'ai simplement dormi toute l'après-midi, le lendemain...

   _____

   Non, c'est crémeux à l'intérieur. C'est une pyramide de choux à la crème.

   _____

Nouveaux mots

avoir de la chance *to be lucky*
être invité *to be invited*
avoir lieu *to take place*
croyant *believer, religious*
un costume *a suit*
couler *to flow*
être ivre/soûl/gris *to be drunk*
une gueule de bois/mal aux cheveux *a hangover*
goûter *to taste*
rapporter *to bring back*
Quel dommage! *what a pity!*

Un peu de culture générale!

Que savez-vous? 2 équipes au moins. Course contre la montre ...

Quelques miettes de géologie!
1. Parmi les quatre pierres les plus précieuses, le diamant, le rubis, l'émeraude et le saphir
   (a) quelle est la plus rare?
   (b) quelle est la plus dure?
   (c) quelle est la plus friable *(crumbly)*?
2. Est-ce que le saphir est aussi dur que le diamant?

Un brin d'anatomie!
3. Quel est le plus grand organe humain: le foie, la peau ou le cerveau?
4. Est-ce que notre corps est aussi long quand on dort que pendant la journée?
5. Où se trouve le plus petit muscle humain?
6. Le plus grand homme jusqu'à présent a mesuré combien?
7. La plus grande femme jusqu'à présent a mesuré combien?

Un peu d'astronomie!
8. Quel est l'objet le plus lointain, visible clairement à l'oeil nu?
9. Quelle est la planète la plus proche du soleil?

Un clin d'oeil à la zoologie!
10. Quel est le chien astronaute le plus célèbre?
11. Les éléphants d'Asie ont des oreilles plus larges ou plus petites que les éléphants d'Afrique?
12. Quel est le mammifère terrestre le plus large et le plus lourd *(heavy)*?
13. Quel est l'oiseau le plus rapide?
14. Quel est l'oeuf le plus lourd des oiseaux vivants?
15. Est-ce qu'un oeuf d'autruche est aussi long qu'un oeuf de kiwi, (oiseau de Nouvelle Zélande)?

Racontez cette blague à vos amis anglais:

Ahmed	C'est quelle sorte de chien, ce chien?
Kévin	Un chien policier.
Ahmed	Il n'a pas l'air d'un chien policier, à mon avis.
Kévin	Bien sûr que non! C'est un chien policier en civil!

(policier en civil: *a plain clothes officer*)

PAS DE PROBLÈME

Écoutez: **Lecture**

Comprenez ces petits dialogues. Faites attention aux phrases spéciales qui font partie du jargon téléphonique!

A Éléonore désire apprendre à se servir d'un ordinateur et faire du traitement de texte.

Standardiste: Allô, le collège 'Aucourant', à votre service?

Éléonore: Bonjour, **pouvez-vous me passer le responsable** des inscriptions, s'il vous plaît?

Standardiste: **Ne quittez pas, je vous le passe.**
(une autre personne) Allô, bureau des inscriptions, j'écoute.

Éléonore: Bonjour Monsieur, je voudrais suivre des cours d'informatique pour débutants, le jeudi ou le vendredi. J'espère que ce n'est pas trop tard pour s'inscrire?

Employé: Non, ça va, il y a de la place. Quel jour préférez-vous?

Devinez! Quels mots veulent dire:

1. word processing
2. to use
3. the person in charge
4. to put me through to
5. beginners
6. Hold on!
7. I am putting you through
8. to attend a course
9. information technology
10. to enrol

B Vincent a nagé à la piscine. Maintenant il ne trouve plus son maillot de bain!

Vincent: Allô, bonjour. **Je voudrais parler à quelqu'un** au Bureau des Objets Trouvés, s'il vous plaît.

Employé: Oui monsieur, je suis le responsable. **Comment puis-je vous aider?**

Vincent: J'ai perdu mon maillot entre la piscine et le camping. Est-ce que quelqu'un l'a trouvé?

Employé: Quel est votre nom, s'il vous plaît?

Vincent: Menton, Vincent Menton.

Employé: Pouvez-vous décrire ce maillot?

Vincent: Il est bleu marine et blanc.

Employé: Un instant je vérifie. Non il n'y a pas de maillot ici. **Donnez-moi vos coordonnées** et nous vous contactons si quelqu'un l'apporte.

88 Quatre-vingt-huit

Chapitre 5

Devinez! Quels mots veulent dire:

| 1 | *someone* | 3 | *to help* | 5 | *to describe* | 7 | *navy* |
| 2 | *found* | 4 | *swimsuit* | 6 | *between* | 8 | *contact details* |

C Alain veut acheter du matériel pour sa firme et essaye de téléphoner à un chef des ventes.

Standard: Société 'Bonnzafer', bonjour! J'écoute …

Alain: Bonjour, **pouvez-vous me passer** le chef des ventes, s'il vous plaît?

Standard: **Ne quittez pas, je vous le passe.**
(Une autre personne) Allô, service des ventes. Michelle **à l'appareil**.

Alain: Madame, pouvez-vous me passer le chef des ventes s'il vous plaît?

Michelle: Je suis sa secrétaire. Désolée, M. Lucru n'est pas ici en ce moment: il est **en déplacement** d'affaires.

Alain: Il va revenir bientôt?

Michelle: Il est en voyage aux États-Unis jusqu'à … euh … un instant. … Je vérifie son agenda: oui, il va être de retour jeudi. Je peux lui **faire une commission** si **vous voulez laisser un message**.

Alain: Pourriez-vous lui demander de **me rappeler**?

Michelle: Certainement. **C'est de la part de qui?**

Alain: Alain Vinmain de la Société Expertentout.

Michelle: Désolée, **j'entends mal, pourriez-vous répéter**, s'il vous plaît?

Devinez! Quels mots veulent dire:

1	*sales*	6	*I am checking*
2	*I am listening*	7	*I am putting you through*
3	*Michelle speaking!*	8	*who is speaking?*
4	*away on business*	9	*to leave a message*
5	*to call back*	10	*could you repeat that?*

D Depuis quelques jours, Sophia travaille au pair dans un village qu'elle ne connaît pas bien. Aujourd'hui elle a fait une longue promenade à la campagne … mais soudain elle ne sait plus comment rentrer à la maison! Elle se sert de son portable pour appeler ses patrons (*bosses*).

Mme Huppé: Allô oui?

Sophia: Allô, madame, c'est Sophia. **Je suis désolée de vous déranger** … je suis perdue (elle pleure).

Mme Huppé: Allô?Allô? **J'entends mal, la ligne est mauvaise! Qui est à l'appareil?**

Sophia: C'est Sophia … Madame, je ne sais pas où je suis, j'ai beaucoup marché et je ne peux pas retrouver mon chemin…

Mme Huppé: Calmez-vous! Ne vous inquiétez pas. Je vais venir vous chercher en voiture. Où êtes-vous? Qu'est-ce qu' il y a près de vous?

PAS DE PROBLÈME

Sophia: Je ne vois pas de panneau, pas de nom. J'ai traversé un petit pont il y a cinq minutes et maintenant je me trouve devant une vieille tour en ruines …

Mme Huppe: Bon, ça va, je sais où vous êtes, je connais l'endroit. Restez là, je vais arriver dans une dizaine de minutes!

Devinez! Quels mots veulent dire:

1. to disturb
2. lost
3. don't worry
4. to find oneself/be
5. about ten
6. who is speaking
7. I can't hear properly
8. to find one's way
9. to know a place
10. to come and fetch

Un coup de fil (*a telephone call*)

Les phrases suivantes sont utilisées pendant une conversation téléphonique.
Devinez! Quelle phrase de la liste A correspond à une de la liste B?

A

1. Do you have an appointment?
2. Can I leave a message?
3. Hold on, I'll put you through.
4. Just a minute please, I'll see whether he is there…
5. The line is engaged, do you want to call back?
6. Could you come and fetch me please … I am lost! I am in front of a large tower.
7. The sales director is not here at the moment, he is travelling.
8. I'd like to speak to someone at the lost property office please.
9. May I take a message?
10. Give me your contact details.
11. Could you ask him/her to call me back …
12. Sorry, I'm having trouble hearing (you). Could you repeat that please?
13. Do you want to leave a message?
14. I would like to make an appointment, it's urgent …
15. I hope it is not too late to enrol for the French course?
16. Who is calling?

B

a. Qui est à l'appareil?/C'est de la part de qui?
b. Je voudrais parler à quelqu'un au Bureau des Objets Trouvés, s'il vous plaît.
c. Ne quittez pas, je vous le passe.
d. Un instant, je vais voir s'il est là …
e. La ligne est occupée, voulez-vous rappeler?
f. Le chef des ventes n'est pas ici en ce moment; il est en déplacement…
g. Voulez-vous laisser un message?
h. Est-ce que je peux laisser un message?
i. Est-ce que je peux faire une commission?
j. Est-ce que vous avez (un) rendez-vous?
k. Pourriez-vous lui demander de me rappeler?
l. Désolé, j'entends mal … Pourriez-vous répéter s'il vous plaît?
m. Je voudrais prendre rendez-vous, c'est urgent …
n. J'espère que ce n'est pas trop tard pour m'inscrire au cours de français?
o. Pouvez-vous venir me chercher, svp … Je suis perdue! Je me trouve devant une grosse tour …
p. Donnez-moi vos coordonnées …

Jeu de rôle
Ça ne va pas!

Nouveaux mots

un ennui
a worry/problem
(s')allumer
to switch (itself) on
(s')éteindre
to switch (itself) off
un plombier   *a plumber*
en panne   *out of order*
tout de suite   *at once*
un nid   *a nest*
fort   *strong*
un tuyau   *a pipe*
un trou   *a hole*
un grenier   *a loft*
un hibou   *an owl*

Vous avez loué un gîte à la campagne, mais maintenant vous avez des problèmes. Vous téléphonez à la propriétaire Mme Adufric.

Vous: Allô, je voudrais parler à Madame Adufric s'il vous plaît.
Mme A.: C'est moi! Qui est à l'appareil?
Vous: Bonjour Madame, je suis votre locataire à St. Rémy, je loue votre gîte. J'ai quelques ennuis …
Mme A.: Ah? Ça ne va pas? Qu'est-ce qui se passe?
Vous: D'abord le chauffage s'éteint souvent et j'ai des difficultés à l'allumer … Les radiateurs ne sont pas assez chauds. J'ai froid!
Mme A.: Oh? Désolée … Je vais appeler un plombier tout de suite!
Vous: Autre chose, la douche est en panne … euh … je veux dire, elle ne marche pas bien: le jet d'eau n'est pas assez fort; et il y a une fuite: un tuyau dans le coin a un petit trou et il fuit …
Mme A.: Oh là là! C'est grave, je ne veux pas d'inondation!
Vous: En plus de ça, j'ai mal dormi la nuit car il y a des bruits bizarres derrière la maison! Vous avez des rats dans le grenier?
Mme A: Non! Oh je sais! Ça, c'est 'Hulo' le hibou! Il a un nid dans le toit du vieux garage et la nuit il chasse les souris.

À vous de parler

Travail à deux. Posez des questions en français à un collègue ou donnez les réponses.

Q1. Why did the tenant telephone the owner?
A1. Because s/he has a few problems.
Q2. What's going on?
A2. The central heating keeps going off and s/he has trouble switching it on.
Q3. What is the owner going to do?
A3. She is going to call a plumber at once.
Q4. Is the shower out of order?
A4. It does not work well, there is a hole in a pipe and it leaks.
Q5. Where is the leak?
A5. In a corner … Mme Adufric does not want a flood!
Q6. Why didn't the tenant sleep well?
A6. Because there are some strange noises in the old garage.
Q7. Are there rats in the loft?
A7. No, it's an owl. It has a nest there and chases mice!

Racontez cette blague à vos amis anglais!

André   Quelles races de chiens peuvent sauter plus haut qu'une maison?
Oreste   Je ne sais pas.
André   Toutes les races! Les maisons ne peuvent pas sauter!

PAS DE PROBLÈME

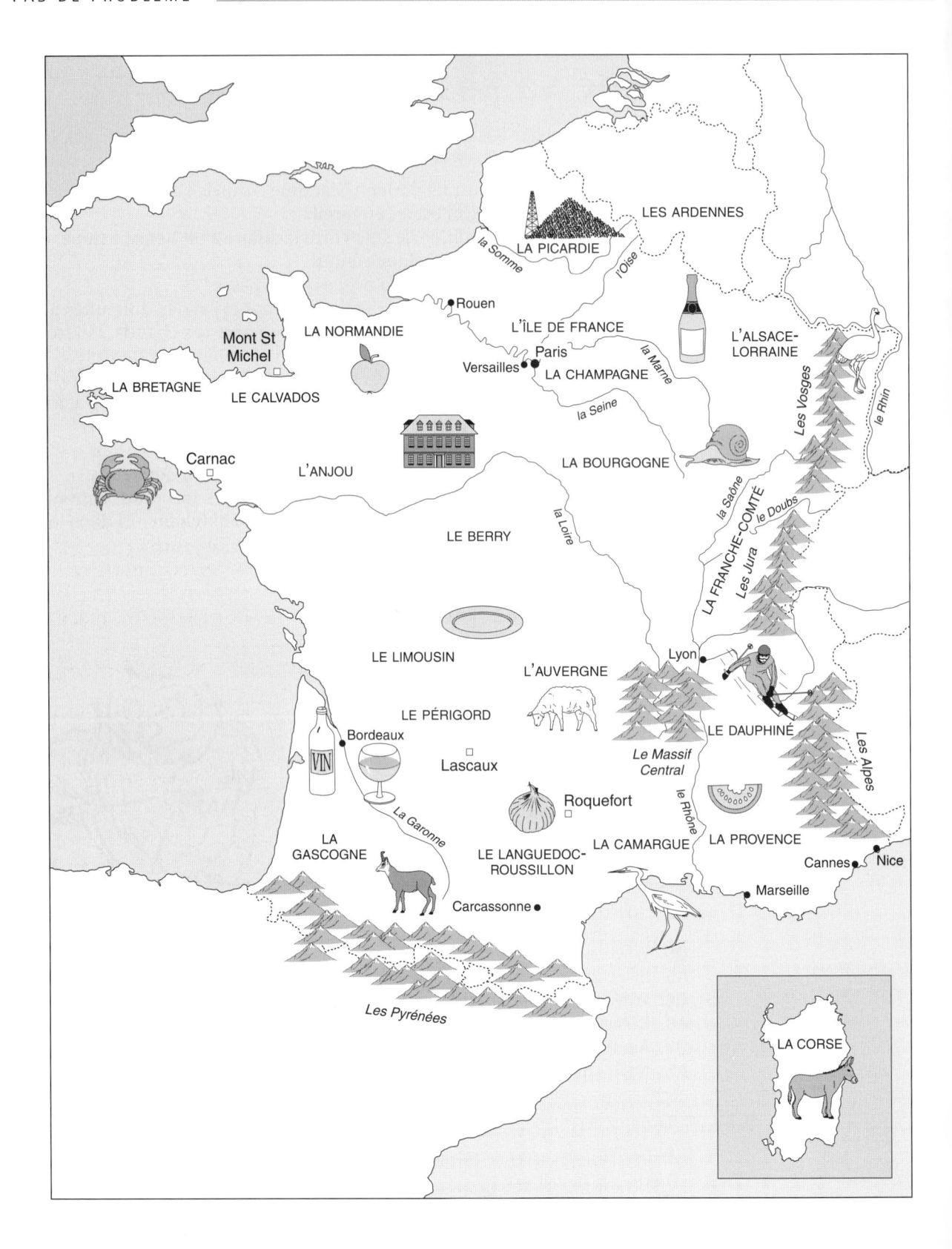

92 Quatre-vingt-douze

Chapitre 5

À vous de parler ou écrire

Connaissez-vous la France?

D'abord regardez la carte, puis remplissez les blancs. Ensuite répondez en français à chaque question posée par un autre étudiant, en utilisant les explications dans la case appropriée: (les questions ne sont pas dans le même ordre que les réponses!)

Questions:
  a Que savez-vous sur Rouen?
  b Pourquoi Cannes est-elle une ville célèbre?
  c Que pouvez-vous nous dire au sujet de la Champagne?
  d Comment s'appelle la petite île près de la côte bretonne?
  e D'où vient le Calvados et qu'est-ce que c'est?
  f Pourquoi la Loire est-elle bien connue?

  1 C_____ is an apple brandy from the same region as the Camembert cheese.
  2 The famous island with its abbey and pancake restaurants near the coast of Brittany is called _____ _____ _____.
  3 The longest river in France is the L_____ ; along its banks *(rives)* you can admire and visit beautiful castles built by the kings of France, often for their mistresses.
  4 The town of R_____, where Joan of Arc was burnt in the market place, is on the river S_____.
  5 La C_____ is a region east of Paris, known all over the world for its expensive sparkling wine.
  6 The Film Festival usually takes place in the town of C_____ (with its harbour full of multimillionaires' yachts), on the Côte d'Azur.

Questions:
  g Que savez-vous sur Marseille?
  h Nommez des régions vinicoles (wine growing) françaises.
  i Pourquoi le delta du Rhône est-il spécial?
  j Quelles sont les principales montagnes en France?
  k Le Roquefort, qu'est-ce que c'est?
  l Où vont les amateurs de tennis?

  7 R_____ is a blue cheese made from sheeps milk (ewes milk to be precise) and not cows milk; it is made in the caves of the Aveyron region.
  8 The main mountainous regions of France are les A_____, les P_____ , les V_____, le M_____ C_____, le J_____.
  9 In Paris, _____ matches are often played at the famous stadium Roland Garros
 10 The regions of B_____, B_____, C_____, A_____, A_____, L_____, are among the main French wine regions.
 11 M_____ is the largest French port on the Méditerranée and has a famous football team: 'OM'.
 12 In the delta of the Rhône river, the C_____ region is well-known for its marshes, wild horses and birds: a birdwatchers' paradise!

Quatre-vingt-treize

PAS DE PROBLÈME

Questions:
- m *Pourquoi les touristes vont-ils à Versailles?*
- n *Est-ce que la France est un pays agricole?*
- o *Connaissez-vous des grottes célèbres dans le sud-ouest?*
- p *Qu'est-ce qui se passe au Stade de France?*
- q *Vous avez entendu parler d'une ville du Midi avec des remparts?*
- r *Lyon, qu'est-ce que c'est?*

13 Spectators watch big football matches in Paris at le S_____ de F_____.
14 The amazing city of C_____ in the Languedoc region is completely surrounded with city walls.
15 The castle built by the Sun King Louis XIV (with its wonderful mirror gallery, fountains and 'Son et Lumière' shows in the gardens) is located at V_____, south of Paris.
16 The lively city of L_____, a centre for gastronomy, is at the junction of the rivers Saône and R_____.
17 In 1940 some children discovered fantastic prehistoric drawings on the walls of the caves of L_____ in the Dordogne region.
18 F_____ is one of the leading countries in Europe for the production of sugar, wheat and wine.

Racontez cette blague à vos amis anglais

Un explorateur est perdu dans la forêt équatoriale. Il est attaqué et fait prisonnier par un cannibale sauvage qui attache *(ties)* l'homme avec des cordes *(ropes)* et prépare un grand feu pour le faire cuire et le manger.

Le pauvre homme a très peur, il va mourir d'une mort terrible! Désespéré, il prie *(prays)*: 'Mon Dieu, protégez-moi! Ce sauvage ne sait pas que c'est mal de tuer *(to kill)*! Vite, il faut le convertir *(convert)*. Aidez-moi mon Dieu!'

Soudain quel miracle! Le cannibale arrête ses préparatifs de cuisine, se met à genoux, et dit, les mains jointes: 'Merci, mon Dieu, pour le bon repas que je vais savourer *(enjoy)* dans un instant.'

Récapitulation

A Au café, vous entendez deux jeunes Anglais à une table voisine, qui bavardent avec leur amie italienne, Claudia. Vos amis français sont curieux et veulent comprendre la conversation parce qu'ils ne savent pas l'anglais...

Expliquez-leur le mieux que vous pouvez! Pour vous aider, regardez le vocabulaire.

Claudia: I've read in an article that 5 million people in France live together!

Philip: That's true, and that figure includes about 300 000 homosexuals. New generations are more open-minded and many choose not to go to the registry office …

Anne: The partners are called 'concubins'. Unfortunately for years and years, they did not have the same rights as married couples.

Claudia: Which rights?

Philip: For example, accommodation, inheritance, retirement … But now the government has given them the 'PACS'!

Claudia: What does it mean?

Anne: It means 'Pacte Civil de Solidarité': it's a contract signed by two people, even if they are of the same sex. They undertake to give each other 'mutual and material help'.

Philip: It's not a marriage contract, it's a pact; but it gives them the possibility of having a joint tax return, and transfer a lease if they separate.

Anne: They can also inherit a certain amount without paying taxes to the State!

Claudia: I am sure public opinion is divided on that subject! Now … do you want another drink? It's my round …

Vocabulaire utile:

vivre en union libre	*habiter ensemble sans être mariés (je vis, il vit, ils vivent)*
un chiffre	*un nombre*
avoir l'esprit ouvert	*accepter de nouvelles idées*
les droits	*chose qu'on peut et doit avoir légalement*
un logement	*là où on habite*
un héritage	*possession reçue après la mort de quelqu'un => verbe: hériter*
la retraite	*quand on peut arrêter de travailler*
un contrat	*un accord signé*
s'engager	*promettre de faire quelque chose*
une déclaration d'impôts	*les détails de vos salaires et dépenses, pour payer les taxes*
un bail	*un contrat qui permet à quelqu'un d'autre d'utiliser un bâtiment*
être divisé	*être partagé, coupé en morceaux*
une tournée	*le tour de quelqu'un pour acheter les boissons pour ses amis*

Chapitre 6

Menu

Describing events in the past (2)
Reporting on events
Life stories, biographies and histories
The cinema

The perfect tense with être
Y and en (pronouns)
Celui, celle, ceux, ceci, cela, ça (demonstrative pronouns)

Assignment: writing biographical notes and presenting them

Un coup d'oeil sur ...
La Suisse romande

Le lac Léman et Genève. © *Torsten Kruger*

Vous êtes sur l'autoroute du Sud (A6, Paris en Lyon)? Arrêtez-vous sur l'aire de Beaune en Bourgogne. L'Archéodrome y est installé: on y découvre les époques préhistoriques, gauloises et romaines présentées dans des reconstructions grandeur nature. Ce n'est pas un arrêt pique-nique ordinaire. Pour en savoir plus: www.archeodrome-bourgogne.com

Rappel

Remember different ways of indicating being IN a place or going TO a place:

Je suis à Dijon	I am in Dijon
Je vais à Beaune	I am going to Beaune

Rule of thumb: if it is a specific place (town, village, location) use à (à la, au, aux):
à Collombey-les-deux-Eglises, à York, à La Rochelle, au Havre, au Caire, aux Halles.

J'habite en Belgique	I live in Belgium
Je pars en Suisse	I am leaving for Switzerland

Rule of thumb: if it's a feminine country (most of them), province or continent use en:
en Angleterre, en Allemagne, en Turquie, en Bolivie, en Bretagne, en Europe, en Asie.

J'ai habité au Mexique	I have lived in Mexico
Je suis allé au Portugal	I went to Portugal

Rule of thumb: if it is a masculine country, use au (plural aux):
au Canada, au Québec, au Danemark, au Népal, au Pérou, aux États-Unis, aux Pays-Bas.
Although l'Afghanistan is a masculine country, you say en Afghanistan because it sounds better.

Il vit dans le nord du pays	He lives in the North of the country
Elle habite dans le Midi	She lives in the South (of France)

Rule of thumb: if it is an area, a region or other non-specific location, use **dans** (and article)
dans le Yorkshire, dans le Quercy, dans les Landes, dans la brousse (in the Bush).

Les 15 pays membres de l'Union européenne:

(*pays féminin*)	(*pays masculin*)
L'Allemagne	Le Danemark
L'Autriche	Le Luxembourg
La Belgique	Le Portugal
L'Espagne	Les Pays-Bas (la Hollande)
La France	
La Finlande	
La Grande-Bretagne (l'Angleterre, l'Écosse, le Pays de Galles, l'Irlande du Nord)	
La Grèce	
L'Irlande	
L'Italie	
La Suède	

For people living in countries, their nationality and language, note the usage of capital and lower case letters (capitals for people and countries, lower case for adjectives and language):
un Suédois de nationalité suédoise parle suédois en Suède.

For languages, note:

Je parle français	I speak French (no article)
Je parle bien le français	I speak French well (add *le* because an adverb,'bien', is added)

PAS DE PROBLÈME

Attention! Nouveau!

THE PERFECT TENSE WITH ÊTRE (LE PASSÉ COMPOSÉ AVEC ÊTRE)

As seen in chapter 4, the perfect tense is used to describe completed actions in the past. In the vast majority of cases, it is formed with the present of *avoir* and the past participle of the verb that you want to put in the past.

BUT there are a few verbs, either **describing movement or a state** which are formed with **ÊTRE**; use the present of être (je suis, tu es etc.) and add the past participle of the verb that needs to be put in the past, e.g.:

| Elle est entrée | *She went in/she has gone in* |
| Nous sommes partis | *We left/ we have left* |

These verbs are:

entrer	*to go in, to enter*	sortir	*to go out, to exit*	Irregular participle
aller	*to go*	venir	*to come*	je suis venu/e
arriver	*to arrive, to happen*	partir	*to leave*	
monter	*to go up, to climb*	descendre	*to go down*	je suis descendu/e
rester	*to remain*	retourner	*to return*	
naître	*to be born*	mourir	*to die*	il est né, il est mort
tomber	*to fall*	devenir	*to become*	tu es devenu/e

All the composite variants, made with **re-**, e.g. revenir, repartir, rentrer, also take **être**.

> There are mnemonics to help you remember verbs whose perfect tense takes être. English schools seem to favour MR VANS TRAMPED (Monter, Rester, Venir, Aller, Naître, Sortir, Tomber, Retourner, Arriver, Mourir, Partir, Entrer, Descendre). Or you may like to think of them as 'Hospital Verbs' because they could all represent actions that happen in hospital (from being born in hospital, through going in or up the stairs or leaving hospital to falling ill and finally dying). Whichever method you devise, remember that there are only about 14 of them (without variants) and they consist mostly of opposing pairs.

Passer *(to pass)* is a verb that sometimes takes **avoir**, sometimes **être**, depending on usage.

Il a passé le temps à se tourner les pouces.	*He spent his time twiddling his thumbs.*
Il est passé par ici.	*He passed through here.*
Qu'est-ce qui s'est passé?	*What happened?*

Some verbs take **avoir** if they have an object, e.g.

| Il a sorti la voiture. | *He took the car out.* |
| Il a monté les valises? | *Has he taken the cases up?* |

The other verbs that use être are the **reflexive verbs**, e.g. se promener, s'amuser, etc (see Attention Nouveau of Chapter 2 for a list of common reflexive verbs), e.g:

| Je me suis levé, je me suis lavé et je me suis habillé. | *I got up, washed and dressed.* |

Note that the past participles of verbs that take être have to agree with the subject of the verb: the endings acquire an **-e** when feminine and an **-s** when plural (or both when feminine plural).

| Elle est montée me voir. | *She came up to see me.* |
| Les chercheurs se sont rencontrés devant les labos. | *The researchers met in front of the labs.* |

- To say **'After doing something'**, the auxilliary verb, avoir or être, is used in the infinitive.

| Après avoir dîné, ils sont rentrés. | After having dinner, they went home. |
| Après être rentrée, elle a téléphoné à Marc. | After going home, she 'phoned Marc. |

- To say **'Before doing something'**, simply use 'Avant de + infinitive'.

| Avant de sortir, Marie a hésité. | Before going out, Marie hesitated. |

- **Y and EN**
These two pronouns stand in for an object, idea or place that follows à (use y) or de (use en).

Je suis allé à Paris.	I went to Paris.	J'y suis allé.	I went there.
J'ai répondu à sa question.	I answered his question.	J'y ai répondu.	I answered it.
Elle est sortie du métro.	She came out of the underground.	Elle en est sortie.	She came out of it.
Il se moque des conséquences.	He does not mind the consequences.	Il s'en moque.	He doesn't mind them.

CELUI, CELLE, CEUX, CELLES (DEMONSTRATIVE PRONOUNS)

These pronouns mean *this one/that one/those* and can be used in the following ways:

> Des deux pulls, lequel préfères-tu, **celui de** Marc ou **celui de** Luc?
> *Of the two jumpers, which one do you prefer, Marc's or Luc's (that of Marc or Luc)?*

If you add **-ci** and **-là**, it reinforces the choice between *this* and *that* (*these* and *those*), e.g.:

> Passe-moi les disquettes. Non, pas **celles-ci**, **celles-là** sur le bureau.
> *Give me the disks. No, not these, those (ones) on the desk.*

If you add **qui/que/dont** (relative pronouns), the meaning is changed to *that which, the one who, the one whom, those which* etc. Relative pronouns will be explained in greater detail in Chapter 7.

Celui qui m'a appris à danser	the one who taught me to dance
Celle que j'aime	the one I like /love (feminine person or object)
Ceux qu'on admire	those that people admire/that are admired

The forms of the pronouns are:

    celui(m.s)   **ceux**(m.pl)   **celle**(f.s)   **celles**(f.pl)

CECI, CELA/ÇA

These pronouns also mean *this* and *that* but are neuter and stand in for general statements

| Ceci m'appartient | This (as a whole) belongs to me |
| Cela /Ça ne m'est jamais arrivé | That has never happened to me |

Note: **ça** is the familiar form of **cela** and is much used in speech.

| (Comment) ça va? Ça va. | How are you (=how is it going)? Fine. |

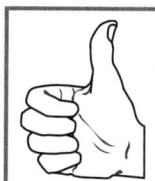

If you are finding it difficult to remember or guess the gender of abstract notions (ideas, feelings, etc.), they are feminine more often than not. Of the 7 deadly sins (pride, envy, sloth, gluttony, avarice, ire and lust) – l'orgueil, la jalousie, la paresse, la gourmandise, l'avarice, la colère et la luxure – only pride (l'orgueil) is masculine!

PAS DE PROBLÈME

Écoutez : Une enquête

Au commissariat de police, l'inspecteur est chargé d'une enquête. Il interroge un habitant du quartier qui a observé l'incident.

L'inspecteur : Alors, cette jeune femme, quand est-elle arrivée devant chez vous ?

Le témoin : Elle est arrivée entre 10h. et 10h. 15.

L'inspecteur : Où est-elle allée ?

Le témoin : Elle est entrée au tabac du coin. Euh... oui, elle y est entrée, puis elle en est ressortie aussitôt.

L'inspecteur : Et après ?

Le témoin : Elle est allée jusqu'au bout de la rue puis elle est revenue. Ensuite, elle est restée indécise sur le trottoir avant d'entrer au café de la Place.

L'inspecteur : Elle y est restée longtemps ?

Le témoin : Non, elle est allée téléphoner au comptoir, puis elle est ressortie.

L'inspecteur (un peu soupçonneux) : Vous êtes bon observateur. Pourquoi vous souvenez-vous de tous ces détails ?

Le témoin (un peu gêné) : Voyez-vous, je suis photographe. J'ai remarqué son visage inquiet et son agitation. Je suis devenu curieux.

L'inspecteur : Bien, revenons au sujet. Donc, après être sortie du café elle est partie ?

Le témoin : Non, elle est restée devant l'entrée. Une voiture grise est arrivée.

L'inspecteur : Et alors ?

Le témoin : Alors elle y est montée, mais la voiture n'est pas repartie. Ils sont restés stationnés pendant au moins un quart d'heure.

L'inspecteur : Continuez...

Le témoin : Enfin, elle est descendue. Non, elle n'en est pas vraiment descendue. Je veux dire que la portière de la voiture s'est ouverte tout d'un coup et elle en est sortie.

L'inspecteur : Comment, sortie ?

Le témoin : Eh bien, elle est tombée sur le trottoir.

L'inspecteur : Et la voiture ?

Le témoin : Elle est partie à toute vitesse. Je ne sais pas ce qu'elle est devenue.

L'inspecteur : Merci d'être venu. Si vous vous souvenez d'autre chose, n'hésitez pas à me contacter. C'est une affaire très grave. Malheureusement, la jeune femme est morte d'un coup de couteau peu après être arrivée à l'hôpital. Triste coincidence, l'hôpital c'est celui où elle est née.

À votre tour

Nouveaux mots

une enquête *an inquiry*
inquiet *worried*
aussitôt *immediately*
la portière *(vehicle) door*
rester indécis *to remain undecided*
le trottoir *the pavement*
tout d'un coup *suddenly*
le comptoir *the counter, the bar*
à toute vitesse *at breakneck speed*
soupçonneux *suspicious*
gêné *embarrassed*

Une enquête

Avez vous compris? Écoutez encore une fois et répondez sans regarder le texte:

1. Elle est arrivée quand?
   Réponse: Elle est arrivée entre 10h et 10h 15.
2. Elle est entrée où?
3. Elle est ressortie beaucoup plus tard?
4. Qu'est-ce qu'elle a fait après être allée au bout de la rue?
5. Qu'est-ce qu'elle a fait au café de la Place?
6. Pourquoi le témoin est-il devenu curieux?
7. Qu'est-ce qui s'est passé devant l'entrée du café?
8. Qu'a fait la voiture?
9. Quand la portière s'est ouverte, qu'est-ce qui s'est passé?
10. Qu'a fait la voiture?
11. Qu'est-ce qui s'est passé quand la jeune femme est arrivée à l'hôpital?
12. Qu'est-ce que nous savons sur cet hôpital?

À vous de parler. À deux, jouez le rôle de l'inspecteur et du témoin et complétez l'échange sans regarder le texte; attention aux verbes *aller, entrer, sortir* etc. et aux pronoms *y* et *en*.

L'inspecteur: Alors, cette jeune femme, quand *arriver* devant chez vous?
Le témoin: *Arriver* entre 10h. et 10h. 15.
L'inspecteur: Où *aller*?
Le témoin: *Entrer* au tabac du coin. Euh... oui, *entrer*, puis *ressortir* aussitôt.
L'inspecteur: Et après?
Le témoin: *Aller* jusqu'au bout de la rue puis *revenir*. Ensuite, *rester* indécise sur le trottoir avant d' entrer au café de la Place.
L'inspecteur: *Rester* longtemps?
Le témoin: Non, *aller* téléphoner au comptoir, puis *ressortir*.
(...)
L'inspecteur: Bien, revenons au sujet. Donc, après *sortir* du café, *partir*?
Le témoin: Non, *rester* devant l'entrée. Une voiture grise *arriver*.
L'inspecteur: Et alors?
Le témoin: Alors, *monter*, mais la voiture *ne pas repartir*. *Rester* stationné pendant au moins un quart d'heure.
L'inspecteur: Continuez...
Le témoin: Enfin, *descendre*. Non, *ne pas vraiment descendre*. Je veux dire que la portière de la voiture *s'ouvrir* tout d'un coup et *sortir*.
L'inspecteur: Comment, *sortir*?
Le témoin: Eh bien, *tomber* sur le trottoir.
L'inspecteur: Et la voiture?
Le témoin: *Partir* à toute vitesse. Je ne sais pas ce que *devenir*.
L'inspecteur: Merci *de venir*.(...) Malheureusement, la jeune femme *mourir* d'un coup de couteau peu après *arriver* à l'hôpital. Triste coincidence, l'hôpital c'est celui où *naître*.

PAS DE PROBLÈME

À vous d'écrire. Écrivez maintenant un compte-rendu de la conversation entre l'inspecteur et le témoin, du point de vue de l'inspecteur. Commencez, par exemple avec:

'Selon M. Dutronc, la victime est arrivée Place de la Gare entre 10h et 10h.15. Elle est allée au tabac ....' (à vous de continuer).

À vous de parler

Une bagarre: Jeu de rôle à deux ou plusieurs

Imagine the following scene: you are the owner of a restaurant and you are asking one (or more) of your waiters what happened last night. There was a brawl *(une bagarre)* when two drunkards *(deux ivrognes)* came in and quarrelled *(se quereller)* with a group of diners *(les clients)*. They had a punch-up *(se battre)*, people got injured *(se blesser)*, things got broken *(se casser)*, etc. The police arrived (decide how you want to end the incident). Let your imagination take over, ask or give as many details as possible. Try to include lots of verbs with *être* in the perfect tense and slip in a few *en* and *y*. You are free to formulate your own scenario, but if you are stuck, here is a possible start:

Le propriétaire:	Alors, qu'est-ce qui s'est passé hier soir?
Le garçon:	Il y a eu une bagarre terrible, la police a arrêté tout le monde et moi je démissionne *(I resign)*.
Le propriétaire:	Allez, calmez-vous, racontez-moi ça. Ça s'est passé à quelle heure?
Le garçon:	Ben, deux types sont entrés vers 11 heures.
Le propriétaire:	Ils sont arrivés sobres?
Le garçon:	Non, complètement saouls (ivres, cuits) *(drunk)*
Le propriétaire:	Ils sont montés au restaurant ou ils sont descendus au sous-sol?
Le garçon:	Ils sont restés dans la salle du rez-de-chaussée.
Le propriétaire:	Et puis?
Le garçon:	Ils se sont assis et ont commandé des cognacs. Moi, j'ai refusé, je leur ai dit: 'Vous avez déjà assez bu'. Alors ils se sont fâchés...**(à vous de continuer)**

If you prepare this scene for others, ask them to take notes. Your tutor could check facts by firing questions (e.g. Ils sont arrivés quand? Ils se sont assis où? Qui s'est battu avec qui?).

On y va?

A Y and **en** mean *to there* and *from there* in many common expressions. Find the meaning of:

On y va?	Allons-y!	Ça y est?
Vas-y, allez-y!	J'y vais	
Je m'en vais	Vas-t-en, allez-vous-en!	

B Now try to put these phrases into the perfect tense:

J'y vais	Je m'en vais
Je n'y vais pas	Je ne m'en vais pas

(*the last one is such a mouthful in the perfect tense that* Je ne suis pas parti *is easier*).

C Put these sentences into the perfect tense and then replace what follows **à** or **de** with a pronoun. e.g. Elle va à Neuchâtel ⇨ Elle est allée à Neuchâtel ⇨ Elle y est allée

Il ne sort pas du cinéma.   Elle s'occupe des billets.
Je m'intéresse à ta carrière.   Nous nous intéressons à nos amis.   (*Danger)

> **Y** and **en** replace things/places after **à** and **de**, but this does not work for people. Compare:
>
> Je pense au bonheur (**j'y pense**) Je pense à ma fille (**je pense à elle**)
> *I think of happiness (I think of it)* *I think of my daughter (I think of her)*
>
> Elle s'occupe de la maison (**elle s'en occupe**) Elle s'occupe du PDG (**elle s'occupe de lui**).
> *She looks after the house (she looks after it)* *She looks after the managing director*
>
> Remember the personal pronouns moi, toi, elle, nous, vous, eux, elles, e.g. chez moi, chez toi, chez lui etc. Pense à moi! *Think of me!*

Ça alors!

This short passage introduces different ways of using **ça** in context. Read it (aloud) and understand it. You could practise the dialogue with a partner, trying to make it sound like a realistic exchange. Note that, because it is written in everyday language, the **ne** in negative sentences has been dropped.

Dominique et Florence se rencontrent à la caisse du supermarché. Florence a son petit garçon avec elle. Elles font la queue et bavardent *(chat)*.

Dominique: Ça va?
Florence: Ça va. Et toi?
Dominique: Ça va pas trop bien.
Florence: Ah oui? Comment ça?
Dominique: Eh bien, ces douleurs dans les épaules et dans le cou, ça me plaît pas. Ça m'irrite et ça m'inquiète.
Florence: T'en fais pas *(don't worry)*, ça va passer. [Elle se tourne vers son petit] Touche pas ça!
Dominique: Mais ça fait des mois que ça me fait mal.
Florence: Ça va s'arranger *(it will sort itself out)*. Et puis, prends ça [elle lui passe son foulard de soie *(silk scarf)*], ça aide vraiment. [Elle se retourne vers le petit] J'ai dit, touche pas! Ça suffit maintenant!
Dominique: [à la caissière] Ça fait combien? [à Florence] Merci, ça c'est vraiment gentil!
Florence: De rien. [Puis distraite par le petit qui a pris une sucette près de la caisse] Non mais! Ça se fait pas! Remets ça tout de suite! Ça alors!

Soignez votre langue.
It is useful to understand familiar turns of phrases, as in the dialogue above, but you might be tempted to use lots of familiar language or slang (argot) to sound more authentic yourself. It is however very difficult when you are learning a language to judge exactly what is appropriate. Err on the side of formality, it is better to sound a little formal than to embarrass your audience with inappropriate expressions.

PAS DE PROBLÈME

Nouveaux mots

traiter de — to deal with
la toile de fond — the backdrop
aborder — to tackle
la menace — the threat
un internat — a boarding school
sous-entendue — unspoken
dérober à — to hide from
poursuivre — to pursue
tirer des griffes de — to snatch from the claws of
réussir son coup — to be successful (fam.)
ça vaut la peine — it is worth

un roman — a novel
se dérouler — to take place
en tirer un sens — to make sense of it
tourner (un film) — to make a film
réfléchir — to reflect, to think

gai — cheerful
chaleureux — warm-hearted
à tout prix — at all costs

Lecture

AU CINEMA

Deux films sur l'Occupation

Les films historiques peuvent être passionnants. Ceux qui traitent de l'Occupation par exemple. Deux films, *Au revoir les enfants* de Louis Malle (1980) et *Lucie Aubrac* de Claude Berri (1997), ont la même toile de fond (l'occupation de la France par les Allemands entre 1940 et 1944), mais ils abordent le sujet – la menace des déportations – de manière très différente. Celui de Louis Malle est conçu du point de vue d'un enfant et la menace (concrétisée à la fin du film quand les enfants juifs cachés dans un internat catholique sont déportés) reste sous-entendue, alors que celui de Claude Berri est plus direct, plus violent aussi. Certaines scènes sont troublantes, en particulier celles qui montrent l'arrestation et la torture des résistants par la Gestapo de Lyon en 1943. La technique du suspense est utilisée par les deux cinéastes, mais celle de Louis Malle semble plus subtile; on a tellement envie de dérober ces enfants à ceux qui les poursuivent. La tension dans *Lucie Aubrac* par contre est résolue en quelque sorte dans un 'happy ending': Lucie (le film est basé sur une personne authentique mais controversée), celle qui complote pour tirer son mari des griffes de la Gestapo, réussit son coup.

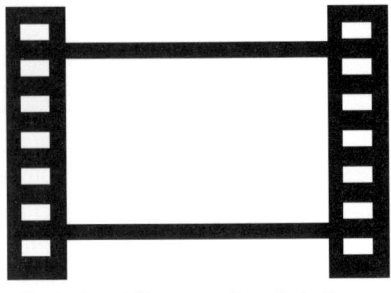

Ça fait quelque temps que ces films sont sortis, mais ça vaut la peine de les voir, même en vidéo. Lequel est celui que vous préférez?

Deux films classiques d'Alain Resnais

L'année dernière à Marienbad, un film d'Alain Resnais, est sorti en 1961. C'est un film basé sur un roman de l'écrivain Alain Robbe-Grillet. Il y a ceux qui l'adorent et, également, ceux qui le détestent.

L'histoire est simple. Elle se déroule dans un grand hôtel baroque. Un homme voit une femme et croit que c'est celle dont il a fait la connaissance l'année dernière à Marienbad. Il l'y a aimée. Un autre homme qui se trouve dans ce même hôtel poursuit cette femme aussi. L'action se déroule entre rêve et réalité. On y trouve des illusions optiques, des mots, des images surréelles. Mais c'est au spectateur d'en tirer un sens. Robbe-Grillet, le scénariste, et Resnais, le cinéaste, ont travaillé pour en faire un film unique. Delphine Seyrig a joué le rôle de la femme, Giorgio Albertazzi et Sacha Pitoëff ont joué ceux des deux hommes.

Resnais a tourné *Hiroshima, mon amour* en 1959. Ce film traite de l'amour entre 'ennemis' pendant la deuxième guerre mondiale et après. Il est difficile à voir mais il fait réfléchir. Il rappelle l'horreur de l'explosion nucléaire mais aussi l'éternel retour de la passion. Toutes les ressources de la technique narrative sont employées dans ce film, basé sur le roman de Marguerite Duras.

Deux film récents

Mais le cinéma français n'est pas mort dans les années 60! Pour ceux qui veulent voir un film plus moderne, pourquoi ne pas essayer *Le fabuleux destin d'Amélie Poulain*? Le film, tourné à Montmartre, est très gai et chaleureux. La vedette, Audrey Tautou, est celle qui veut à tout prix faire du bien, celle qui attire toute l'attention avec son air enfantin, ses immenses yeux noisette et son énergie. Si vous préférez quelque chose de plus profond, il y a *La chambre des officiers* de François Dupeyron. Dans ce film il confronte les effets de la guerre, notamment ceux de la Première Guerre mondiale, sans montrer la guerre elle-même.

À votre tour

A Remplissez les blancs avec celui/celle/ceux/celles:

1 Les films de Louis Malle et de Claude Berri font partie de _____ qui traitent de l'Occupation.
2 Des deux films, _____ de Louis Malle est, à notre avis, plus subtil.
3 Certaines scènes sont troublantes, surtout _____ tournées dans les prisons de Lyon.
4 Lucie Aubrac, c'est _____ qui a réussi à libérer son mari.
5 Robbe-Grillet est _____ qui a écrit le scénario du film *L'année dernière à Marienbad.*
6 Marguerite Duras est _____ qui a écrit le roman *Hiroshima, mon amour.*
7 _____ qui voient ce film disent parfois qu'il est difficile à comprendre.
8 Les réactions envers l'explosion nucléaire à Hiroshima et l'occupation allemande de la France sont _____ que Resnais exploite dans ce film.
9 Audrey Tautou, c'est _____ qui interprète le rôle d'Amélie.
10 Entre ces deux films récents, _____ de Dupeyron est plus sérieux.

B Remplissez les blancs avec ce/cet/cette/ces ou celui/celle/ceux/celles ou celui-ci/celle-ci/ceux-ci/celles-ci ou celui-là/celle-là/ceux-là/celles-là ou ceci/cela/ça:

1 Poirot est _____ qui découvre l'identité de l'assassin à bord l'Orient Express.
2 _____ qui a joué dans *Belle de jour* et dans *Tristana* s'appelle Catherine Deneuve.
3 _____ qui aiment Bertolucci se souviennent de *1900 (Novecento).*
4 Quelle vidéo choisis-tu: _____ ou _____?
5 Gérard Depardieu est incroyable. _____ acteur a tourné 120 films jusqu'à présent. _____ paraît impossible.
6 Je déteste _____ film. Toute _____ violence me rend malade.
7 *Orange mécanique* et *2001, l'Odyssée de l'espace* sont devenus des classiques: de _____ deux films, lequel préfères-tu, _____ ou _____?
8 La science-fiction me laisse indifférent, je ne m'intéresse pas à _____.
9 _____ scénario est trop compliqué. Tout _____ me paraît invraisemblable *(unbelievable)*.
10 Nous ne sommes pas venus pour _____!

Danger!

Même has three uses:

1 As the adverb *even*: Même Spielberg a tourné des navets. *Even Spielberg made flops.*
2 As the pronoun *-self*: i.e. myself (**moi-même**), yourself (**toi-même**), himself (**lui-même**), herself (**elle-même**), oneself (**soi-même**), ourselves (**nous-mêmes**), yourselves (**vous-mêmes**), themselves (**eux-mêmes, elles-mêmes**)
Ils ont écrit ça eux-mêmes. *They have written it themselves.*
3 As the adjective *the same*: C'est la même chose. *It's the same thing.*

PAS DE PROBLÈME

C **Traduisez en anglais:**

J'ai fait ça moi-même
J'ai même fait ça
J'ai fait le même

Nous avons pris le même
Nous l'avons pris nous-mêmes
Même nous l'avons pris

Même toi tu l'aimes?
Tu aimes le même?
Toi-même tu l'aimes?

Pour s'amuser

QUIZZ: Qui est-ce?

Charles-Edouard Jeanneret, c'est qui?
Né en 1887 à La Chaud-de-Fonds en Suisse, dans le Jura, cet architecte est connu pour ses théories en urbanisme: il cherche à concilier les exigences de la vie sociale avec l'art d'organiser l'espace bâti. Parmi ses projets les plus célèbres, notons l'Unité d'Habitation de Marseille et la chapelle de Ronchamps dans les Vosges. Son nom d'artiste est mieux connu: il nous rappelle un oiseau noir, le corbeau.
Vous avez deviné, c'est Le Corbusier.

La chapelle de Ronchamps. © Francis G Mayer/Corbis

Essayez maintenant de deviner l'identité des 10 personnalités suivantes:

1. Il s'est inscrit dans l'histoire des sciences en s'écriant 'Eurêka' dans sa baignoire.
2. Elle est surtout connue pour avoir été la meurtrière de Marat dans sa baignoire en 1793.
3. Elle s'est suicidée avec Antoine en Egypte en 30 av. J.-C.
4. Né en Pologne en 1810, il est venu en France en 1831; pianiste et compositeur romantique, il s'est lié avec George Sand. Il est mort de tuberculose en 1849.
5. Elle est connue sous le nom de 'la pucelle d'Orléans' et elle est morte brûlée au bûcher de Rouen en 1431.

6 Chef de la Résistance en 1943, arrêté et torturé par la Gestapo à Lyon, il est mort probablement pendant son transfer en Allemagne.
7 Elle s'est mariée en avril 1981 et elle s'est tuée en voiture en septembre 1997 dans un tunnel des bords de la Seine à Paris.
8 Il s'est battu à Austerlitz, à Iéna, à Wagram et sur la Bérézina. Il est battu à Waterloo.
9 Elle s'est imposée au cinéma dans le film de Roger Vadim *Et Dieu créa la femme*. De nos jours elle s'occupe surtout d'animaux.
10 Il est surtout connu pour avoir développé le vaccin contre la rage. Mais son travail scientifique ne s'est pas limité à l'immunologie seule.

The answers are in the support book.

More grammatical definitions

To remind you of the meaning of some grammatical terms used in this book, try to match the generic term with one of the examples given in French.

Infinitive	**Malheureusement** il est sorti
Imperative	**Partir**, c'est **mourir** un peu
Comparative	L'homme **qui** est parti
Superlative	Il va **mourir**, il **mourra**
Future tense	Le roi est mort, vive le roi!
Perfect tense	Ni **vu**, ni **connu**
Past participle	La **meilleure** solution
Auxiliary verb	**Plus petit qu'**elle
Adverb	**Ce** qui me plaît
Preposition	**Avant** le départ
Reflexive verb	**Sortez!**
Demonstrative pronoun	Elle **est sortie** sans bruit
Relative pronoun	Il **s'est battu** avec courage

If some slipped your grasp, it may be time to go over the Attention Nouveau! sections so far.

Le français en anglais

Il existe un grand nombre de mots et d'expressions françaises en anglais, vous les connaissez sûrement (par exemple 'un certain je ne sais quoi').

1 Faites une liste des mots français que vous utilisez en anglais.
2 C'est du français ou de l'anglais? Lisez ce texte et trouvez tous les termes qui existent aussi en anglais. Il y en a 18.

Au café, elle regarde le menu. Elle hésite entre le vol-au-vent et le soufflé pour commencer. Après le coq-au-vin, elle va finir avec un éclair. La cuisine du chef est fameuse: c'est un vrai gourmet, la crème de la crème de la ville.

De retour chez elle, sur une chaise-longue sous le chandelier, elle pense à sa vie: sa liaison avec Christophe est sur le qui-vive, elle ne peut plus éviter un tête-à-tête avec lui. Son mari ne lui donne quand même pas carte blanche pour mener un ménage à trois. Elle va quitter Christophe, c'est la vie!

PAS DE PROBLÈME

Nouveaux mots

s'établir à *to settle in*
tant *so many*
tomber amoureux *to fall in love*
attirer *to attract*
l'éclat *the shine/splendour*
malheureusement *unfortunately*
la tombe *the grave*
violer *to desecrate, to rape*
parfois *sometimes*
faire sauter *to blow up*
cossu/e *prosperous*
comme il se doit *as expected*
le siège *the administrative seat*
le patrimoine *the heritage*

Vevey

Le Corbusier, Jean-Jacques Rousseau, Charlie Chaplin, Gustave Courbet, Gustave Eiffel, Graham Greene et Féodor Dostoiewski, qu'est-ce qu'ils ont en commun?

Ils se sont tous établis à Vevey. Cette petite ville, au bord du Lac Léman en Suisse romande, s'est inscrite dans l'histoire des lettres et des arts des 18è, 19è et 20è siècles car tant d'artistes en sont tombés amoureux.

Ce qui les attire, c'est surtout le cadre (les monts, l'eau, l'éclat, tout est magique' écrit Dostoiewski à sa nièce Ivanova en 1868), mais aussi l'amour (Rousseau), le luxe et la discrétion (malheureusement troublée dans le cas de Charlie Chaplin, mort en 1977: sa tombe a été violée et son corps rançonné). Parfois aussi c'est un refuge, comme pour le peintre Gustave Courbet qui a dû se réfugier à La Tour de Peilz après avoir voulu faire sauter l'obélisque de la Place de la Concorde à Paris.

Il fait bon vivre à Vevey, propre et cossue comme il se doit, mais pleine de vie. Si vous flânez le long du lac, vous retrouverez les villas qu'Eiffel et Le Corbusier ont construites. Petites à côté de ces colosses de bâtiments administratifs construits par Nestlé (le siège de cette multinationale de l'alimentation se trouve à Vevey), elles n'en font pas moins partie du patrimoine artistique de la Suisse romande.

Pourquoi Vevey? Pourquoi pas Vesoul, Verdun ou Vierzon? Pourquoi pas en effet? Nous portons tous un coin du monde en notre coeur. Quel est le vôtre?

Au boulot

Biographies

Travail de recherche, d'écriture et de présentation.

You probably know a town, a region or a country particularly well. Choose half a dozen historical or artistic or scientific personalities from this place, research them and write short biographical notes on each of them. You could present them orally to your group or in an illustrated dossier.

Un coup d'oeil sur ...

La Suisse romande

Nouveaux mots

partout *everywhere*
presque *nearly*
chaque *each*
tandis que *whereas*
farouchement *fiercely*

La Suisse romande, c'est la partie de la Suisse voisine de la France – à l'est du Jura et au nord de la Savoie et du Piémont – où l'on parle français. Cette région a connu tant de changements historiques et politiques pour devenir, depuis le début du 19è siècle, une région faite de cantons autonomes à l'intérieur de la confédération helvétique. Comme partout en Suisse, chaque canton (Genève, Neuchâtel, Vaud, Fribourg, Valais et Jura), chaque ville, presque chaque village est resté farouchement indépendant. Par exemple, une partie est catholique (Fribourg et Sion), tandis que Genève (la cité de Calvin) ou Lausanne sont connues pour être protestantes.

Nouveaux mots

agacer	*to annoy*
avant tout	*above all*
fidèle	*faithful*
les affaires	*business*
le siège	*the headquarters*
les droits	*the rights*
horloger -ère	*watch-making*
rude	*harsh*
les bords	*the edges*
la vigne	*vineyards*
pétillant	*fizzy*
artisanal	*craft*
se dresser	*to surge*
entrecouper	*to cut up*
mener	*to lead*
les moines	*monks*
se moquer de	*to make fun of*

Si la paix règne, les différences sont encore bien marquées. Les Romands, ça les agace quand on dit 'les Suisses' en général: ils se sentent avant tout genevois, lausannois, veveysans. Ils sont restés fidèles à leur terre, même si leurs maîtres se sont succédés.

On retrouve ces différences dans les villes et campagnes du pays romand. On entend beaucoup parler anglais à Genève, centre des affaires, de la recherche internationale et de la diplomatie: le CERN (Centre Européen de la Recherche Nucléaire), l'OMS (Organisation Mondiale de la Santé), le CICR (Comité International de la Croix Rouge) ont leur siège à Genève. La Convention de Genève sur les droits de l'homme dans les conflits armés est respectée dans le monde entier. Genève est la ville d'Henri Dunant (1828-1910): il a fondé la Croix Rouge après la bataille de Solférino, horrifié par le traitement des blessés de guerre.

Neuchâtel, ville horlogère est au pied des montagnes du Jura. Avec ses prés, ses chevaux, ses plateaux calcaires, ses fermes dispersées, il est facile d'imaginer une idylle rurale. Mais les hivers sont rudes: Jean-Jacques Rousseau en a fait l'expérience avant de se réfugier sur l'Ile Saint-Pierre au milieu du lac de Bienne. Là il expose une vision du monde qui a influencé la pensée humaniste et le Romantisme.

Le Romantisme imprègne les bords du lac Léman: Rousseau y a situé *La Nouvelle Héloïse*, Byron y a écrit *The prisoner of Chillon*. Mais la région du Léman n'est pas restée tournée vers le passé: le festival de jazz de Montreux le prouve bien. La vigne et le vin sont cultivés de manière traditionnelle dans la région du lac: le vin blanc est sec et un peu pétillant, mais il est rarement exporté. Il est assez cher car la production artisanale coûte cher.

Plus à l'est, en Valais, les Alpes se dressent, entrecoupées par des vallées et des cols: ceux du sud mènent à l'Italie. Le col du Grand Saint-Bernard continue encore aujourd'hui la tradition d'hospitalité des moines de Saint-Bernard à l'hospice du col. En été les touristes y vont par milliers mais en hiver l'hospice (où les moines habitent toute l'année) redevient calme sous des mètres de neige. Malheureusement, les fameux chiens n'habitent pas à l'hospice en hiver (ils y sont en été). De nos jours, les services de secours utilisent des chiens plus légers en cas d'avalanche.

A peu près 20% de la population de la Suisse parle français. Les Français aiment se moquer des Suisses, comme des Belges ou des Canadiens, pour leur accent ou certaines particularités régionales de leur langue. Mais ce n'est pas une langue inférieure, simplement une langue avec un dévelopement historique un peu différent de celui de la France métropolitaine. Et cela ajoute à la richessse linguistique du monde.

L'hospice de Grand Saint-Bernard sous la neige

PAS DE PROBLÈME

Récapitulation

Lecture: notes biographiques sur Simone de Beauvoir

Simone Lucie Ernestine Marie Bertrand de Beauvoir est née le 9 janvier 1908 à Montparnasse à Paris, fille aînée d'une famille de la haute bourgeoise. Son éducation de jeune fille catholique, son enfance heureuse, ses souvenirs de la campagne (elle passe ses vacances dans le Limousin chez ses grands-parents), sa révolte contre la religion, son amour pour les livres (et son cousin Jacques) paraissent dans le premier volume des *Mémoires d'une jeune fille rangée*. Après de brillantes études de philosophie elle enseigne la philo dans les lycées de Marseille, de Rouen puis de Paris. En 1929 elle rencontre Jean-Paul Sartre, le compagnon de sa vie. Mais les relations ne sont pas toujours faciles entre eux malgré (ou peut-être à cause d') un pacte entre eux qui les laisse libres d'avoir d'autres liaisons. Surtout pour Simone dont l'expérience de la jalousie est reflétée dans son roman *L'invitée* (1943). La condition féminine est restée une préoccupation majeure de sa production littéraire, philosophique et politique (*Le second sexe* sort en 1949; elle milite pour l'avortement et la libération de la femme dans les années 1970). Pendant l'Occupation Simone s'est rapprochée des Communistes, puis après la Libération elle est devenue une figure de proue de l'existentialisme. Elle ne s'est jamais mariée, n'a pas eu d'enfants, mais a continué à soutenir Sartre jusqu' à la mort de celui-ci en 1980, malgré une liaison prolongée avec Nelson Algren aux Etats-Unis. Simone est devenue active dans la politique de gauche de l'après-guerre, mais c'est l'écrivain (elle a obtenu le Prix Goncourt en 1954 pour *Les Mandarins*) et la femme qui a écrit une chronique si lucide de sa vie *(La force de l'âge, La force des choses)* que nous saluons avant tout. Simone de Beauvoir est morte le 14 avril 1986.

A Read the biographical notes on Simone de Beauvoir.

Pick out all the verbs, identify the tenses and their meaning. Use this strategy for any text: if you can work out the verb, you are well on the way to understanding the text.

B Translate these sentences into French.

1. Montparnasse: she was born there on 9 January 1908.
2. Her education: she speaks of it in her memoirs.
3. Marseille and Rouen: she taught philosophy there.
4. She fell in love with Sartre in 1929.
5. After that he remained her life partner (the companion of her life).
6. Even with a pact, relationships were not always easy between them.
7. She herself suffered from jealousy.
8. Which novel do you prefer? This one or that one?
9. Existentialism: I do not understand this philosophy. All this seems difficult to me.
10. I have never taken an interest in it.

C Complete these sentences, putting the verbs in brackets in the perfect tense.

1. Elle (aller) au cinéma où elle (rencontrer) son copain.
2. Ils (s'acheter) une glace à l'entracte.
3. Le nouveau film de Spielberg (sortir) en novembre. Il (coûter) 5 millions de dollars.
4. Je (s'intéresser) au cinéma d'avant-garde.
5. Quand je (venir) en Angleterre, je (devoir) apprendre l'anglais.

6 Ça n'a pas d'importance quand on (mourir).
7 Nous (monter) au 3e étage de l'hôtel. Nous y (monter) nos valises.
8 Elle (tomber) malade après (sortir) sans manteau.
9 Guy (boire) trop de vin, on l'(arrêter) hier soir pour tapage nocturne (*disturbing the peace*)

Suggested websites

Films and cinema:
http://www.cinefil.com/
http://www.france.diplomatie.fr/culture/france/cinema/
(Click on Filmothèque and 100 films pour l'an 2000)

Suisse romande:
http://chfr.myswitzerland.com/fr/navpage
(go to regions and click on the area you wish to explore)

Chapitre 7

Menu

Technology and science

Describing how things were or used to be (3)

Making suggestions

Saying how something was done

The imperfect tense

Qui, que, dont, ce qui, ce que, ce dont

The passive

Assignment: presenting an invention

Un coup d'oeil sur ...
Le Centre National de la Recherche Scientifique

Louis Pasteur

> Speed restrictions still apply: as you are improving in French, you may be tempted to speak faster, to give the impression that you are fluent. Don't. You are bound to stumble and anyway there are millions of good French speakers who do not speak as fast as the Parisians. To improve your pronunciation, pick up any reading passage and read it aloud extra slowly.

Chapitre 7

Rappel

It is useful to draw together all the words you already know that can be used in discussing an idea or theory. Here are some that you may recognise.

une explication	an explanation	expliquer	to explain
une théorie	a theory	croire	to believe
un développement	a development	proposer	to propose/suggest
une preuve	proof	prouver	to prove
les données	data	prétendre	to claim
un résultat	a result	confirmer	to confirm
une expérience	an experiment	(se) révéler	to reveal (itself) — pronounce the "l" unlike réveiller
une prédiction	a prediction	prédire	to predict
un effet	an effect	effectuer	to carry out
une découverte	a discovery	découvrir	to discover

actuel	current
un avantage	an advantage
un inconvénient	a disadvantage
rendre + *adjective*	to render/make e.g. Le chocolat me rend malade.
un appareil	a device/piece of equipment/machine
une émission	a TV/radio programme
enregistrer	to record
selon/d'après	according to
le gros lot	the lottery jackpot
vérifier	to check
gagner	to win
remplacer	to replace
au cours de	during
fabriquer	to manufacture
construire	to build
un réseau	a network
souterrain	underground
dessiner	to draw/design
à l'arrière	at the back
afin de	in order to
autrefois	in the past
à l'avenir	in the future
un savant	a scholar/scientist (old-fashioned)
faire preuve de	to show evidence of
au début	at first
se moquer de	to make fun of
vivre	to live
vivant	living
séduire	to seduce/attract
séduisant	seductive/attractive
à partir de	from e.g. Le chocolat est fabriqué à partir de cacao.
un fichier	a (computer) file

Cent treize 113

Attention! Nouveau!

THE IMPERFECT TENSE (L'IMPARFAIT)

This is another tense that refers to the past. It is used mainly to say i) how things were in the past (**description**), and ii) what used to happen (**habitual action**). But it is also used to express iii) **interrupted action**.

> Quand j'**habitais** (i) avec Christine nous ne **sortions** (ii) jamais le soir car l'appartement **était** (i) loin du centre-ville.
> *When I lived/was living with Christine we never went out/used to go out in the evening because the flat was a long way from the city centre.*
>
> Il **préparait** (iii) le matériel quand le premier groupe est arrivé.
> *He was preparing the equipment when the first group arrived.*

It is **not** used if the action happened on particular or distinct occasions. (For this use the perfect tense.)

> Ils sont venus me voir trois fois l'année dernière.
> *They came to see me three times last year.*
>
> Il a plu beaucoup en octobre BUT
> Il pleuvait beaucoup quand j'étais jeune
> *It rained a lot in October*
> *It rained a lot when I was young*

It can also be used with **si** to make a suggestion or express a wish.

> Si on dînait au restaurant ce soir?
> *What about eating out tonight?*
>
> Si seulement j'avais mes notes.
> *If only I had my notes.*

It is easy to form: Use the **nous** form of the present tense without -**ons** ending

+

-ais, -ais, -ait, -ions, -iez, -aient.

Attendre	Finir	but *Être* is **irregular**
J'attendais	Je finissais	J'étais
Tu attendais	Tu finissais	Tu étais
Il attendait	Elle finissait	On était
Nous attendions	Nous finissions	Nous étions
Vous attendiez	Vous finissiez	Vous étiez
Ils attendaient	Elles finissaient	Ils étaient

Danger!

When 'g' or 'c' is followed by 'a', 'o' or 'u' it sounds hard (as in 'bag' or 'cup'). When using the imperfect tense it is important to make the necessary alterations to the 'g' (add an 'e') or 'c' (make it 'ç'), if it is to be followed by a 'hardening' vowel, e.g. Il mangeait, Je commmençais.

THE PASSIVE

When you want to express the idea that someone or something **has something done to them**, rather than doing it himself, you use the passive.

> L'article a été traduit par Pierre
> *The article has been translated by Pierre*
>
> Elle est élue présidente du club
> *She is elected president of the club*

Être + Past participle
(agreement with person/thing it describes)

The passive is frequently avoided however, especially when the person or thing who did the action is unknown.

> On va congédier les ingénieurs
> *The engineers are going to be sacked/dismissed*
> (Passive: Les ingénieurs vont être congédiés)
>
> On a alerté la police
> *The police have been called*
> (Passive: La police a été alertée)

This is done simply by using the anonymous **on** as the subject of the verb.

N.B. On is often also used to mean *we* or *people* in spoken or informal French.

> **On** a choisi de rester au fond
> *We chose to remain at the back*
>
> **On** dit souvent que l'ordinateur rend la vie plus facile
> *People often say that computers make life easier.*

> **Danger!**
>
> Certain phrases which involve verbs followed by 'à', (e.g. dire à quelqu'un), are much more easily expressed in French by using 'on' rather than the passive.
>
> On m'a dit que vous cherchez une voiture d'occasion
> *I was told that you are looking for a second-hand car*
>
> On lui a montré les nouveaux appareils audio-visuels
> *He was shown the new audio-visual equipment*
>
> On va leur demander d'arriver avant midi
> *They are going to be asked to arrive by midday*

QUI and QUE, CE QUI and CE QUE, DONT (RELATIVE PRONOUNS)

Qui and **que** join two parts of a sentence and make reference to a thing, person or concept mentioned in the first part of the sentence. **Que** is used if it refers to the object of the verb, i.e. there is someone or something else to do the action described by the verb. **Qui** is used if it refers to the subject of the verb, i.e. the person or thing it refers to is doing the action of the verb. (It may be helpful to remember that if there is no person or thing mentioned directly before the verb then you will probably need to use **qui**).

> Voici le jeu **que** j'ai acheté en ville
> (Subj.: je Obj.: le jeu)
> *Here's the game (that) I bought in town*
>
> La candidate **qu'**il a choisie a été formée à Genève
> (Sub.: il Obj.: la candidate)
> *The candidate (that) he has chosen was trained in Geneva*
>
> Voici Omar **qui** travaille au CNRS
> (Sub.: Omar)
> *Here is Omar who works at the National Scientific Research Centre*
>
> C'est un joli petit restaurant **qui** ne coûte pas cher
> (Sub.: un restaurant)
> *It's a pretty little restaurant that isn't expensive*

Note that
i) **Qui** and **que** can refer to both people and things.
ii) **Que** is never omitted in French, though *that* is frequently dropped in English.
iii) **Que** is shortened to **qu'** before a vowel, but **qui** is never shortened.
iv) If **que** is used in a sentence where the verb is in the perfect tense with **avoir**, the past participle must agree with the noun to which **que** refers (second example).

Qui is also used after prepositions such as **avec, à, pour, sans,** when referring to people.

Voici Madame Vassili **pour qui** j'ai fait l'étude de marché
Here is Madame Vassili for whom I did the market research

Dont is used to convey *of which, from which, of whom, whose, about whom, about which*. It is often used instead of **qui** or **que** when the verb is followed by **de**.

> Le logiciel **dont** il parlait m'intéresse beaucoup
> *I am very interested in the software of which he was talking/which he was talking about*
>
> Le pays **dont** ils viennent est en Afrique
> *The country from which they come is in Africa*
>
> Le fichier **dont** ils ont besoin a disparu
> *The file they need/of which they have need has disappeared*
>
> Je ne vois plus l'assistant **dont** j'ai peur
> *I (can) no longer see the assistant I am afraid of/of whom I am afraid*

When you want to talk about something but have nothing specific to which to refer, you use **ce qui, ce que** or **ce dont** which denote an idea or concept. These would normally be translated as *which, what, that which, that of which* in English.

> **Ce que** je trouve intéressant c'est votre méthode pour extraire le métal
> *What I find interesting is your method for extracting the metal*
>
> Expliquez-moi **ce qu'**il veut dire
> *Explain to me what he means*
>
> **Ce qui** pose un problème c'est les dimensions de l'imprimante
> *What causes a problem is the dimensions of the printer*
>
> Nous n'avons pas **ce dont** nous avons besoin
> *We do not have what we need/that of which we have need*

They are often used with **tout**:

> Elle peut prendre **tout ce qu'**elle veut
> *She may take all (that) she wants*
>
> **Tout ce que** vous voyez ici est en solde
> *Everything (that) you see here is in the sale*
>
> J'aime **tout ce qui** est sucré
> *I like all that is sweet/anything sweet*
>
> Voici **tout ce dont** on se sert pour préparer une tarte aux pommes
> *Here is everything you use to make an apple tart*

PAS DE PROBLÈME

Lecture
D'où vient-on maman?

Nouveaux mots

autrefois	in the past
l'église	the church
Dieu	God
	such
un physicien	a physicist
	Among
les supercordes	superstrings
le millénaire	the millenium
la matière	matter
découvrir	discover
un noyau	a nucleus
basique	basic
ainsi que	as well as
vibrer	to vibrate
inclure	to include
un défi	a challenge
la lune	the moon
un sorcier	wizard
voler	to fly
prédire	to predict
l'avenir	the future
tant de	so many
l'espoir	hope

'D'où vient-on maman?' La question pose un problème aux parents. Comment expliquer l'évolution de l'homme et où s'arrêter? Autrefois on croyait aux explications de l'Église et tout était bien plus facile. 'Dieu a créé le monde, les animaux, le premier homme, Adam, et la première femme, Ève.' On acceptait cette version de l'histoire du monde. Aujourd'hui on n'accepte plus de tels mythes. On cherche des explications scientifiques chez les physiciens contemporains.

Parmi les théories les plus intéressantes que l'on peut lire en ce moment est la théorie des supercordes. Elle n'est pas nouvelle. Albert Einstein a réfléchi à cette théorie mais il a fallu attendre la fin du millénaire pour voir cette nouvelle version du big-bang élaborée. Dans les temps anciens les Grecs proposaient que la matière était composée de particules basiques que l'on ne pouvait pas diviser. Aujourd'hui on a découvert que ces Anciens avaient raison. Mais on a appris bien plus sur les atomes. Ils ont tous un noyau qui est fait de neutrons et de protons. Autour du noyau il y a un cortège d'électrons. Tout proton ainsi que tout neutron est constitué de trois quarks. La théorie des supercordes propose qu'un quark est constitué d'une corde qui vibre. Pour le moment, donc, ces cordes sont les premiers constituants de toute matière. Mais quand est-ce que l'on va découvrir un constituant encore plus petit?

La théorie des supercordes a été développée par plusieurs scientifiques de plusieurs nationalités entre 1968 et la fin du vingtième siècle. C'est en 1984 que l'on a prouvé que la théorie pouvait inclure toutes les forces de la nature et tous les types de particules. Enfin on pouvait voir un modèle universel fondamental pour comprendre la nature de la matière. Mais même aujourd'hui on n'a pas encore pu confirmer la théorie. À qui l'honneur de déterminer les équations? Ou est-ce que quelqu'un va révéler que la théorie est fausse? Voilà un des grands défis de notre génération.

Pour les non-scientifiques il reste la science-fiction. Jules Verne a imaginé un voyage vers la lune. Nous avons vu la réalité dans les années soixante. Quelles autres inventions de l'imaginaire vont se révéler possibles dans les années à venir? On croyait autrefois que les sorciers volaient, sans l'aide d'ingénieurs. Pourquoi pas nous? Nostradamus a pu prédire l'avenir, ce qui permet de se demander s'il savait voyager dans le temps. Tant de questions et tant d'espoir pour le futur.

Pour l'instant on a au moins une réponse pour les enfants qui posent cette question sur leur origine: 'C'est toute une question de supercordes, chéri!' Mais êtes-vous prêts à répondre aux questions qui vont suivre?

À votre tour

First read and listen to the passage above. Notice when the imperfect tense is used and when another tense is used instead. Refer to the explanations at the start of the chapter, if necessary, to clarify the differences in usage.

À vous d'écrire

A **Corrigez les phrases suivantes comme dans l'exemple:**

Aujourd'hui tout le monde croit aux explications de la Bible sur l'origine de l'homme. > Autrefois tout le monde croyait aux explications de la Bible ...

1 Aujourd'hui les gens acceptent la version Adam et Eve de la création de l'homme.
2 Aujourd'hui on explique l'évolution du monde de cette façon.
3 Aujourd'hui nous pensons que ces mythes sont vrais.
4 Aujourd'hui les Grecs sont de l'opinion que la matière est composée d'atomes qu'on ne peut pas couper.
5 Aujourd'hui on imagine un voyage vers la lune.
6 Aujourd'hui la plupart des gens ont peur des sorciers.
7 Aujourd'hui on va consulter des gens comme Nostradamus qui prédisent l'avenir.
8 Aujourd'hui ses prédictions permettent de demander s'il sait voyager dans le temps.
9 Aujourd'hui je ne comprends rien à la théorie des supercordes.

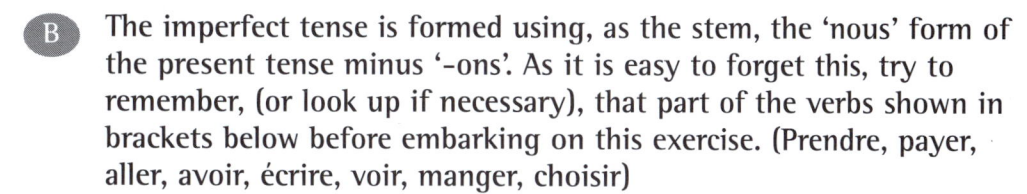

B **The imperfect tense is formed using, as the stem, the 'nous' form of the present tense minus '-ons'. As it is easy to forget this, try to remember, (or look up if necessary), that part of the verbs shown in brackets below before embarking on this exercise. (Prendre, payer, aller, avoir, écrire, voir, manger, choisir)**

Now adapt the following sentences to explain how things used to be done.

Exemple: Aujourd'hui on tape ses lettres sur l'ordinateur. (une machine à écrire)
Autrefois on tapait ses lettres sur une machine à écrire.

1 Aujourd'hui on calcule à l'aide d'une calculatrice. (un abaque *abacus*)
2 Aujourd'hui on consulte Internet pour apprendre les nouvelles (*news*). (le journal)
3 Aujourd'hui nous envoyons un e-mail pour dire 'Bon Anniversaire'. (une lettre)
4 Aujourd'hui nous mettons un plat dans le micro-ondes si nous avons faim. (le four)
5 Aujourd'hui un enfant joue des heures à ses jeux d'ordinateur. (les petits trains)
6 Aujourd'hui ma grand-mère prend l'avion pour aller à New York. (le bateau)
7 Aujourd'hui vous allez à l'hypermarché pour les provisions. (chez l'épicier *the grocer's*)
8 Aujourd'hui vous prenez un hamburger-frites à midi. (un repas au restaurant)

9 Aujourd'hui je conserve la viande dans un congélateur (*freezer*). (du sel *salt*)

10 Aujourd'hui tu achètes tes vêtements en ligne. (dans les grands magasins)

11 Aujourd'hui les gens paient les achats à l'aide d'une carte de crédit. (en espèces *cash*)

12 Aujourd'hui les Français affichent (*mark*) les prix en euros. (en Francs)

13 Aujourd'hui on va au 16ème étage en ascenseur (*by lift*). (à pied)

14 Aujourd'hui on écrit ses notes avec un stylo. (une plume *a quill pen*)

15 Aujourd'hui un médecin se sert d'une seringue pour faire une prise de sang (*blood sample*). (une sangsue *a leech*)

16 Aujourd'hui on choisit ses baskets (*trainers*) selon la marque. (le prix)

17 Aujourd'hui les gens mangent des céréales OGM (*GM grain*). (biologiques *organic*)

18 Aujourd'hui je suis surveillé (*watched*) dans la rue par des caméras de télévision en circuit fermé (*CCTV*) (des gendarmes)

19 Aujourd'hui un chirurgien (*surgeon*) voit à l'intérieur du corps grâce à un endoscope. (une radiographie *X ray*)

À vous de parler

Que pensez-vous de notre monde actuel? Discutez avec vos collègues des avantages et des inconvénients de l'état actuel des choses et du passé. Voici quelques idées pour vous aider.

Les enfants; les jeux d'ordinateur; la télé; jouer dehors; Internet; le troc (*swapping*) des jeux; l'importance des vêtements; le racket (*extortion practised by pupils on other pupils)*; les parents qui protègent (*protect*) trop leurs enfants; l'adolescence.

Les communications: les lettres; les e-mails; le téléphone; le portable; Internet; les voisins; partir à l'étranger; la voiture; l'avion; le vélo; l'environnement.

L'alimentation (*food*): les produits biologiques; les OGM; le fast (food); les plats congelés (*ready-made frozen meals*); le micro-ondes; manger 'en famille'; l'appréciation; l'attention à la préparation.

Écoutez: Et si on était riche ...?

Laurent: Denise! Denise! Où es-tu? Viens vite!

Denise: Attends chéri. Je cherche cette sauce bolognaise que j'ai mise dans le congélateur (*freezer*) quand nous sommes tombés malades en septembre. Tu te rappelles? On n'avait plus envie de manger, et il restait au moins un litre de sauce que….

Laurent: Écoute, Denise. Je me fiche de (*I couldn't care less about* – fam.) ta sauce. J'ai une nouvelle importante.

Denise: Ah oui? Tu as trouvé le tournevis que tu cherchais?

Laurent: Mon tournevis? Mais non! Écoute! Je ne dois plus réparer la voiture moi-même. Je n'ai plus besoin de tournevis. On a gagné le gros lot (*jackpot*)!

Denise: Comment? La loterie…. On a gagné? Mais ce n'est pas possible!

Laurent: Voilà ce que j'essaie de t'expliquer depuis un moment. On est riche. On va manger au restaurant, amener la bagnole (*the car* – fam.) au garage, … ou peut-être acheter une nouvelle voiture!

Denise: Oh, Laurent. Je n'arrive pas à y croire (*I can't believe it!*). Qu'est-ce qu'on va faire de tout cet argent? Et si on finissait triste et malheureux comme ces gens dans le journal? Quand même….

Laurent: J'ai déjà quelques idées. Si on achetait un yacht? Tu sais que j'adore faire de la voile.

Denise: D'accord, un grand yacht avec un équipage (*crew*) … deux ou trois grands gars blonds, bien musclés pour …

Laurent: Euh, non. Je préfère m'occuper moi-même du bateau.

Denise: Ah, j'ai une autre idée. Si nous achetions un nouveau magnétoscope pour remplacer le vieux qui ne marche plus très bien?

Laurent: On va acheter tous les nouveaux appareils audio-visuels: un DVD, un énorme écran, une platine laser quadrophonique …

PAS DE PROBLÈME

Denise: Et pour la cuisine un lave-vaisselle (*dishwasher*), un micro-ondes (*microwave*) … Si seulement il y avait de la place pour un de ces gros frigos américains. À propos, comment est-ce que tu as appris la nouvelle? Tu as été contacté par les gens de la Loterie?

Laurent: Non, j'ai vérifié les numéros moi-même. Tu les as écrits sur le journal hier soir quand tu regardais la télé, n'est-ce pas? Ils correspondent exactement aux numéros que nous avons choisis samedi.

Denise: Les numéros que j'ai marqués sur le journal?

Laurent: Mais oui. Ça va, Denise? Tu es toute pâle.

Denise: Assieds-toi chéri. Ce que je vais te dire va être un peu difficile à accepter. (Pause) J'ai écrit sur le journal les numéros que nous avons choisis ensemble samedi.

Laurent: Oui, je sais. Et ce sont les mêmes qu'à la télé. Ce qui est bizarre, c'est qu'on les a annoncés dans le même ordre.

Denise: Chéri, j'ai écrit nos numéros sur le journal. Je voulais avoir nos numéros devant les yeux pour les vérifier. Mais je suis montée me coucher avant l'annonce. Je n'ai pas vu les numéros gagnants.

Laurent: Ah! … Oh! … Alors on n'a pas…. Mon yacht, le DVD…. Mais dis donc, tu n'as pas entendu l'annonce. Si on allait demander les numéros gagnants à Madame Martin? On a peut-être gagné après tout!

À votre tour

Écoutez la conversation entre Laurent et sa femme, Denise, la première fois sans regarder le texte. Puis lisez les questions et écoutez de nouveau la conversation. Écrivez vos réponses aux questions en français.

1. Qu'est-ce que Denise faisait quand Laurent l'a appelée?
2. Quelle nouvelle est-ce que Laurent a annoncée à Denise?
3. Comment est-ce que Laurent voulait dépenser (*spend*) l'argent?
4. Et Denise?
5. Où est-ce que Laurent a trouvé les numéros?
6. Pourquoi est-ce que Denise a dit à Laurent de s'asseoir?
7. Quelle était la réaction de Laurent?

À vous de parler

Regardez bien le texte 'Et si on était riche'. Cherchez toutes les phrases où quelqu'un fait une suggestion .

> Exemple: Et si on finissait triste et malheureux?
> *What if we were to end up sad and unhappy?*

Décidez le sens de ces phrases.

À vous maintenant:

A Vous et votre copain/copine/ami/amie avez gagné le gros lot. Tour à tour vous faites des suggestions pour dépenser cet argent. Vous êtes libres de faire des objections si vous voulez!

B Vous voulez sortir avec quelqu'un. Il/Elle n'est pas très enthousiaste.

Exemple: a) Si on dînait ce soir au petit restaurant du coin?
b) Je me lave les cheveux ce soir.

À vous d'écrire: Exercice de traduction

Comment est-ce qu'on dit en français?:

a Here is the sauce that I made.
b I have found the money that I was looking for.
c I have a new key that works well.
d Where are the numbers that you chose?
e What's odd is that it is my Walkman.
f What you have said is very sad.
g I can't believe it!
h I don't feel like going out any more.
i Is there room for a washing machine?
j I have been contacted by the police.
k I did it myself.
l If only they were less stupid.

Voir clair

Si l'on en croit les historiens, les lunettes ont été inventées il y a sept siècles. A l'origine, elles étaient bien évidemment une prothèse et non un accessoire de mode!

Un moine franciscain anglais, Roger Bacon (1215-1294), s'est intéressé à l'optique au Moyen Age. Il voulait corriger les inconvénients de vision provoqués par l'âge. Il a mis deux verres plan-convexe dans deux cercles de bois, reliés par un clou. Il a présenté ces lunettes à l'un de ses amis, Henri Goëtals, théologien flamand, qui allait partir à Rome. Arrivé en Italie, ce moine a fait sensation chez les dominicains de Pise, et à la suite, l'idée de Bacon a été copiée par un autre moine, Salvino d'Armati. Pendant longtemps cet Italien a été considéré l'inventeur des lunettes.

Au dix-huitième siècle le clou a été remplacé par un fil de métal. Il était maintenant possible d'obtenir des lunettes moins fragiles. Cette nouvelle étape a été franchie par un artisan, Pierre-Hyacinthe Caseaux, installé au Pays de Morez dans le Jura.

En 1860 le pince-nez a été inventé, et en 1959 Essel a développé le verre progressif. Mais c'est au cours des années 1950 que la notion de mode a apparu. Des modèles à la fois légers et beaux ont été lancés. Le design et les stylistes sont entrés en scène. Et pour les individus qui n'aiment même pas les lunettes Courrèges, Nina Ricci, Roland Garros ou Givenchy, il y a aujourd'hui les lentilles ou verres de contact.

Nouveaux mots

les lunettes *glasses, spectacles*
une prothèse *a prosthesis*
un moine *a monk*
le Moyen Age *the Middle Ages*
corriger *to correct*
un verre *a glass/lens*
un clou *a nail*
flamand *flemish*
un siècle *a century*
un fil *a wire*
franchir une étape *to take a step forward*
un artisan *a craftsman*
le verre progressif *the multifocal lens*
léger *light*
lancer *to launch*
les lentilles (f) *contact lenses*

PAS DE PROBLÈME

À vous de parler/écrire

A Répondez aux questions qui suivent de la façon indiquée dans l'exemple. Vous allez employer la voix passive.

Exemple: Q. Qui a inventé le thermomètre? R. Il a été inventé par Galileo Galilei.
          Q. Qui vend les lunettes? R. Elles sont vendues par les opticiens.

1. Qui a fabriqué les premières lunettes?
2. Qui a copié les lunettes de Bacon?
3. Qui a remplacé le clou?
4. Qui a développé le verre progressif?
5. Qui fabrique des lunettes de mode?
6. Qui porte des lentilles?

B Qui l'a inventé?

Vous êtes expert en histoire? Répondez aux questions suivantes de la façon indiquée. Vous devez employer la voix passive.

Q.: Roger Bacon a inventé les lunettes au 13ème siècle. Et l'imprimerie?
R.: L'imprimerie a été inventée au 9ème siècle par les Chinois.

1. Louis Pasteur a testé le premier vaccin contre la rage en 1885.
   Et la pénicilline?

2. Le médecin et alchimiste suisse, Philippus Paracelsus, a publié le premier manuel de chirurgie entre 1493 et 1541.
   Et la Théorie Générale de la Relativité?

3. Les Soviétiques ont lancé la première fusée avec un astronaute à bord en 1961.
   Et le premier satellite?

4. Daimler et Benz ont fabriqué la première automobile à quatre roues en Allemagne en 1887.
   Et la première locomotive à vapeur?

5. Une équipe franco-britannique a construit le premier avion supersonique, le Concorde, en 1969.
   Et le premier réseau de trains souterrain?

6. L'astronome allemand, Johann Galle, a trouvé la huitième planète, Neptune, en 1846.
   Et la neuvième planète?

7. Ernest Rutherford, physicien néo-zélandais, a découvert l'existence des vitamines en 1911.
   Et les principes de l'hérédité?

8. L'Américain, Samuel Colt, a inventé le revolver en 1836.
   Et la dynamite?

Pour s'amuser

> **Blague**
> Une station de métro, c'est l'endroit où le métro s'arrête.
> Une station de RER, c'est l'endroit où le RER s'arrête.
> Devant moi j'ai une station de travail ...

Jeu de vocabulaire

Avec des mots que vous avez déjà appris et d'autres qui se trouvent ci-dessous vous allez chercher la solution à la question suivante. 'Qu'est-ce qui rend notre vie plus facile aujourd'hui?'

Les mots que vous cherchez sont tous des machines ou des appareils, comme par exemple:

une machine à laver (*washing machine*),
un baladeur (*Walkman*),
le chauffage central (*central heating*).

Elle nous aide à faire les comptes	_ _ _ _ _ _ _ _ _ _ _
Ici on trouve souvent des glaces	_ _ _ _ _ _ _ _ _ _
Utile dans la cuisine si on n'a pas beaucoup de temps	_ _ _ _ _ - _ _ _ _ _
Elle fait tout pour les vêtements sauf le repassage	_ _ _ _ _ _ _ - _ _ _ _ _
Il enregistre mon émission préférée si je sors	_ _ _ _ _ _ _ _ _ _
Est-ce qu'il me fait du mal au cerveau? (*brain*)	_ _ _ _ _ _ _
Je mets toutes les assiettes sales dedans	_ _ _ _ - _ _ _ _ _ _ _
C'est la machine indispensable du bureau	_ _ _ _ _ _ _ _ _
On a besoin de ce système en hiver	_ _ _ _ _ _ _ _ _ _ _ _ _ _
On trouve souvent des yaourts dedans	_ _ _ _
Avec cet appareil je me promène en musique	_ _ _ _ _ _ _

Au boulot

Présentation d'une nouvelle invention

You have invented a new device. You are going to make a presentation to a group of potential clients in an attempt to sell it to them. You may find the website at the end of the chapter useful to see what other people have invented, but keep it fairly simple.

Mesdames et Messieurs, j'ai l'honneur de vous présenter ...

On s'en sert pour .../Ça sert à ...

Autrefois on se servait de .../La vie était plus difficile autrefois parce que ...

Maintenant la tâche est faite en deux secondes ...

Si mon ... vous intéresse, voici quelques exemplaires que j'ai apportés et que je suis prêt à vous vendre.

PAS DE PROBLÈME

Lecture
Quel matériel faut-il acheter pour votre ordinateur?

Nouveaux mots

le matériel *hardware*
le logiciel *software*
le portefeuille *wallet*

séduisant *attractive*

en fonction de
according to
un projet *a plan*
une imprimante
a printer
un graveur de CD-Rom
a CD recorder/burner
le clavier *keyboard*
la souris *mouse*
le courrier électronique
e-mail
une tâche *a task*
réduit *reduced*
haut de gamme
top of the range

le 'chat' *chatroom*
offenser *to offend*
un écran *a screen*
on a beau se plaindre
it's useless to complain
il vaut mieux
it is better to
s'y mettre
to get on with it

Lorsqu'on achète un ordinateur de nos jours, le choix de matériel et de logiciel est énorme. Quels éléments sont indispensables et où est-ce qu'on risque de perdre son argent?

Il faut réfléchir avant d'ouvrir son portefeuille. Quel est le matériel le mieux adapté à vos besoins? Vous trouvez les micro-ordinateurs portables ou les PC de poche séduisants? Bien sûr ils sont 'cool', mais est-ce qu'ils sont pratiques pour la famille, pour tous les besoins? Ils coûtent souvent plus cher qu'un Mac ou un PC. Il faut choisir un ordinateur en fonction de vos projets. Vous allez écrire ou dessiner, travailler ou jouer? Vous devez aussi choisir des logiciels qui vont être utiles. (Nous avons tous des CD-Rom qui ne sortent jamais de leur boîte!) Vous voulez aussi, sans doute, acheter une imprimante. Vous avez certainement besoin d'un graveur de CD et d'un lecteur Zip? N'oubliez pas qu'il existe une grande gamme de claviers, de souris et d'écrans!

Il est indispensable maintenant d'être connecté à Internet pour le courrier électronique et d'avoir un lecteur de CD-Rom. L'e-mail permet de contacter les gens d'un clic de souris et il est de plus en plus utilisé pour toutes sortes de tâches. Mais faut-il acheter tout de suite un scanner? En tout cas, vous payez moins cher votre scanner si vous choisissez un modèle à résolution réduite.

Vous êtes photographe? Il existe maintenant des appareils photos numériques haut de gamme qui coûtent très cher. Si, comme moi, vous n'êtes pas pro et vous n'allez pas l'utiliser souvent, il y a des appareils moins chers. Mais la webcam est encore moins chère. C'est une petite caméra numérique montée et connectée sur l'ordinateur qui prend des photos et filme en temps réel.

Il reste des inconvénients associés aux ordinateurs. Vous avez peut-être été inondé d'offres par e-mail. La publicité sur Internet vous irrite. Vous passez des heures à répondre à votre courrier électronique le matin. Votre ami se plaint que le *chat* vous intéresse plus que lui. Vous êtes offensés par l'arrivée d'images pornographiques non solicitées sur votre écran. Vous souffrez de maux de tête, vous avez mal à la main ou au cou. On a beau se plaindre, les ordinateurs constituent une partie importante de notre vie moderne. Il vaut mieux s'informer, s'équiper et s'y mettre.

À votre tour

À vous d'écrire

Choisissez dans la liste ci-dessous les termes appropriés pour compléter ces phrases. Il faut aussi choisir entre 'qui' et 'que'.

Exemples:
> Un *scanner* est un outil *qui* permet de transformer une photo en données informatiques, manipulables par l'ordinateur.
>
> Un *clavier* est un outil *que* l'utilisateur met sur la table et qui permet de taper des lettres ou donner des instructions.

Choisissez parmi ces appareils:
> *logiciel   chat   appareil photo numérique   Internet   webcam*
> *imprimante   e-mail   courrier électronique   lecteur de CD-Rom*
> *micro-ordinateur portable*

1. Une _____ est un outil _____ vous allez trouver important si vous avez besoin de copies papier.
2. Une _____ est un outil _____ l'on monte sur l'ordinateur et _____ filme en temps réel.
3. J'utilise souvent le _____ _____ me donne la possibilité de contacter mes amis très vite.
4. Le _____ de visio-conférence _____ j'ai installé était gratuit.
5. J'ai choisi un _____ _____ me permet de rester en contact avec le bureau quand je suis en voyage.
6. Voici le _____ _____ nous avons acheté parce que notre fils adore les jeux d'ordinateur.
7. Vous avez besoin d'un _____ _____ a un écran de visualisation à l'arrière.
8. On m'a envoyé un _____ _____ contenait un virus.
9. Les lieux de _____ _____ je fréquente m'ont mis en contact avec des personnes à l'autre bout du monde.
10. Il y a beaucoup de sites sur _____ _____ donnent des informations sur les ONG (Organisations Non Gouvernementales).

À vous de parler

Jeux de rôle: travail de paire.

Employez, autant que possible des phrases avec **ce qui, ce que, tout ce qui,** et **tout ce que.**

1. Vous avez décidé d'acheter un nouvel ordinateur. Vous allez dans le magasin et vous discutez avec le vendeur. Il/Elle essaie de vous persuader d'acheter un micro-ordinateur portable. C'est une option séduisante, mais vous hésitez. Posez beaucoup de questions afin de savoir si c'est la bonne solution pour vous. Le vendeur/la vendeuse veut parler seulement des avantages de ce modèle, mais il/elle doit répondre *assez* honnêtement aux questions que vous posez.

'Ce qui est important pour moi/ma femme/mon mari/ma copine/mes enfants, c'est ...'
'Ce que je cherche, c'est ...'
'Le grand avantage de ce modèle est ce qu'il offre comme .../ce qu'il a comme ...'
'Il a beaucoup de mémoire vive (*random access memory*), ce qui permet de ...'

PAS DE PROBLÈME

2 Votre fils/fille (12 ans) demande son propre ordinateur. Vous trouvez que ce n'est pas nécessaire. Après tout il y a des ordinateurs au collège. Il/Elle parle beaucoup des devoirs, d'acquérir des compétences en informatique etc. Vous avez peur du temps perdu en jeux et sur Internet, et vous avez entendu parler des dangers d'Internet. Qui va gagner?

'Je ne peux pas écrire mes devoirs à l'ordinateur, ce que je trouve vraiment ennuyeux.'

'Dis-moi ce que tu peux faire à l'ordinateur que tu ne peux pas faire autrement.'

'On trouve tout ce qu'on veut sur Internet.'

Discussion

Décrivez à un autre étudiant votre usage de l'ordinateur: où, combien d'heures par jour/semaine, ce que vous faites, votre opinion.

Imaginez comment le monde va changer dans les 20 prochaines années grâce à l'ordinateur. (On va voir ..., on va pouvoir ... etc.)

Un coup d'oeil sur ...

Le Centre National de la Recherche Scientifique

Nouveaux mots

un organisme *an organisation*
appliqué *applied*
le niveau *level*
un administratif *an administrator*
le domaine *field/area*
la santé *health*
fonctionner *to function*
l'enseignement supérieur *Higher Education*
le ministère *the ministry*
s'engager sur/dans *to commit yourself to*
les moyens *the means*
mettre en oeuvre *to implement*
récompenser *to reward*
L'ADN *DNA*
de moins en moins *less and less*
poursuivre une carrière *to follow a career*

Le CNRS, crée en 1939, regroupe tous les organismes d'État de recherche fondamentale et appliquée. Il coordonne les recherches au niveau national. Le CNRS s'intéresse à toutes les sciences, de la biotechnologie à l'informatique, des sciences humaines à la linguistique, des mathématiques à la physique nucléaire. Avec 25 000 personnes (dont 11 400 chercheurs et 13 600 ingénieurs, techniciens et administratifs), il avait un budget de 2 457 milliards d'euros en 2001.

Il essaie de répondre aux questions posées à la science par la société. Par exemple, il a inauguré des recherches dans les domaines de la santé (où il travaille avec l'INSERM-l'Institut National de la Santé et de la Recherche Médicale), de l'énergie, de l'environnement et de l'industrie.

Le CNRS fonctionne de la façon suivante. Un établissement d'enseignement supérieur (par exemple un IUT- Institut Universitaire de Technologie) signe un contrat avec le ministère et le CNRS. Les trois partenaires s'engagent pour 4 ans sur un programme scientifique précis, un budget et des moyens de mettre en oeuvre ses projets.

Beaucoup de chercheurs importants et célèbres ont participé à un de ces programmes. Plusieurs ont été récompensés par le prix Nobel, par exemple Maurice Allais en économie en 1988, Jean Dausset en biologie et médecine en 1980, Jean-Marie Lehn en chimie en 1987, et Georges Charpak et Claude Cohen-Tannoudjii en physique en 1992 et 1997.

Les chercheurs du CNRS essaient de descendre la science dans la rue, d'ouvrir les portes des laboratoires. Ils expliquent le Big Bang et l'ADN au grand public, même quand ce public demande 'à quoi ça sert, la science?'. Avec la Cité des Sciences, la Grande Galerie du Museum National des Sciences Naturelles et d'autres établissements, ils veulent stimuler un enthousiasme pour les découvertes scientifiques. Malheureusement, il y a de moins en moins de jeunes qui veulent poursuivre une carrière dans les sciences aujourd'hui. Est-ce qu'ils les trouvent trop difficiles ou trop dangereuses? En tout cas, ils ont déserté les amphithéâtres.

Chapitre 7

Pierre-Gilles de Gennes – prix Nobel de physique. © Yves Forestier/Corbis Sygma

Nouveaux mots
pourtant	and yet
résoudre	to solve
le SIDA	AIDS
une serre	a greenhouse
fou/folle	mad

Pourtant il reste beaucoup de problèmes à résoudre: le SIDA, le trou dans l'ozone, l'effet de serre, la vache folle, les OGM... Et qui sait quel nouveau problème va se révéler demain? Nous avons besoin de scientifiques. Il faut espérer voir un retour d'enthousiasme.

Récapitulation

A Lisez le texte 'Louis Pasteur', puis choisissez un verbe dans la liste ci-dessous pour chaque vide. Tous les verbes sont à l'imparfait.

utiliser	devoir	devenir (2)	avoir (3)	causer	être (3)
se moquer	penser	faire	se dire	dire	pouvoir
falloir (il faut)					

Louis Pasteur (1822-1895)

Qui était Louis Pasteur?

Fils d'un tanneur, il a fait des études de biochimie à Paris et _____ preuve, déjà, d'idées plutôt avant-garde. Ses premières découvertes ont eu lieu (*took place*) en 1862, quand, à la demande de l'Empereur Napoléon III, il a essayé de découvrir pourquoi le vin _____ aigre (*bitter*) parfois.

Cent vingt-sept

PAS DE PROBLÈME

À cette époque, même les grands savants _____ que les choses _____ mauvaises ou pourrissaient (*rotted*), toutes seules -'à cause de l'air' _____ -ils! Pasteur _____ que c'_____ impossible et qu'il y _____ une autre raison! Finalement il a découvert que c'_____ à cause de l'activité d'organismes minuscules, invisibles à l'oeil nu (*naked*): des microbes!

Au début, les savants _____ de lui, mais Louis a réussi à prouver qu'ils _____ tort et qu'il _____ raison! Comme les microbes sont des organismes vivants, Pasteur _____ sûr qu'on _____ les tuer (*to kill*) et, ainsi, les empêcher (*to prevent*) de se multiplier. Il a inventé une méthode pour les tuer qui _____ la chaleur (*heat*). Elle s'appelle la *pasteurisation*. Elle est toujours utilisée et permet de conserver et transporter, le lait, la bière, le vin.

Grâce à lui, les médecins ont été obligés de comprendre (enfin!) que les microbes _____ aussi les infections et les maladies. Son grand ami anglais, Joseph Lister, chirurgien à Glasgow a appliqué (*applied*) ces découvertes et dès lors (*from then on*), les chirurgiens ont compris qu'ils _____ désinfecter les instruments et qu'il _____ absolument tout nettoyer et stériliser dans un hôpital!

Pasteur s'est aussi intéressé à plusieurs maladies animales et a développé des vaccins pour les combattre (*to fight*) avec grand succès. Puis il s'est occupé de la rage (*rabies*), qui attaque les animaux et les hommes! Il a développé un vaccin et en juillet 1885, un petit garçon de neuf ans, Jacob Meister, mordu (*bitten*) par un chien enragé, a été le premier a être sauvé de cette maladie mortelle.

Louis Pasteur est mort à l'âge de soixante-treize ans, mais ses méthodes scientifiques révolutionnaires ont sauvé et sauvent toujours des millions de gens et d'animaux.

B Exprimez ces idées autrement. Employez la voix passive. Attention au temps du verbe.

Exemple: Les passagers ont accepté les changements.
Les changements ont été acceptés (par les passagers).

1. Les enfants ont installé le programme.
2. Ce modèle séduit les clients.
3. On dépense des milliards sur ces jeux chaque année.
4. J'ai ouvert le fichier.
5. Les jeux représentent l'essentiel (*the major activity*) de ce secteur.
6. L'armée de l'air a intercepté un avion inconnu.
7. Le plastique a remplacé (*replace*) le verre.
8. On fabrique le verre à partir de sable (*sand*).
9. Le fabricant met le verre dans un moule (*mould*).
10. La maison d'édition (*publisher*) lance la collection cette semaine.

C Traduisez ces phrases en français.

1. Have you found the key that I lost?
2. Tell Georges what she said.
3. They may take anything (that) they want.
4. The machine that makes that bit (*une pièce*) is not working.
5. Here is the woman with whom I work in the laboratory.
6. What stimulates scientists is hope (*l'espoir*).
7. The liquid is all that remains.

Suggested websites

Scientific research:
http://www.cnrs.fr

Science museums and resources:
http://www.cite-sciences.fr
http://perso.wanadoo.fr/galian.f/

Inventions:
http://pro.wanadoo.fr/moldex

Chapitre 8

Menu

Describing accidents and incidents in the past (4)

Asking for and giving information

Writing summaries and reports

Road safety

Use of the perfect and imperfect tenses in conjunction

Bringing and taking

Assignment: completion of an accident form and writing a witness statement

---

Un coup d'oeil sur ...
Le phénomène Eiffel

Un accident de route

When trying to learn new words, try learning them in sentences, e.g.:

J'ai mal au doigt, à la main, au coude, à l'épaule et même au dos.

It is better to learn sentences that you have found or had checked as then you can be sure that you are not learning mistakes!

PAS DE PROBLÈME

Rappel

LA ROUTE

une voiture	*a car*	une moto	*a motorbike*	un camion	*a lorry*
un vélo	*a bike*	un conducteur	*a driver*	un réverbère	*a lampost*
un rond-point	*a roundabout*	un carrefour	*a crossroads*	des feux	*(traffic) lights*
un trottoir	*a pavement*	un automobiliste	*a car driver*	un piéton	*a pedestrian*
traverser	*to cross*	rouler	*to drive/progress*	conduire	*to drive*

ADVERBS

To describe *how* something is done adverbs are used. In English they usually end in '-ly', (e.g. slowly, silently), and in French the ending '-ment' usually follows the feminine form of the adjective:

lente   lente**ment**   silencieuse   silencieuse**ment**

Here are some others:

(mal)heureusement	*(un)fortunately*	tristement	*sadly*
rapidement	*quickly/fast*	doucement	*sweetly/gently/quietly*
dernièrement	*lately*	légèrement	*lightly*
dangereusement	*dangerously*	vaguement	*vaguely*
grièvement	*seriously (e.g injured)*	brusquement	*suddenly, brusquely*

Here are some that do not follow the rules:

vite	*fast/quickly*	fort	*hard/loudly*	soudain	*suddenly*
bruyamment	*noisily*	évidemment	*obviously*	différemment	*differently*

HAPPENINGS

There is a variety of ways of expressing the idea of something happening:

La manifestation a eu lieu mardi	*The demonstration happened on Tuesday*	avoir lieu
L'accident s'est produit mardi	*The accident happened on Tuesday*	se produire
Ça s'est passé mardi	*That happened on Tuesday*	se passer
L'incident est arrivé mardi	*The incident happened on Tuesday*	arriver

Attention! Nouveau!

THE IMPERFECT AND PERFECT TENSES IN CONJUNCTION

When using past tenses it is vital to understand the functions of the two tenses, perfect and imperfect. Usually the imperfect tense sets the scene and the perfect tense describes what then happened.

> Je **travaillais** quand il **a téléphoné**.   *I was working when he telephoned.*

You may like to think of it like this:

You had a cup of hot milk. It was smooth and white.   **Imperfect tense**
Then you poured some black coffee into it.   **Perfect tense**

Bringing and taking

To bring/take THINGS =
APPORTER

To bring/take PEOPLE =
AMENER

To take (away) THINGS =
EMPORTER

To take PEOPLE somewhere else or give a lift =
EMMENER

À ce terrain de camping on peut acheter des plats cuisinés à emporter.
At this campsite you can buy food to take away.

Claude a emporté mes clés d'auto par accident, mais mon voisin m'a emmené à la fac.
Claude took my keys (away) by mistake, but my neighbour took me/gave me a lift to the university.

À votre tour

Nouveaux mots

un gars   *a lad*
pendre la crémaillère
to have a house warming
un gueuleton (fam.)
a nosh
faire la fête   *to celebrate*
faucher (fam.)   *to steal*
ne t'en fais pas
don't worry

Remplissez les vides pour compléter la conversation téléphonique ci-dessous. Il faut employer les verbes **amener, emmener, apporter, emporter**.

– Allô Nicolas? C'est Michel. Salut! Tu sais que je suis parti du campus et je partage une maison avec deux gars, en ville... Bon, alors je vais pendre la crémaillère! On fait la fête demain soir. Un bon gueuleton! J'invite aussi des copains et des copines de la Fac. Tu veux venir?

– Bien sûr! Est-ce que je peux _____ ma petite amie Suzanne? Et bien sûr, on va _____ de la bière, d'accord?

– Oui, tout le monde va _____ des boissons, comme ça pas de sécheresse!

– Et la musique? Tu veux que j'_____ ma guitare et mes CDs? Mais je ne veux pas que quelqu'un les fauche et les _____ discrètement chez lui!

– Ne t'en fais pas. Ils sont tous sympas. De plus, quand mes copains boivent, ce sont des trous sans fond! Alors il faut des taxis pour les _____ chez eux.

– Bon, alors à demain soir et merci.

PAS DE PROBLÈME

Nouveaux mots

lancer *to launch*
un appel à témoin *an appeal for witnesses*
un garagiste *a garage owner*
en dehors de *outside*
percuter *to smash into*
heurter *to crash into*
une vache *a cow*
fou/folle *mad*
décéder *to die*
un passager/une passagère *a passenger*
la chaussée *roadway*
au galop *at the gallop*
écraser *to run over*

ACCIDENTS DE LA ROUTE

Faits divers régionaux

Ille-et-Vilaine

Un automobiliste a trouvé la mort mercredi soir dernier dans une collision entre trois véhicules à Ploubalay.

Il était 21h 25, mercredi soir, lorsque l'accident s'est produit au carrefour juste en dehors de la ville. C'était au moment où M. Jean-Yves Massaud traversait la D2 pour entrer dans la ville, qu'un camion a percuté sa voiture. Ensuite, un tracteur a heurté le camion.

Grièvement blessé, M. Massaud est décédé quelques heures plus tard à l'hôpital à Rennes. Sa femme, Michelle Massaud, qui était passagère avant du véhicule a été blessée plus légèrement et elle est sortie de l'hôpital hier. Les deux autres conducteurs n'ont pas souffert de blessures.

La gendarmerie fait appel aux témoins de l'accident.

RN 1

Samedi, vers minuit, un homme, âgé d'une trentaine d'années, traversait la RN 1 près d'Amiens. Un premier véhicule a heurté le piéton et un deuxième a écrasé la victime. Les conducteurs ne se sont pas arrêtés. La police a lancé un appel à témoin auprès des garagistes de la région.

Rue des Deux Pies

Un accident s'est produit vendredi, peu avant 19h, rue des Deux Pies. Une voiture et une moto sont entrées en collision quand la voiture tournait à gauche. La moto a heurté ensuite un vélo. La cycliste, Ghislaine Clec'h, a été blessée et transportée à l'hôpital.

Vache Folle

Une vache qui errait sur la D927 a heurté un motocycliste près de Bélâbre. M. Jacques Genin, 19 ans, de St.Benoît, est tombé sur la chaussée. Il a été surpris mais il n'a pas été blessé. La vache est partie au galop.

À votre tour

A Trouvez l'équivalent en français dans les articles ci-dessus.

1 The accident happened at the crossroads
2 A lorry smashed into his car
3 A tractor crashed into the lorry

4 The other two drivers did not suffer any injuries
5 A man was crossing the RN 1
6 A second vehicle ran over the victim
7 An accident occurred on Friday
8 A car and a motor bike collided
9 The car was turning left
10 He was not hurt

B Maintenant faites

i) une liste de tous les verbes qui décrivent la situation, c'est à dire ce qui se passait quand l'action s'est produite (à l'imparfait): **Il était 21h 25.**
ii) une liste des verbes qui décrivent l'action (au passé composé): **L'action s'est produite.**

Écoutez: Faits divers routiers   *[Transcript in the support book]*

Listen to the following road accident reports and answer the questions below in English.

A
1 What vehicles were involved in the accident?
2 What happened to Raymond Lenoir?

B
1 Briefly describe how the accident happened.

C
1 How old was the victim?
2 What happened to him?
3 Who are the police looking for?
4 Why?

D
1 Where did the accident take place?
2 What vehicles were involved?
3 Give details of the outcome.

E
1 Who appears to have been responsible for this accident?
2 What was he doing when the accident happened?
3 Describe the injuries.
4 Why are the police mentioned?

F
1 What caused the accident?
2 Were any injuries sustained?
3 What is the happy outcome of this story?

PAS DE PROBLÈME

Pour s'amuser

1   Using a dictionary, label the various parts of the car and the bicycle in the drawings below.

La voiture

une portière
une vitre
une roue
une aile (avant/arrière)
une boîte de vitesse
une courroie
un pneu
un phare
les feux arrière
un pare-choc
un pare-brise
un capot
un coffre
un rétroviseur
un volant
le toit
le moteur
le numéro d'immatriculation
le pot d'échappement

Le vélo

le guidon
le rayon
le pignon
le porte-bagage
le cable
les freins
le levier de changement de vitesse
le cadre
le dérailleur
la pédale
la chaîne
la selle
la pompe

2   Now, using the following terms, describe the bike and the car as they appear in the pictures.

Il manque …	… is/are missing	crevé	burst
cabossé	smashed in	dégonflé	flat
endommagé	is damaged	tordu	twisted
déraillé	slipped (of chain)		

134 Cent trente-quatre

Chapitre 8

Écoutez: De Justesse!

Nouveaux mots

Je l'ai échappé belle	*I've had a narrow escape*	glissant	*slippery*
fichu	*useless*	vérifier	*to check*
tout ce qu'il faut/fallait	*all that is/was needed*	admettre	*to admit*
une assurance	*insurance*	geler	*to freeze*
les coordonnées	*personal details (address etc.)*	déraper	*to skid*
un croquis	*a sketch*	avoir une peur bleue	*to be v.scared*
en travers de	*across*	s'échapper	*to escape*
se fouler le poignet	*to sprain your wrist*		

À votre tour

A Écoutez le dialogue **De Justesse!** et cochez les cases appropriées.

1. Anne est grièvement blessée — 1 ☐
   Anne va assez bien — 2 ☐
2. Son auto est en bon état — 1 ☐
   Son auto est fichue — 2 ☐
3. Elle est rentrée à l'Uni pour téléphoner — 1 ☐
   Elle téléphone du bord de la route — 2 ☐
4. Elle veut être sûre qu'elle a fait les formalités nécessaires — 1 ☐
   Elle veut être sûre qu'elle a son numéro d'assurance — 2 ☐
5. Elle a fait un dessin de la scène — 1 ☐
   Elle a fait une photo — 2 ☐
6. La bonne femme qui a freiné était derrière elle — 1 ☐
   La bonne femme qui a freiné était devant elle — 2 ☐
7. La nuit dernière il a neigé — 1 ☐
   La nuit dernière il a gelé — 2 ☐
8. Anne roulait lentement — 1 ☐
   Anne suivait la femme de trop près — 2 ☐
9. Elle a essayé de l'éviter — 1 ☐
   Elle n'a pas essayé de l'éviter — 2 ☐
10. Elle n'a pas pu l'éviter — 1 ☐
    Elle a pu l'éviter — 2 ☐
11. La camionnette derrière roulait vite — 1 ☐
    La camionnette derrière roulait lentement — 2 ☐
12. La camionnette a heurté l'auto de la femme — 1 ☐
    La camionnette a heurté la voiture d'Anne — 2 ☐
13. Elle a pris un sandwich avec la femme — 1 ☐
    Elle n'a pas pris un sandwich avec la femme — 2 ☐
14. Elle a pris un sandwich avec le conducteur de la camionnette — 1 ☐
    Elle n'a pas pris un sandwich avec lui — 2 ☐
15. Anne a pu ouvrir sa portière — 1 ☐
    Anne est sortie par la portière — 2 ☐
    Anne est sortie par l'arrière — 3 ☐
16. Elle s'est cassé le poignet — 1 ☐
    Elle s'est foulé le poignet — 2 ☐

Cent trente-cinq

PAS DE PROBLÈME

B Écoutez une deuxième fois ce dialogue et cochez les bonnes cases dans l'exercice B. Comment est-ce qu'Anne, ou sa copine Suzanne, a dit:

1	*Don't worry*	Je vais bien	1 ☐
		Ne t'occupe pas	2 ☐
		Ne t'inquiète pas	3 ☐
2	*I've had an accident*	C'est un accident	1 ☐
		J'ai eu un accident	2 ☐
		J'ai un accident	3 ☐
3	*I've had a lucky escape*	L'écharpe est belle	1 ☐
		Je l'ai échappé belle	2 ☐
		Je vais à la chapelle	3 ☐
4	*What's happened?*	Qu'est-ce qui s'est passé?	1 ☐
		Qu'est-ce qui se passe?	2 ☐
		Est-ce qu'il est passé?	3 ☐
5	*I didn't do anything wrong*	J'ai fait bien du mal	1 ☐
		Je viens faire du mal	2 ☐
		Je n'ai rien fait de mal	3 ☐
6	*She skidded*	Elle avait rapé	1 ☐
		Elle a des draps rapés	2 ☐
		Elle a dérapé	3 ☐
7	*He did not manage to stop*	Il a parié de s'arrêter	1 ☐
		Il ne s'est pas arrêté	2 ☐
		Il n'est pas arrivé à s'arrêter	3 ☐

C Écoutez encore ce dialogue et complétez les phrases (attention au temps des verbes).

1 J'ai __ un accident.
2 Je t'ai déjà ____ que ça va
3 Je l'ai _____ belle
4 Qu'est-ce qui s'___ _____?
5 Tu _____ trop vite?
6 Tu __ _____ à l'Uni?
7 ... pour vérifier que j'__ _____ à tout ce qu'il _____
8 J'__ _____ le numéro, ... j'__ _____ mes coordonnées
9 Est-ce que j'___ _____ quelque chose?
10 Tu n'__ pas _____ que tu _____ responsable?
11 Elle _ _____ brusquement
12 Sa voiture s'___ _____ en travers de la route
13 J'__ __ une peur bleue
14 Comme elle__ _____ devant moi, j'__ __ freiner
15 Je ne _____ pas vite, je ne la _____ pas de trop près
16 J'__ _____ de l'éviter mais je n'__ pas __
17 C'_____ trop glissant
18 Le type qui _____ la camionnette _____ trop vite
19 ... et n'___ pas _____ à s'arrêter à temps
20 Je ne _____ pas ouvrir la portière
21 J'__ __ m'échapper par l'arrière
22 Tu n'__ pas ___ blessée?
23 Je me ____ _____ le poignet

Maintenant regardez le texte pour vérifier vos réponses.

De Justesse!

Anne est au bord de la route. Elle téléphone à la jeune femme chez qui elle loue une chambre.

Anne : Allô Suzanne, ne t'inquiète pas... je vais bien... mais j'ai eu un accident.

Suzanne : Oh non! Tu es blessée?

Anne : Non, je t'ai déjà dit que ça va, mais je l'ai échappé belle et je crois que ma voiture est fichue.

Suzanne : Qu'est-ce qui s'est passé? Comment c'est arrivé? Tu roulais trop vite? Où es-tu actuellement? Tu es rentrée à l'Uni?

Anne : Non, je suis toujours sur la route. Je t'appelle avec mon portable pour vérifier que j'ai pensé à tout ce qu'il fallait. J'ai pris le numéro des autres voitures, et les détails d'assurances. J'ai donné mes coordonnées. Est-ce que j'ai oublié quelque chose?

Suzanne : As-tu pris une photo?

Anne : Non, j'ai fait un croquis et les autres sont d'accord.

Suzanne : Si tu as tort, j'espère que tu n'as pas admis que tu étais responsable!

Anne : Je n'ai rien fait de mal! C'est à cause de la bonne femme devant moi. Elle a freiné brusquement, je ne sais pas vraiment pourquoi. Mais parce qu'il a gelé ici la nuit dernière elle a dérapé sur la glace et sa voiture s'est arrêtée en travers de la route. J'ai eu une peur bleue! Alors, comme elle se trouvait devant moi j'ai dû freiner moi aussi. Heureusement je ne roulais pas vite et je ne la suivais pas de trop près, mais mes roues ont dérapé. J'ai essayé de l'éviter mais je n'ai pas pu, c'était trop glissant. En plus de ça, le type derrière moi, qui conduisait une grosse camionnette, roulait trop vite et n'est pas arrivé à s'arrêter à temps, et il m'a heurtée si fort que ma voiture était prise en sandwich entre lui et la femme! Je ne pouvais pas ouvrir ma portière! J'ai dû m'échapper par l'arrière.

Suzanne : Tu es sûre que tu n'as pas été blessée?

Anne : Je crois que je me suis foulé le poignet, c'est tout. Bon, je te laisse parce que la pile de mon portable s'use vite!

PAS DE PROBLÈME

D Répondez aux questions en français.

1 Pourquoi Anne s'est-elle arrêtée au bord de la route?
2 Pourquoi a-t-elle téléphoné à Suzanne?
3 À quels détails est-ce qu'elle a pensé?
4 A-t-elle pris une photo?
5 Pourquoi est-ce que la femme a dérapé?

Pour s'amuser

Cherchez les phrases en français cachées dans la grille. Il n'y a ni accents ni apostrophes, et les phrases vont dans tous les sens!

Yesterday I had an accident; there was some ice; a woman skidded and stopped in front of me; the car behind hit me; I could not get out of my car.

*H	*I	*E	*R	C	A	N	Y	A	V
D	A	E	*J	C	W	U	L	I	A
E	R	M	*A	*I	*E	*U	I	T	D
G	A	M	E	D	E	N	T	L	E
Y	P	K	F	E	N	U	E	A	G
Q	E	E	T	S	E	S	C	A	L
E	T	E	R	R	A	T	O	I	L
E	D	E	V	A	N	T	M	O	A
M	E	R	E	I	R	R	E	D	U
A	J	E	N	P	A	R	D	O	T
H	E	P	E	S	S	I	E	U	T
E	T	O	A	I	S	T	M	A	O
U	R	U	V	F	O	R	O	N	H

À votre tour

Scènes d'accident (exercice oral)

Here are two series of illustrations, each describing an accident in three scenes. Work with a partner and ask him or her questions to elicit what happened, using the perfect or imperfect tense as appropriate. Partner B asks the questions listed on p. 43–44 of the support book, and Partner A uses the illustrations and vocabulary below to phrase his or her answers. Next, try to tell the story without the help of questions. Then swap roles for the second scene.

Cent trente-huit

Chapitre 8

Scène 1: Histoire d'un naufrage

Nouveaux mots

un naufrage   a shipwreck
briller   to shine
un voilier   a sailing boat
faire de la voile
to go sailing

une vague   a wave
souffler   to blow
inquiet   worried
tanguer   roll (boats)

une tempête   a storm
chavirer   to capsize
faire naufrage   to sink
tomber à l'eau
to fall in the water
'Au secours'   'Help!'

Au Secours!

Cent trente-neuf

PAS DE PROBLÈME

Nouveaux mots

faire nuit
to be nighttime

le trottoir
the pavement

le réverbère
the lamppost

aboyer   *to bark*
éviter   *to avoid*

furieux   *furious*
jurer   *to swear*
descendre de la voiture
to get out of the car

Scène 2: Le chat, le chien et la voiture

Sale chien!
Sacre chat!

À votre tour

CATASTROPHE À LA CAMPAGNE (EXERCICE ORAL)

First describe the scene just before the accident, using the imperfect tense. Include as many details as possible. e.g.: Il faisait beau. Un homme pêchait au bord de la rivière... Then describe what happened to disturb this scene, using the perfect tense. e.g.: Tout à coup le soleil s'est caché ...

Nouveaux mots					
faire un pique-nique	*to picnic*	l'entrée du champ	*the field gate*	brouter	*to graze*
rouler à toute vitesse	*to speed along*	entrer en collision	*to collide*	lâcher	*to let go of*
une guêpe	*a wasp*	écraser	*to squash*	dépasser	*to overtake*

PAS DE PROBLÈME

Au boulot

i   Go to the website indicated on the menu page of this chapter to find a copy of a 'constat amiable d'accident automobile'. Fill it in with as many details as possible of the road accident shown in **Catastrophe à la campagne.** Make an annotated sketch.
ii Write out a full statement for the police from the point of view of the car driver or the tractor driver.
iii Write a witness statement as though you were one of the picnickers or the fisherman.

Vocabulaire supplémentaire

la marque	make	rouler en sens inverse	to drive on the wrong side of the road
ralentir	to slow down	déboucher sur la voie publique	to turn onto the public highway
une déclaration	a statement	une déposition	a statement by a witness

When writing in French, try to build your text from what you have learnt rather than translate word for word from English. It is not wrong to copy phrases from elsewhere as long as you make sure that the form is correct in the context in which you are using them.

Pour s'amuser

Les perles de l'assurance

Insurance companies receive many reports in which 'howlers' (les perles) have slipped in. There are even websites devoted to them: in France, see for example www.gilray.ca/perles_de_lassurance.html

Here is a selection of the howlers on offer. Note how sloppy use of grammar, for example incorrect word order or incorrect use of tenses, leads to making howlers. Some, however, are just funny.

J'ai frappé un camion stationné qui venait dans l'autre sens.

Je conduisais ma voiture depuis quarante ans lorsque je me suis endormi au volant et que j'ai eu cet accident.

Le poteau de téléphone s'approchait rapidement, j'ai essayé de l'éviter mais il a frappé l'avant de ma voiture.

L'automobile a freiné devant moi. J'ai ralenti. Il a stoppé. J'ai freiné. Il est reparti. J'ai redémarré. Il a freiné de nouveau. J'ai levé le pied aussitôt. Il regardait à droite. Je regardais devant moi. Tout ça pour dire que j'ai fini par le heurter à l'arrière.

Mon mari est pour le moment décédé.

En regagnant mon domicile, je me suis trompé de maison et je suis entré dans un arbre qui ne m'appartenait pas.

L'homme prenait toute la rue et j'ai dû effectuer de nombreuses manoeuvres avant de le frapper.

Chapitre 8

Un coup d'oeil sur ...

Le phénomène Eiffel

Nouveaux mots

percer	*to pierce*
un trou	*a hole*
concevoir	*to conceive*
ériger	*to erect*
une époque	*a period*
il a failli ...	*it nearly*
le centenaire	*the centenary*
une tour	*a tower*
le fer	*iron*
habile	*able*
l'acier	*steel*
un viaduc	*a viaduct*
se plaindre	*to complain*
un amas de ferraille	*a heap of metal*
la foule	*the crowd*
démonter	*to dismantle*
fier	*proud*
(re)peindre	*to (re)paint*
la hauteur	*the height*
un mât	*a mast*
le clou de la fête	*the highlight of the celebrations*
le Millénaire	*the millennium*
des feux d'artifice	*fireworks*
une fusée	*a rocket*
décoller	*to take off*

Qui a eu l'idée d'assembler quinze mille pièces métalliques, percées de sept millions de trous? Qui a ainsi étonné et choqué le monde parce qu'il a conçu, dessiné et érigé le plus haut bâtiment de son époque? Son prénom était Gustave, et il a donné son nom de famille au monument parisien le plus connu, qui est devenu le symbole de Paris depuis plus d'un siècle. Il s'agit, bien sûr, de la tour Eiffel. On l'a classée 'monument historique' en 1964. Pourtant sa création a failli causer le malheur de son créateur.

En 1889 il y a eu à Paris une superbe Exposition Universelle Industrielle qui permettait aux meilleurs ingénieurs de montrer les talents de leur pays. Elle célébrait aussi le centenaire de la Révolution Française. Le célèbre ingénieur Gustave Eiffel a donc proposé de créer une tour de fer de 300 mètres de haut pour prouver que la France avait des ingénieurs très habiles. Il savait qu'il allait réussir car il avait l'habitude d'utiliser des structures d'acier préfabriquées; c'est lui qui a fabriqué le premier pont métallique à Bordeaux et le fameux viaduc en fer de Gabarit dans le centre de la France. Il a aussi construit le piédestal de la Statue de la Liberté dans la baie de New York ainsi que les écluses du canal de Panama.

Beaucoup de Parisiens se sont plaints de son idée car ils pensaient que ce 'vulgaire amas de ferraille', 'ce suppositoire géant', allait tomber et écraser la foule pendant l'exposition. Heureusement on ne les a pas écoutés.

Au début on pensait que la Tour allait être démontée après l'exposition, mais les visiteurs étrangers continuaient à venir du monde entier pour voir de leurs propres yeux cette construction étonnante. Alors, peu à peu les Parisiens se sont sentis fiers de leur Tour et l'ont gardée.

Depuis, elle est repeinte tous les sept ans. Il faut 45 tonnes de peinture et vingt mille heures de travail! Grâce à sa hauteur, non seulement elle est très utile pour les mâts de

La Tour Eiffel   Free On Line Photos (http://patrick.verdier.free.fr)

Cent quarante-trois 143

PAS DE PROBLÈME

télécommunication, mais elle offre aussi des vues magnifiques sur Paris et sa région, très appréciées des visiteurs. Il y a aussi un bon restaurant au deuxième étage où on peut savourer des plats délicieux et admirer le panorama.

Gustave Eiffel n'est mort qu'en 1923, à l'âge de 91 ans, donc il a vu que son chef d'oeuvre est resté là où il l'a mis.

Et devinez ce qui a été le 'clou de la Fête' des célébrations du Millénaire de l'An 2000: des feux d'artifice géants installés sur la Tour se sont allumés les uns après les autres, de bas en haut, à toute vitesse, et ont ainsi donné l'impression que la 'Dame de Fer' était une fusée qui décollait vers le ciel! Une fois de plus 'La vieille Dame' a captivé le public.

Récapitulation

A. Put the verbs in brackets into the correct tense, perfect or imperfect.

1. Le liquide (contenir) des bulles de gaz qui (monter) petit à petit à la surface.
2. Je (savoir) que vous (vouloir) me parler, mais je (partir) en vacances car j'(avoir) besoin de repos.
3. Elle (rendre) ton dossier pendant que tu (parler) au téléphone.
4. Quand je (quitter) mon appartement, qui est près du campus, il (être) déjà 8h50.
5. Nous (passer) toujours une demi-heure ensemble au Resto avant de rentrer.
6. Quand il (chauffer) le liquide, il (comprendre) tout à coup que la forme du récipient (être) d'une importance primordiale.
7. Le choix du conjoint (devenir), dans la plupart des sociétés occidentales, un choix individuel.
8. Avant de tomber malade, est-ce que vous (avoir) déjà des problèmes respiratoires?
9. Nous (maintenir) une température de 1 à 5 degrés C dans la cave quand il (faire) très chaud à l'extérieur.
10. Notre association, qui lutte contre l'exclusion raciale en France, (organiser) une journée de manifestation le 13 mars au moment où le gouvernement (contempler) l'adoption de la nouvelle loi.

B. Choose the right verb for each gap and pick the appropriate tense.

Je _____ la grand'rue ce matin quand je _____ une vieille voiture bleue devant l'église (descendre/remarquer). C'_____ bizarre car l'église .... fermée il y a un an pour réparations (être/être). Je _____ de la voiture, et, par curiosité, je _____ à l'intérieur (regarder/s'approcher). Ce que je _____ sur le siège me _____ (voir/étonner). Il y _____ un sac en plastique bourré de billets de 100 euros qui _____ l'air tout neufs (avoir/avoir). Je _____ d'ouvrir la portière, mais elle _____ fermée à clef (être/essayer). Alors je _____ chercher mon vieil ami Jean-Paul, et je lui _____ la situation (aller/décrire). Il _____ me croire, mais il me _____ à l'église (ne pas vouloir/accompagner). Mais quelle déception! Arrivés à l'église nous _____ (ne rien trouver). Quand nous _____ les yeux, nous _____ cette même voiture qui _____ sur les chapeaux des roues (lever/partir/apercevoir).

Chapitre 8

C Translate into French, being careful to choose the correct verb for bringing and taking.

1. I took their friend to the station at 7.45pm.
2. Have you brought me any flowers?
3. I'd like to buy some takeaway food in town.
4. Will she be bringing her beautiful sister, Christine?
5. We haven't brought the documents but here is the sketch that we made.
6. You can take all the apples that you want.
7. I was talking to her but he took her away.
8. Why have you taken away the bread? I'm still hungry.
9. They always bring the children when they come.
10. He has brought us a bottle of apple brandy.

Suggested websites

Eiffel Tower:
www.tour.eiffel.fr

Driving safely:
www.securite-routiere.fr/

Le constat amiable:
www.netassurances.tm.fr/bibliotheque/CONSTAT.HTM

Perfect/imperfect tenses:
http://globegate.utm.edu/french/globegate_mirror/gramm.html

Chapitre 9

Menu

Describing events in the past (5)
Defending a position
Dealing with officials

Further strategies for describing the past
'En train de...' and 'Venir de...'
The pluperfect tense

Assignment: writing a statement describing an incident

Un coup d'oeil sur ...
Un mystère à Versailles

Nice. © Gail Mooney/Corbis

When reading long passages, do not aim to understand every word at first; seek to absorb the gist of it. It is useful, however, to mark the places where you have got 'bogged down' so that you can return to them later.
It is often helpful to underline the verbs, which are frequently the key to the sentences.

Rappel

QUI AND QUE

Remember that **qui** and **que** play vital roles in a sentence, (see chapter 7). If used indiscriminately the sense of a sentence can be radically altered.

> Le policier que le voleur a tué, a deux enfants.
> *The policeman that the thief killed has two children.*
> Le policier qui a tué le voleur, a deux enfants.
> *The policeman who killed the thief has two children.*

NEGATIVES

When making a phrase negative pay particular attention to the position of **ne ... pas, ne ... jamais** etc. (See chapters 1 and 3). The two parts usually go around the verb. When the verb is in a compound tense such as the perfect or pluperfect, this usually means that the negatives go around être or avoir.

> L'équipe n'a pas accepté de tourner le film en Espagne.
> *The crew didn't agree to making the film in Spain.*

Ne ... **que** and **ne** ... **personne** are usually exceptions to this rule, however, as the second part follows the past participle.

> Nous n'avons pris qu'un tout petit morceau du gâteau.
> *We only took a tiny piece of the cake.*

If you want to make an infinitive negative, both parts go before the verb.

> Il a décidé de ne plus revenir voir ses collègues.
> *He decided not to come back and see his colleagues any more.*

QUESTION WORDS

qui?	*who?*	que/qu'est-ce que ...?	*what ...?*
quand?	*when?*	quel ...?	*which/what ...?*
pourquoi?	*why?*	combien?	*how much/many?*
à quelle heure?	*at what time?*	comment?	*how?*
où?	*where?*	d'où?	*from where?*

EXPRESSIONS OF TIME

hier	*yesterday*	avant-hier	*the day before yesterday*
l'année dernière/passée	*last year*	la semaine passée/dernière	*last week*
ce matin	*this morning*	cet après-midi	*this afternoon*
ce soir	*this evening*	hier soir	*yesterday evening*
samedi matin	*saturday morning*	le lendemain	*the following day*

BAGS AND CONTAINERS

un sac à main	*a (hand) bag*	une valise	*a suitcase*
un sac-à-dos	*a back-pack*	une serviette	*a briefcase*
un porte-clés	*a key wallet*	un porte-monnaie	*a purse*
un porte-feuille	*a wallet*	un coffre-fort	*a safe*

PAS DE PROBLÈME

Attention! Nouveau!

- **En train de + infinitive**
  To be busy/in the process of doing something

  > Il est en train de réparer les voyants d'alarme
  > *He is busy repairing the warning lights*
  >
  > Hier on était toujours en train de calculer les pertes
  > *Yesterday the losses were still being assessed*

- **Venir de + infinitive**
  To have just done something

  > Je viens de trouver le violon que j'ai perdu il y a vingt ans
  > *I have just found the violin that I lost twenty years ago*
  >
  > Je venais d'être expulsé d'un autre squat
  > *I had just been thrown out of another squat*

- **The pluperfect**
  This tense is used to describe actions further back in the past than are expressed by the perfect tense. In English this is usually expressed as **'had done'**.

  It is formed in exactly the same way as the perfect tense except that the auxilliary verb, être or avoir, is used in the imperfect.

- **Imperfect of 'avoir' or 'être' + past participle**

  > Ils avaient compris, mais ils n'allaient pas le faire
  > *They had understood, but they weren't going to do it*
  >
  > Avant de vider le coffre-fort, elle était montée au premier étage
  > *Before emptying the safe, she had gone up to the first floor*

  Danger!
  Some words have a different meaning in French and in English. As you come across them, make a mental note that they are dangerous. Try to use them as much as possible as soon as you have learnt them. In this way they will assume their proper function, for example:

actuellement	*at present*
la matinée	*the morning*
le car	*the coach*

Écoutez: An bureau des objets trouvés

Deux employés au bureau des objets trouvés bavardent. Bruno a les pieds sur la table.

Employé 1: Tu veux savoir ce qui m'est arrivé ce matin? Je me suis bien marré!

Employé 2: Ah bon? Pourquoi? Ça fait un moment que je ne te vois pas rire, Bruno.

Employé 1: Comment? Ah, tu te moques de moi, hein?

Employé 2: Tu dois le reconnaître, mon vieux, tu ne rigoles pas beaucoup.

Employé 1: Hmm. Peut-être bien, mais j'ai mes raisons.

Employé 2: Oui, nous savons… Enfin, tu vas me raconter ton histoire ou non?

Employé 1: Eh bien, j'étais assis à la table en train de lire France Dimanche quand j'ai entendu une voix m'appeler.

Employé 2: C'était un client?

Nouveaux mots

se marrer
to have a laugh

une étagère
a shelf

rigoler
to laugh

un porte-documents
an attaché case

patienter
hold on /wait

en cuir
made of leather

rouspéter
moan /grumble

un vaurien
a good-for-nothing

faire passer l'envie de sourire à quelqu'un
to wipe the smile off someone's face

Employé 1 : Oui, bien sûr que c'était un client, idiot. Une jeune femme voulait savoir *si, par hasard, on avait trouvé son porte-documents. Et si on l'avait trouvé, est-ce qu'on l'avait déposé dans notre bureau?* (Il imite la voix de la jeune femme)

Employé 2 : Et tu l'avais? Il était sur les étagères?

Employé 1 : Que veux-tu? Il était presque midi et je n'avais pas mangé depuis le matin. Je lui ai dit que j'allais m'en occuper tout de suite, mais que les porte-documents, il y en avait des centaines. J'en avais pour une bonne heure. Elle a accepté de revenir plus tard.

Employé 2 : Et tu es retourné à ton journal, tu as sorti ton sandwich au pâté et tu n'as rien fait pour l'aider, c'est bien ça?

Employé 1 : Ben, oui! J'avais faim! On ne peut pas travailler sans manger de temps en temps! En tout cas quand elle est revenue vers deux heures, elle m'a demandé si je l'avais trouvé. Je ne l'avais pas encore cherché, donc je lui ai dit que je n'avais pas pu le trouver puisqu'elle ne m'en avait pas donné une description. Je voyais qu'elle commençait à se fâcher, mais je lui ai dit de patienter et finalement elle m'a décrit son sacré porte-documents. (Il imite de nouveau la femme). *Il est en cuir noir, assez grand avec les initiales J. R-G dessus.*

Employé 2 : Comment? R-G? Mais ça doit être la….

Employé 1 : Je m'en fiche. Je ne fais pas d'exceptions, moi.

Employé 2 : Et tu l'as trouvé, le porte-documents?

Employé 1 : Pas tout de suite. Je l'ai fait attendre un peu. Je n'aime pas trop les femmes qui rouspètent. Et j'avais raison. Quand je le lui ai donné elle m'a dit de m'attendre à recevoir une visite du chef et que j'étais *un vaurien qui ne méritait pas de travailler dans cette entreprise.* Tu te rends compte? Comme je me suis marré!

Employé 2 : Attention, Bruno! Voilà le chef qui arrive avec sa fille. Je crois qu'ils vont te faire passer l'envie de sourire. Bonsoir Monsieur Robbe-Grillet, Mademoiselle. Quel beau porte-documents, mademoiselle!

À votre tour

A Exercice de compréhension

Answer the following questions in English after listening to the taped dialogue.

1. According to the second speaker, what sort of person is Bruno?
2. Where was Bruno when he heard someone calling him?
3. What was he doing?
4. What did the young woman want?
5. What time of day was it?
6. Why did Bruno not help her?
7. What excuse did he give?
8. What time did she return?
9. What excuse did Bruno use this time?
10. Describe the object in question.
11. Did he go to find it this time?
12. What reason did he give?
13. What was the woman's reaction?
14. And Bruno's?
15. Why do you think Bruno's colleague sees trouble ahead?

PAS DE PROBLÈME

B Cherchez dans le texte du dialogue tous les verbes au plus-que-parfait (pluperfect). Décidez dans quelles circonstances on l'emploie.

C Jeu de rôle

Monsieur Robbe-Grillet demande à Bruno de s'expliquer. Un étudiant joue le rôle du directeur et l'autre joue le rôle de Bruno qui doit défendre ses actions. C'est à la classe de décider si Bruno va se trouver à la porte.

D Mettez les verbes entre parenthèses au plus-que-parfait et traduisez les phrases en anglais.

1 Elle a téléphoné au bureau car elle (perdre) sa serviette dans le train.
2 Nous (rentrer) depuis dix minutes quand le voleur s'est montré.
3 Avant d'arriver en France, ils (imaginer) que tout le monde mangeait très bien.
4 Les juges (se poser) la question avant de considérer ce cas.
5 Ce que je (apprendre) à la fac m'a été utile plus tard.
6 Je (se fâcher) au début, et j'étais toujours en colère à la fin de la discussion.

Lecture

Nouveaux mots

un étui *a case*
un chef d'oeuvre *a masterpiece*
un grenier *an attic*
un sans logis/un SDF *a homeless person*
fouiller *to rummage*
un chiffon *a rag*
stupéfait *stunned*
un propriétaire *an owner*
réclamer *to claim, to complain*
faire un froid de canard *to be perishing/cold*

Lisez les deux articles qui suivent et répondez aux questions.

Le SDF et le violon mystérieux

Caché sous le placard dans une maison abandonnée, un étui à violon portait l'inscription *Antonius Stradivarius Cremonesis Faciebat anno 1721*. Et à l'intérieur l'instrument semblait bien être l'un des chefs d'oeuvre du maître. C'est un SDF de 35 ans qui a fait cette découverte dans le grenier de cette petite villa qu'il squattait avec un autre sans logis.

'En fait, je venais d'être expulsé d'un autre squat. Comme il faisait un froid de canard, on a cherché un lieu tout proche. Cette vieille maison avait l'air abandonnée et on s'y est installés.

J'étais en train de fouiller un peu partout quand je suis tombé sur cet étui enveloppé dans des chiffons. Quand j'ai vu le nom de Stradivarius je suis resté stupéfait. Je l'ai tout de suite apporté à la mairie. Si dans un an et un jour le propriétaire ne l'a pas réclamé, il est à moi,' dit-il, comme un enfant qui attend le père Noël.

À votre tour

Répondez aux questions en français:

1 Qui a fait la découverte et où?
2 Qu'est-ce qu'il a découvert?
3 Est-ce qu'il était seul dans la maison?
4 Pourquoi est-ce qu'il a choisi de s'installer dans la petite villa?
5 Pourquoi peut-on dire que cet homme est honnête?
6 Pourquoi est-ce qu'on dit qu'il est 'comme un enfant qui attend le père Noël'?

Nouveaux mots

un fourgon de transport de fonds
a security van

une tirelire
a piggy-bank

blindé
armour-plated

une pièce usée
a worn part

la voie publique
the public highway

un veinard
a lucky devil

il manquait...
...was missing

Fourgon-tirelire à Montpellier

Les fourgons de transport de fonds sont blindés. Mais dans un certain véhicule, où une pièce était usée, les voyants d'alarme ne fonctionnaient plus. Ainsi, jeudi soir, à Montpellier, les portes arrière de ce véhicule se sont ouvertes et des millions d'euros sont tombés sur la voie publique. Les passants ont regardé, stupéfaits, mais les trois employés ne se sont pas aperçus de ce qui venait d'arriver.

Mais que faire de billets de 500 euros tout neufs trouvés dans la rue?

Vendredi matin, un couple a rapporté 50 000 euros au commissariat de police. Puis une étudiante est venue déposer 1 500 euros. Un automobiliste a rendu un nombre important de billets aussi. Et hier, sans doute à cause de l'importance donnée par les médias à cet incident, un autre 'veinard' a restitué 35 000 euros. Hier soir on était toujours en train de calculer les pertes, mais on estimait qu'il manquait 370 000 euros.

À vous d'écrire

Répondez aux questions en français.

1. Quelle était la cause de cet incident?
2. Pourquoi est-ce que les employés ne se sont pas aperçus de ce qui se passait?
3. Décrivez ce que les passants ont vu.
4. À votre avis, pourquoi est-ce que plusieurs personnes ont rapporté l'argent?
5. Est-ce que tout l'argent a été rapporté?

À vous de parler

Discutez les attitudes du SDF et des passants. Qu'en pensez-vous? Avez-vous jamais agi d'une façon que vous regrettez maintenant?

À vous d'écrire: 'Venir de and En train de'

Translate the following sentences into French using **venir de** (in the correct tense), and **en train de**.

1. She is busy looking for her passport.
2. I can't come now, I'm having a shower.
3. You are busy calculating my salary? But I received it yesterday!
4. We hit the other vehicle when we were crossing the crossroads.
5. There was a power cut (*une panne d'électricité*) when I was giving my presentation.
6. I have just called my friend, Sylvie.
7. The plane has just left Lyon.
8. They had just brought the money when the police arrived.
9. I didn't know what had just happened.
10. I had just packed my bags (*faire ses valises*) when I saw the time.

PAS DE PROBLÈME

Écoutez: Une enquête

1 Écoutez l'interview 'On n'est pas toujours sain et sauf chez soi!' et faites l'exercice qui suit.

Nouveaux mots

accorder	to grant	menacer	to threaten	tirer	to shoot
un rêve	a dream	hurler	to shout	se rendre compte	to realise
un cambrioleur	a burglar	haut les mains	Hands up!	surprendre	to surprise
les meubles	furniture	une balle	a bullet	s'apercevoir	to notice
saisir	to grab	bouger	to move	en sursaut	with a jolt
surveiller	to watch over	effrayant	scary		

On n'est pas toujours sain et sauf chez soi!: une histoire vraie

Interviewer: Chers auditeurs, je suis aujourd'hui avec Monsieur Paul Guerlain, directeur de la célèbre maison de parfum. Le monde entier sait que son ancêtre Pierre l'a créée en dix-huit cent vingt huit et connaît ses fameux parfums.
Bonjour M. Guerlain, merci de m'accorder cette interview. Vous venez de vivre des moments effrayants, n'est-ce pas? Qu'est-ce qui s'est passé?

P.Guerlain: En effet! Comme j'ai déjà expliqué aux policiers, j'ai été attaqué en pleine nuit. Cette attaque a eu lieu hier, donc le douze juin. J'étais en train de dormir tranquillement, en fait je faisais de beaux rêves, et je ne savais pas qu'il y avait des cambrioleurs chez moi.

Interviewer: Combien étaient-ils? Comment sont-ils entrés?

P.G.: Oh, il y en avait beaucoup … euh … une dizaine je crois. Oui, c'est ça. Je ne comprends pas comment ils ont fait pour pénétrer dans ma maison. Je pense qu'ils étaient bien organisés et ils se sont introduits silencieusement car ils ont surpris et neutralisé tous les membres de mon personnel.

Interviewer: Quand est-ce que vous vous êtes rendu compte de cette attaque?

P.G.: Je m'en suis aperçu seulement quand je me suis réveillé en sursaut parce que l'un d'eux a ouvert bruyamment ma porte. Les bandits, qui étaient armés jusqu'aux dents, ont poussé tout mon personnel dans ma chambre et m'ont menacé. Ils ont hurlé: 'haut les mains'! J'ai eu une peur bleue et suis vite sorti de mon lit, bien sûr.

Interviewer: Mais comme je le vois, ils vous ont blessé, n'est-ce pas?

P.G.: Ah! Les sales types! Je pensais qu'ils ne regardaient pas parce qu'ils fouillaient tous les meubles de la maison et vidaient mon coffre-fort. Je venais de saisir un pistolet d'alarme que j'avais sur ma table de nuit, mais l'un des hommes armés, en train de nous surveiller, s'est retourné et a tiré un coup de revolver. Une balle m'a traversé la jambe.

Interviewer: Ils ont blessé d'autres gens?

P.G.: Malheureusement oui, trois autres personnes. Après ça personne n'a bougé. Nous l'avons échappé belle, ils ne nous ont pas tués. Ils sont vite partis, les mains pleines.

Interviewer: Quelle histoire effrayante!

Chapitre 9

À votre tour

Choisissez la bonne réponse

1. La maison Guerlain a été créée
   - en 1925 ☐
   - en 1128 ☐
   - en 1828 ☐

2. Elle est célèbre pour
   - ses glaces ☐
   - ses parfums ☐

3. L'attaque sur Paul Guerlain s'est passée
   - le soir ☐
   - au milieu de la nuit ☐

4. Il était en train de dormir et rêver ☐
   Il dormait dans un train ☐

5. Il y avait 15 cambrioleurs ☐
   environ 10 cambrioleurs ☐

6. Ils sont entrés dans la maison par le côté nord ☐
   sans faire de bruit ☐

7. Le personnel les a surpris et neutralisés ☐
   Les gangsters ont surpris le personnel ☐

8. M. Guerlain n'a pas su tout de suite qu'ils étaient entrés ☐
   s'est caché dans sa chambre ☐

9. Le personnel a poussé les bandits dans la chambre ☐
   Les cambrioleurs ont forcé le personnel dans la chambre de leur patron ☐

10. M. Guerlain a pris un pistolet d'alarme ☐
    M. Guerlain a blessé un bandit à la jambe ☐

2 Écoutez le dialogue 'On m'a volé mon sac', avant de faire l'exercice.

Nouveaux mots					
attraper	to catch	rater	to miss/fail	un raccourci	a shortcut
arracher	to tear/pull off	taper	to hit	des sneakers	shoes/trainers
voir 36 chandelles	to see stars	tomber dans les pommes	to faint	par terre	on the ground
partout	eveywhere	se retourner	to turn round		
costaud	stout/heavily built	foncé	dark (for a colour)		

Écoutez: On m'a volé mon sac!

Interview entre un agent de police et une étudiante au commissariat de Nice. Elle vient d'être agressée.

L'agent: Maintenant que j'ai vos coordonnées Mademoiselle Leclercq, je vais écrire votre déposition. Qu'est-ce qui s'est passé exactement?

Étudiante: Bon, alors… J'étais sur la Promenade des Anglais. Je voulais attraper le bus pour rentrer à l'Université, alors je me dépêchais.

Cent cinquante-trois

PAS DE PROBLÈME

L'agent:	Vous avez remarqué que quelqu'un vous suivait?
Étudiante:	Je ne suis pas sûre. Il y avait des gens bien sûr. Je venais de quitter des copains. Ils sont restés au café Les Palmiers, en face de la mer, mais moi, je suis partie pour prendre mon bus place Masséna.
L'agent:	Où avez-vous quitté la Promenade?
Étudiante:	Euh… Je venais de traverser au passage pour piétons pas loin du café et… ah, oui. Maintenant que j'y pense, deux types qui étaient derrière moi ont traversé et ont couru devant moi.
L'agent:	Vous avez vu où ils sont allés?
Étudiante:	Euh….tout droit, je crois. Oh!... Vers le Jardin Albert 1er.
L'agent:	Quelle direction avez-vous prise?
Étudiante:	J'allais suivre la rue, mais je ne voulais pas rater mon bus alors j'ai pris un raccourci et j'ai traversé le Jardin.
L'agent:	Où avez-vous été attaquée?
Étudiante:	Juste après le tournant, près des bancs. Il faisait plus sombre là, et soudain j'ai senti quelqu'un derrière moi, je me suis retournée, il a mis sa main sur ma bouche et a voulu arracher mon sac. J'essayais de lui donner des coups de pied, j'avais une peur bleue, mais un autre est apparu, un grand type, et m'a tapée fort sur la tête. J'ai vu trente-six chandelles et je suis tombée dans les pommes. Quand j'ai rouvert les yeux je me suis retrouvée par terre. J'étais seule, j'avais mal partout.
L'agent:	Ils vous ont volé votre sac n'est-ce pas? Qu'est-ce qu'il y avait dedans?
Étudiante:	Mon portable, mon porte-feuille avec mes cartes de crédit, mon carnet d'adresses. Heureusement j'avais mon porte-monnaie dans ma poche avec mon porte-clés. Mais ils m'ont pris ma montre aussi.
L'agent:	Vous pouvez décrire ces hommes?
Étudiante:	C'est difficile. Il faisait nuit. Le premier était costaud, de taille moyenne, il était blond, je crois, et il portait un pull foncé et des sneakers. Le grand, euh, je n'ai pas eu le temps de bien le voir. Un brun, il me semble.

À votre tour

A Answer these questions in English

1. Where was the student going when she was attacked?
2. How had she spent the evening?
3. Where were her assailants when she first saw them?
4. Which route did she take?
5. Describe exactly where she was attacked.
6. Which one hit her?
7. What did they take?
8. What was safe in her pocket?
9. Describe the two assailants.

B Écoutez le dialogue encore une fois et cherchez les verbes qui manquent dans les phrases ci-dessous.

1. Qu'est-ce qui _' _ _ _ _ _ _ _ _ ?
2. Je _ _ _ _ _ _ _ attraper le bus, alors je me _ _ _ _ _ _ _ _ _.
3. Ils _ _ _ _ _ _ _ _ _ _ au café, mais moi, je _ _ _ _ _ _ _ _ _ _ pour prendre mon bus.
4. Deux types qui _ _ _ _ _ _ _ derrière moi _ _ _ _ _ _ _ _ _ _ _
5. Vous _ _ _ _ _ _ où ils _ _ _ _ _ _ _ _ _ ?
6. J'_ _ _ _ _ _ un raccourci et j'_ _ _ _ _ _ _ _ _ _ le jardin.
7. Où _ _ _ _ _ vous _ _ _ attaquée?
8. Il _ _ _ _ _ _ _ plus sombre; j'_ _ _ _ _ _ _ quelqu'un derrière moi.
9. Je me _ _ _ _ _ _ _ _ _ _ _ _ _ _, il _ _ _ sa main sur ma bouche.
10. J'_ _ _ _ _ _ _ de lui donner des coups de pied.
11. Un autre a apparu, il m'_ _ _ _ _ _ fort sur la tête.
12. Je _ _ _ _ _ _ _ _ _ _ _ dans les pommes.
13. Quand j'_ _ _ _ _ _ _ _ _ _ les yeux (…), j'_ _ _ _ _ seule, j'_ _ _ _ _ mal partout.
14. Qu'est-ce qu'_ _ _ _ _ _ _ _ dedans?
15. Il _ _ _ _ _ _ _ nuit.
16. Il _ _ _ _ _ _ _ un pull foncé.
17. Je n' _ _ pas _ _ le temps de le voir.

Jeu de rôle. Le jury au Tribunal de Nice

Vous assistez à une séance du Tribunal de Nice. A l'ordre du jour, l'agression de la jeune étudiante, Mlle Leclercq. Les personnes suivantes sont présentes:

Nouveaux mots

une séance	*a session*	l'ordre du jour	*the agenda*	l'audience	*the hearing*
un témoin	*a witness*	porter plainte	*to make a complaint*		
un vol	*a theft*	faire appel à	*to call upon*		
coupable	*guilty*	se tromper de	*to be mistaken about*		

- le Président du Tribunal (votre professeur?)
- la jeune étudiante, Mlle Leclercq
- un témoin, Mme Blondel
- l'accusé 1, M. Jules X
- l'agent de polic
- l'accusé 2, M. Mario Z

PAS DE PROBLÈME

Le reste du groupe joue le rôle du Jury et doit prendre des notes pendant l'audience, discuter de l'évidence et arriver à une décision à la fin.

Le Président du Tribunal:	Silence dans la salle! Nous sommes ici pour considérer le cas de Mlle Leclercq qui a porté plainte contre M. X et M.Z. Monsieur l'agent, veuillez nous lire votre constat.
L'agent de police:	Cela s'est passé le mardi 19 août à 23h15. Une jeune femme venait d'entrer dans le Jardin Albert 1er… (**à vous de continuer**)
Le Président:	Merci. M. Jules X et M. Mario Z sont donc accusés d'agression, de coups et blessures et de vol. Je désire maintenant entendre la déposition de la personne agressée, Mlle Leclercq.
Mlle Leclercq:	Alors, j'étais en train de traverser le Jardin Albert 1er quand… (**à vous de continuer**)
Le Président:	Vous pouvez décrire les agresseurs plus précisément?
Mlle Leclercq:	Le premier était… (**à vous de continuer**)
Le Président:	Merci. Je fais appel à un témoin de l'incident, Mme Blondel. Est-ce que vous pouvez nous dire ce que vous avez vu?
Mme Blondel:	Je rentrais chez moi par le Parc Albert. Il faisait sombre mais j'ai vu… (**à vous de continuer**)
Le Président:	Vous êtes sûre qu'il s'agit des deux individus présents, M. X et M. Z?
Mme Blondel:	Euh… (**à vous de continuer**)
Le Président:	(se tourne vers M. Jules X) Accusé X, est-ce que vous avez quelque chose à ajouter à ce que vous venez d'entendre?
Accusé X:	Je n'ai rien fait. Vous vous trompez… (**à vous de continuer**)
Le Président:	(se tourne vers M.Mario Z) Et vous, Accusé Z?
Accusé Z:	C'est comme Jules a dit, c'est pas nous. Moi, j'étais à Menton le mardi soir… (**à vous de continuer**)
Le Président:	(plus tard) Messieurs et Mesdames du Jury, à vous de décider: est-ce que les deux accusés sont les personnes qui ont agressé Mlle Leclercq?

Le reste du groupe, le Jury, discute et doit arriver à un verdict: coupable ou non coupable.

À votre tour

Lisez et écoutez l'article suivant. Servez-vous de votre dictionnaire, si vous voulez, pour bien le comprendre.

Sale coup de salauds

La 'Grande Soirée d'été' gâchée par des sales types!

Hier soir, la Cité Universitaire a été secouée non par un tremblement de terre mais plutôt un raz-de-marée, ou plus exactement une vague déferlante qui a envahi le rez-de-chaussée du Bloc H! Pourtant, il faisait beau… De quoi s'agit-il? D'une vague bien synchronisée de cambriolages.

La fête battait son plein dans la Grande Salle, les boissons coulaient à flots, la musique et les rires remplissaient l'air. Libérés de leurs examens les jeunes dansaient frénétiquement et faisaient trembler le sol sous leurs pieds, ou chantaient à tue-tête, le coeur léger, pendant que ça et là, dans un coin, des couples d'amoureux s'embrassaient.

Personne n'a remarqué les vipères sans coeur qui se sont introduites silencieusement dans le Bloc H qui est niché derrière un écran d'arbres. Tous les logements du rez-de-chaussée ont été attaqués et vidés de tout objet de valeur. Les bandits ont mis la main sur les télés, hi-fis, radios, jeux vidéo, C.Ds, magnétoscopes, bijoux, montres, stylos et même des vêtements. Puis ils ont filé à l'anglaise.

Tout ce qui valait la peine d'être pris a disparu. Mais comment avaient-ils réussi à entrer? Ils avaient forcé des serrures, découpé des vitres ou parfois avaient grimpé simplement par une fenêtre laissée entr'ouverte à cause de la chaleur.

Les malfaiteurs ont dû opérer rapidement et efficacement, car ils ont évité de se trouver face à face avec le gardien, Paul Dupont, qui fait sa tournée régulière. C'est lui qui a découvert l'étendue de ces crimes lorsque les cris d'une jeune fille, de retour à sa chambre, l'ont alerté. On a interrogé un grand nombre de personnes. L'enquête continue.

Au boulot

Vous êtes une des victimes de ces cambrioleurs. Vous devez écrire une déposition pour la police. Il faut y mettre:

- où vous étiez ce soir-là
- ce que vous faisiez
- ce qui se passait dans la Grande Salle
- à quelle heure vous avez quitté votre chambre
- à quelle heure vous êtes rentré
- ce que vous avez vu quand vous êtes rentré
- une description de ce qui a été volé

Pour s'amuser

Two members of the class are chosen as suspects for a murder case. They leave the room. The basic details of the case are then described both to those in and out of the room.

e.g. 'Votre professeur a été trouvée morte, assassinée, devant le distributeur de boissons cinq minutes avant le cours de français. Elle a un couteau dans le dos. C'est un collègue qui l'a trouvée.'

The suspects must then decide together upon their alibi, in great detail. They claim to have been together during the period when the murder took place. When they re-enter the room, one at a time, they will be interrogated separately by the class to determine if there are any discrepancies in their stories. If more than two are found, they are guilty!

Un coup d'oeil sur...

Un mystère à Versailles

Nouveaux mots

bizarre	*strange*
vaniteux	*vain*
dépenser	*to spend*
une somme	*a sum of money*
fou/folle	*mad/crazy*
se diriger	*to make one's way*
un parterre	*a flowerbed*

Je voudrais vous raconter une histoire vraie, une expérience très curieuse et bizarre, qui a eu lieu en 1901 dans les jardins du Palais de Versailles. Deux jeunes Anglaises, Miss Moberley et Miss Jourdan étaient en voyage et ont décidé de visiter le célèbre palais. Le guide leur a expliqué que le roi Louis XIV était très vaniteux. Il a commencé à construire ce magnifique château en 1661 parce qu'il voulait avoir 'le plus grand palais du monde'! Son pays était pauvre et son peuple avait faim, mais il a continué à dépenser des sommes folles pour créer son palais et ses fameux jardins. Il a même importé quatre millions de bulbes de Hollande. Après sa mort, son petit-fils Louis XV a construit dans le parc un joli petit bâtiment, appelé Le Petit Trianon, que le guide a conseillé aux touristes d'aller visiter.

Les jeunes Anglaises savaient que la reine Marie-Antoinette aimait beaucoup ce petit château, alors elles ont décidé d'aller y jeter un coup d'oeil après s'être promenées dans le parc près du palais. Elles se sont dirigées vers le Petit Trianon, niché derrière des arbres. En chemin elles ont remarqué un jardinier qui s'occupait d'un parterre multicolore et elles se sont souvenues de Louis XIV et ses fleurs.

PAS DE PROBLÈME

Nouveaux mots	
déguisé	*dressed up*
un éventail	*a fan*
une perruque	*a wig*
un collant	*tights/hose*
un spectacle	*a show*
assister	*to be present*
faire demi-tour	*to turn on their heels*
rattraper	*to catch up*
partager	*to share*

Elles venaient de tourner dans une allée quand elles ont eu la surprise de rencontrer un groupe de gens, évidemment déguisés, qui marchaient dans l'autre sens. Les belles dames avaient un éventail à la main et portaient une robe longue très élégante, ainsi qu'une perruque sur la tête. Les hommes étaient habillés aussi bizarrement et somptueusement, avec un collant aux jambes au lieu d'un pantalon.

– Tiens, le guide n'a pas dit qu'il y avait des spectacles en costume! Je voudrais bien y assister, a dit une des Anglaises.
– Quels beaux vêtements! a répondu son amie. Ou il y a peut-être un bal costumé? On peut sans doute louer des costumes. Je vais aller leur demander.

Les deux femmes ont fait demi-tour pour rattraper le groupe, mais quand elles sont arrivées au tournant il n'y avait personne dans l'allée! Elles se sont approchées du jardinier qui était toujours en train de travailler. Il les a regardées d'un air très étonné.

– Mesdemoiselles, je vous assure que pas une seule personne en costume n'est venue par ici. Etes-vous sûres que vous avez vu ces gens?

Les deux Anglaises ont bien compris qu'elles avaient fait une expérience extraordinaire. Elles avaient vécu au dix-huitième siècle pendant quelques minutes. Quand elles sont retournées en Angleterre elles ont publié un livre appelé 'Une Aventure' pour partager cet incident.

Si vous allez vous-même à Versailles un jour, vous allez peut-être pouvoir confirmer cette histoire ...

Les fontaines de Versailles   Free On Line Photos (http://patrick.verdier.free.fr)

Récapitulation

A Put the verbs in brackets into the correct tense, perfect or imperfect.

L'Affaire Dreyfus

En 1894 le gouvernement français (accuser) d'espionnage Alfred Dreyfus, officier de l'armée français. Il (passer) 5 ans sur l'Île du Diable avant d'être grâcié en 1899. Pourquoi est-ce que l'armée et le gouvernement (croire) que cet excellent officier, très patriote (être) un traître? Les services secrets français (arrêter) Dreyfus parce qu'ils (trouver) une lettre promettant d'envoyer des secrets militaires aux Allemands. Malheureusement pour lui, son écriture (ressembler) à celle de l'auteur de la lettre. Mais encore plus malheureusement, c'(être) une époque où il y (avoir) beaucoup d'antisémites dans l'armée, et Dreyfus (être) juif.

En 1886 le lieutenant Picquart (découvrir) qu'un autre officier, Esterhazy (être) coupable du crime. Mais l'armée ne (vouloir) rien entendre. Cependant la vérité de la situation (se faire) connaître, et le 13 janvier 1898 le célèbre écrivain Emile Zola (publier) sa fameuse *'Lettre au président de la République'* dans l'Aurore. Elle (commencer) par les mots 'J'ACCUSE …'. L'affaire (diviser) la France entière. On (parler) de Dreyfus dans le monde entier, mais l'armée (continuer) de refuser d'admettre son erreur. Finalement les militaires (imposer) une peine de dix ans de prison, mais le président de la République (grâcier) le pauvre Dreyfus. En 1906 (être) réintégré dans l'armée et il (recevoir) la Légion d'honneur!

B Put these sentences one step further back in time. You may need to use imperfect, perfect or pluperfect tenses, for example:

Je comprends qu'il a eu peur. ⇨ Je comprenais qu'il avait eu peur.

1. Le Président sait qu'elle a assisté à la séance le jeudi matin.
2. Nous avons discuté de l'évidence avant d'arriver à un verdict.
3. Le conducteur a porté plainte contre la police.
4. Parce que les policiers ont fini de lire le constat, le tribunal entend la déposition de la victime.
5. Le témoin dit qu'elle s'est trompée et qu'elle veut changer d'avis.
6. Une voiture rouge est en train de tourner, et son conducteur a signalé son intention, quand un camion essaie de la dépasser.

Chapitre 10

Menu

Personal and work relationships

Becoming familiar with idiomatic expressions

Games

No new grammar: revision and consolidation

Extended reading

Aspects of life in France: a Breton legend

Un coup d'oeil sur ... Le Futuroscope

Les Deux Magots, Paris. © Catherine Karnow/Corbis

> Here is another trick to help you remember vocabulary: relating a word to its English equivalent can sometimes be easier if you think of it by association, for example: donner (to give) is related to donor (someone who gives) or durer (to last) is related to duration (something that lasts a certain time).

Chapitre 10

Au café (lecture et révision)

Nouveaux mots

les trottoirs
the pavements

s'engouffrer *to rush into*

au fond de
at the back of

petit à petit
little by little

se mettre à l'aise
to make oneself comfortable

se faire draguer
to get chatted up

In **Attention! Nouveau!** of Chapter 2 we encountered reflexive verbs (e.g. **se lever**) and in Chapter 6 we learnt that these verbs take **être** in the perfect tense. This passage puts the two together. Remember also that if an action was taking place in the background, the imperfect tense is used, whereas if a specific action took place in the past, the perfect tense is used.

Au café

Tu te rappelles notre première rencontre? Souviens-toi de ce soir de décembre ...

Il faisait froid, les jours se raccourcissaient, le ciel se couvrait, les lumières s'allumaient, les piétons se pressaient sur les trottoirs, les cafés se remplissaient sur les boulevards. Je me dépêchais.

Enfin je me suis engouffrée dans le café. Ah! voilà les copains au fond de la salle. Ils se sont levés, on s'est salué, on s'est embrassé, puis on s'est tous assis. On a discuté, on s'est bien amusé.

Petit à petit les copains se sont décidés à partir; je suis restée la dernière. Je me suis mise à l'aise, je me suis enfoncée dans la chaleur du café. Je me suis plongée dans la lecture du journal mais je ne pouvais pas me concentrer.

Tu t'es assis à une table voisine, tu t'es penché vers moi, tu t'es amusé de ma distraction. Puis tu t'es arrêté, tu t'es levé. Peut-être que je me suis trompée, tu ne t'intéressais pas à moi. Mais non, tu te tenais debout devant moi. Je me suis surprise à penser: 'Je ne vais quand même pas me faire draguer? Pourquoi je ne me fâche pas?' Rien à faire.

Nous nous sommes regardés. Nous nous sommes souris. Nous nous sommes rassis, cette fois à ma table. C'était le début d'une longue histoire ...

À votre tour

1

When you read the text, note that you can often translate the reflexive verbs without having to use the expression 'oneself' or 'each other'. The English often use the verb 'to get', for example *the days are getting shorter, the sky is getting darker*.

2

Make a list of all the reflexive verbs in the text and find the infinitive (the 'to' form, e.g. to remember) in the dictionary, making a note of their meaning, e.g.:

se rappeler *to recall*   se souvenir *to remember*

Lecture

Une révolte

In Chapter 2 we encountered most of the parts of the body. This tale uses these words in a different context.

Jacques se prépare à dormir. Il ne sait pas qu'un drame va se dérouler littéralement sous son nez. Il se lave et se brosse les dents, puis se déshabille et s'allonge sur son lit; il se sent épuisé. Il a sommeil, ses yeux se ferment, il s'endort... Alors il n'entend pas cette conversation:

Cent soixante et un

PAS DE PROBLÈME

- ☹ Aïe Aïe! Nous avons mal, très mal. Nous marchons des kilomètres, sans récompense. Et ces chaussures sont si serrées et sentent mauvais! Quelle vie!
- ☹ Nous aussi, nous nous sentons fatiguées, *répondent les jambes*, nous devons travailler dur: il faut supporter ce poids sans récompense! Quelle vie!
- ☹ Vous vous plaignez? Et nous alors? Vous ne vous apercevez pas que nous, les mains, nous faisons tout le travail, tout le temps. Nous ne pouvons pas nous reposer!
- ☹ Moi, je travaille dur aussi, vous savez! D'habitude je ne me plains pas mais je me rends compte que je suis l'esclave des mains! Plusieurs fois par jour il faut accepter une quantité de choses variées: je me fatigue, je dois croquer, mâcher, avaler... Je dois faire attention: mes dents ne doivent pas mordre ma langue! En plus, des liquides froids ou chauds entrent soudain... Si je me trompe tout ça va dans la mauvaise ouverture, la gorge s'étrangle, et s'étouffe! Quel cauchemar!
- ☹ Moi je ne peux pas me plaindre, parce que je ne me déplace pas, *murmure le nez*. A mon avis, vous travaillez tous beaucoup, mais vous ne vous apercevez pas qu'il y a un gros paresseux caché ici. Il ne fait rien! Il se repose. Vous, les jambes et les pieds vous vous déplacez pour chercher quelque chose à manger; et vous, les bras et les mains, vous devez préparer et mettre ces choses dans la pauvre bouche. Elle aussi, doit travailler dur... Pourquoi? Parce que l'estomac, ce gourmand paresseux se fâche s'il a faim!
- ☹ Et quelquefois, s'il n'aime pas les choses que j'avale, il ose vomir et tout cracher! Ça sent mauvais, *se plaint la bouche*.
- ☹ Il a raison! C'est vrai! C'est une honte, *se disent les autres*.
- ☹ C'est simple, *continue le nez*, il ne faut pas accepter cette situation! Si vous faites la grève, il va s'apercevoir que son attitude est intolérable!
- ☹ Mais il va se fâcher, il va se plaindre, *s'inquiète la bouche*.
- ☹ Et alors? Vous allez rester ses esclaves? Il ne fatigue pas, il se cache dans l'obscurité et attend que tous les autres se dépêchent! Il peut se plaindre: ne vous inquiétez pas! Il ne peut rien faire. Il est seul contre vous tous!
- ☹ C'est d'accord, vous autres? Nous ne nous inquiétons pas si l'estomac se plaint!
- ☹ Nous sommes d'accord, *répondent tous les autres*.
- ☹ Nous n'allons pas nous déplacer, *s'exclament les pieds*.
- ☹ C'est fini! Nous n'allons pas nous dépêcher et nous fatiguer, nous ne faisons rien maintenant, *crient les mains*.
- ☹ Je ne me fatigue pas, je ne m'ouvre pas! Je vais rester fermée, *annonce la bouche*. Oui, comme ça, il va s'apercevoir que nous n'avons pas besoin d'un estomac!

Et ils se félicitent tous de leur décision. Le matin, Jacques se réveille. Il ne se sent pas bien, en fait il se sent mal. Il veut se lever mais il ne peut pas se déplacer. Il se demande pourquoi. Il s'affole. Il ne sait pas la vérité!

Nouveaux mots

se dérouler	to unfold	mâcher	to chew	cracher	to spit
s'allonger	to lie down	avaler	to swallow	c'est une honte	it is a disgrace
épuisé	worn out	mordre	to bite	faire la grève	to go on strike
serré(e/s)	tight	la langue	the tongue	s'inquiéter	to worry
se plaindre	to complain	s'étrangler	to choke	seul	alone
s'apercevoir	to notice	s'étouffer	to suffocate	s'exclamer	to exclaim
se reposer	to rest	un cauchemar	a nightmare	crier	to shout
se rendre compte	to realize	se déplacer	to move	féliciter	to congratulate
un esclave	a slave	paresseux	lazy	en fait	in fact
croquer	to crunch	l'estomac	the stomach	se demander	to wonder
		oser	to dare	s'affoler	to panic

À votre tour

1 À vous de parler

Read **Une révolte**, then discuss it in French in your group and with your tutor: it is possible to see a parallel between the attitude of the parts of the body and that of a dissatisfied workforce. Try to give examples of similar situations and attitude problems in a firm, shop or other organisation.

2 À vous d'écrire

Using your own vocabulary, as well as the dictionary and the words listed below, devise a scene similar to that given in **Une révolte**, taking place in a factory or a large store (or elsewhere if you wish): the workers are disgruntled because they assume the boss does not pull his weight.

3 À vous de parler

Having written out in full or in note form a scene of confrontation between workers and the boss, act out the scene as a group, giving parts to the boss, those who support a strike and those who do not. Below is some vocabulary to help you.

Vocabulaire utile

une société	a firm	le salaire	the salary
une firme	a firm	la production	the production
une usine	a factory	la matière première	the raw material
un/e ouvrier/ère	a worker	les ventes	the sales
un cadre	an executive	les achats	the purchases
le patron	the boss	les coûts	the costs
un/e employé(e)	an employee	vendre	to sell
la marchandise	the goods	s'occuper de	to deal with
la concurrence	the competition	gagner	to earn/to win
la gestion	business management	fonctionner	to function/to run
le succès	the success	fabriquer	to manufacture
un fournisseur	a supplier	s'enrichir	to become rich
le budget	the budget		

Pour s'amuser

LES SIGLES

Acronyms have become part of life in France as elsewhere. Some are so common that they have slipped into common parlance. Guess what the acronyms below mean: only one definition is correct. You could play this as a game in the style of 'Call my bluff': three people try to make their definition sound as convincing as possible, the rest of the group identifies the correct answer.

PAS DE PROBLÈME

Voici quelques définitions: laquelle est correcte?

1 Un SDF est
   - a un Service des Douanes Françaises
   - b un Sans Domicile Fixe
   - c un Signal à Définition Faible (à la radio)

2 Le DEUG est
   - a le Diplome d'Etudes Universitaires Générales
   - b le Deuxième Elément Universel de Géométrie
   - c le Diplôme Elémentaire de l'Union des Garagistes

3 Le CROUS est
   - a le Centre Régional des Organes Utilisés en Science
   - b le Comité Régional Officiel des Utilités Sportives
   - c le Centre Régional des Oeuvres Universitaires et Scolaires

4 Le SMIC est
   - a le Salaire Moyen Imposable au Contribuable
   - b la Subvention Minimale aux Indigents Certifiés
   - c le Salaire Minimum Interprofessionnel de Croissance

5 La FNAC est
   - a la Fondation Nationale des Anciens Combattants
   - b la Fédération Nationale des Achats des Cadres
   - c le Fond National des Amis de la Charité

6 La VPC (vépécé) est
   - a une Voiture Personnelle à Catalyseur
   - b une Vitesse Prudente Conseillée
   - c la Vente par Correspondance

7 Un RMIste (érémiste) est
   - a une personne à Revenu Moyen Individuel
   - b une personne à la Retraite Minimum Indexée
   - c une personne à Revenu Minimum d'Insertion

En voici quelques autres: peut-être les connaissez-vous ou cherchez dans le dictionnaire.

CQFD   une BP   le PMU   l'OMS   les DOM-TOM
un HLM   le SAMU   un CRS

Quelques dates

Quelles sont les dates des événements suivants? Cherchez dans une encyclopédie en cas de doute.

- La prise de la Bastille pendant la Révolution
- Le jour de l'Armistice à la fin de la Première Guerre Mondiale
- La chute du Mur de Berlin
- Le premier homme sur la lune
- L'introduction de l'euro dans 12 pays de l'Union Européenne

Ces objets si familiers

Quand ont été inventés ou introduits ces objets de la vie de tous les jours? Cherchez dans une encyclopédie et mettez dans la bonne séquence. Donnez la date de l'invention et le nom de l'inventeur si possible.

A La radio
B La photo
C Le téléphone
D Le téléphone portable
E Le stylo
F La pile
G La fermeture-éclair
H Le vélo
I Le CD
J Le frigo
K La machine à écrire
L La télévision

La météo du dirlo ...

... ou les prévisions météorologiques du directeur *(the director's weather forecast)*.

En français familier beaucoup de mots sont raccourcis *(shortened)* en o ou changés en o. En voici quelques-uns, trouvez la forme classique.

- Espèce de facho!/de prolo!/d'intello!
- On a regardé des diapos en géo.
- Un écolo, ça va pas chez MacDo, ça mange bio.
- Au labo, on gelait comme dans un frigo.
- Folklo et porno: cherchez le sens dans le dico.
- La routine: métro, boulot, dodo.

Et pour les petits:

- Au dodo, ton bobo va aller mieux demain.

Un dessin

This game is to test your powers of communication in French.

Work orally, in pairs. One partner draws a simple line drawing on a scrap of paper, making sure he/she hides it from the other partner (the drawing can be abstract; in fact it works better because it avoids saying things like 'draw a tree'). He/she then instructs his/her partner, step by step. The aim is for the second partner to reproduce the drawing as closely as possible. When it is finished, compare the drawings and swap roles with a new drawing.

Here are some words to help with your instructions:

dessiner	*to draw*	effacer	*to rub out*
un trait, une ligne	*a line*	un point	*a point*
un cercle	*a circle*	un demi-cercle	*a half-circle*
un triangle	*a triangle*	un carré	*a square*
en haut	*at the top*	en bas	*at the bottom*
au milieu	*in the middle*	à travers	*through, across*
de haut en bas	*from top to bottom*		
courbe	*curved*	droit	*straight*
pointu	*pointed*	ondulé	*wiggly, curvy*

PAS DE PROBLÈME

Paf!

French and English noises are not always transcribed in the same way. Join the equivalents:

Areu, areu	Woof-woof
Bof ...	Atishoo!
Boum!	Tweet-tweet
Plouf!	Wham!
Miam-miam	Goo-goo
Atchoum!	Cockadoodledoo
Vlan!	Splash!
Cui-cui	Bang!
Ouah-ouah	Yum, yum
Cocorico	OK, not so good, couldn't care less *(shrug)*

Les idiomes
Lecture/Travail de dictionnaire

1 BLUE FILMS AREN'T THE SAME IN FRANCE!

Use a good French dictionary to help you choose the appropriate colours from the list below to complete this story. Be careful! French often uses different colours from the English to express ideas e.g.: **une peur bleue** could be translated as *white with fear*.

blanc (4 fois), **noir** (2 fois), **rose** (2 fois), **bleu** (2 fois), **jaune**, **vert**.
(Don't forget to make the appropriate agreements).

Mardi, je me suis disputé avec mon chef de bureau et, quand je suis rentré, j'étais _____ de rage. J'étais très fatigué, mais je n'ai pas pu m'endormir. Alors j'ai essayé de me distraire avec une série _____ et une bouteille de vin rouge. Après quelques heures j'étais toujours aussi éveillé alors j'ai décidé de m'amuser à regarder un film _____. Tout à coup, ma femme est entrée dans la pièce. J'ai eu une peur _____, et quand elle a compris à quoi je m'amusais, elle a ri _____ et elle m'a fait un bel oeil au beurre _____. Elle m'a adressé une _____ réprimande et elle est retournée au lit. Me voilà couvert de _____! J'ai passé une nuit _____ Ma vie n'est pas bien _____. Mais si on se dispute, ce n'est pas toujours de ma faute. C'est bonnet _____ et _____ bonnet.

Chapitre 10

2 LES DIFFÉRENTS COUPS: LE JOURNAL DE GENEVIÈVE

In French, there are many different expressions using the word **coup** *(a blow, a stroke)*. But it is often translated otherwise, depending on context. Read this extract from a diary which could have been written in 1943, during the period of German occupation of France in WWII. With the help of a good dictionary, note all the expressions with **coup** (there are 20).

le 11 juillet 1943

En voilà un coup de chance. Cela s'est passé il y a deux jours: j'étais en train de donner un coup de main à la ferme de mon voisin Léon. Nous travaillions dans les champs et j'ai attrapé un coup de soleil. Tout à coup, nous avons entendu trois coups de feu. Coup sur coup. Puis une motocyclette est passée en coup de vent sur la route de Mézières.

Nous sommes allés regarder dans les champs derrière la grange. Nous y avons trouvé un parachute et, caché un peu plus loin, un Anglais blessé à la jambe. Les coups de feu, c'était le type à la motocyclette qui les avait tirés, un type de la Milice.

'Tenez le coup, ça va s'arranger', je lui ai dit. Il fallait l'emmener tout de suite, la Milice allait revenir à coup sûr. Je suis restée avec l'Anglais pendant que Léon passait un coup de fil aux autres. Il est revenu: il avait trouvé quelqu'un qui pouvait le cacher en ville.

Nous avons mis l'Anglais dans la camionnette de Léon. Pour faire d'une pierre deux coups, nous avons caché le blessé derrière des cageots de légumes qu'il fallait livrer en ville.

En ville, je me suis occupée de l'Anglais. A coup de sourires, de gestes et d'un mélange d'anglais et de français, on s'est compris. Qu'il était jeune et beau! C'était le coup de foudre. La situation actuelle était dangereuse mais ça en valait le coup. Je l'ai laissé se reposer.

Léon était allé au café. Je l'ai rejoint. 'Viens boire un coup, un coup de blanc ça fait du bien'. C'est vrai qu'après coup, j'avais le coup de pompe. Puis on a discuté: que faire de l'Anglais? Le copain de Léon, on ne pouvait quand même pas le mettre en danger parce qu'il nous donnait un coup de pouce. Si on l'arrête, c'est le coup de grâce pour notre réseau.

On va devoir trouver quelque chose. Mais en attendant j'ai mon Anglais. Il s'appelle Bill.

3 ANIMAL LINKED IDIOMS

You may hear French people call someone 'mon petit lapin *(rabbit)*, mon petit loup *(wolf)*, ma biche *(doe)*, ma chatte *(she cat)*'. These are terms of endearment!

Try to guess which French idiom would relate to this English description:

something suspicious going on – to come back to the subject – high fever – land/*terra firma* – hotel burglar – bell-bottom trousers – naïve girl – sit legs apart – tickle in the throat – very cold weather – who steals a pin could steal a pound – rotten weather – dusk – very hungry – stubborn – telling off someone – get the truth out of someone – to feel in one's element, at ease – pigs might fly! – to change subject abruptly – a cop/policeman – vulgar man – great/smashing – a wet/ drip (person) – to play leapfrog – to feel free to do anything when no one is looking – to feel tingling in arms or legs.

Nouveaux mots

la grange — the barn
tirer — to shoot

la Milice — the Militia (set up by the collaborationist Vichy government)
la camionnette — the van
un cageot — a crate or box

le réseau — the network
en attendant — meanwhile

Cent soixante-sept 167

PAS DE PROBLÈME

health	une fièvre de cheval
	un chat dans la gorge
	avoir des fourmis *(ants)*
weather/time	un froid de canard *(duck)*
	un temps de chien
	entre chien et loup
behaviour	il y a (une) anguille *(eel)* sous roche
	secouer *(shake)* les puces *(fleas)* à quelqu'un
	qui vole un oeuf, vole un boeuf
	tirer les vers *(worms)* du nez à quelqu'un
	passer du coq à l'âne *(donkey)*
	être comme un poisson dans l'eau
insults	têtu comme une mule
	les poules auront des dents
	quand le chat est parti, les souris dansent
	un ours *(bear)* mal léché
	une oie *(goose)* blanche
	myope comme une taupe *(mole)*
	poule mouillée *(wet)*
jobs/activities	un poulet
	une souris d'hôtel
	revenir à ses moutons
	jouer à saute-mouton
descriptions	s'asseoir à cheval
	avoir une faim de loup
	être chouette *(owl)*
	des pattes d'éléphant
	le plancher des vaches *(cows)*

Chapitre 10

Écoutez: Une querelle

A) Listen to the story below. Can you remember or guess the meaning of the idioms?

Assis à cheval sur le rebord de la fenêtre, les jumelles aux yeux, Philippe murmure:
- Ça fait une demi-heure que je suis là sans bouger … *J'ai des fourmis* dans les jambes! Qu'est-ce qu'ils font …?

Sa copine, Françoise entre en trombe *(like a whirlwind)* en criant:
- Tu es prêt? … Oh mon Dieu, ferme la fenêtre *mon petit lapin*! Il fait *un froid de canard*! Il a fait *un temps de chien*! Tu avais une toux ce matin … Tu vas être malade, *mon petit loup*! Tu vas avoir *une fièvre de cheval* …!
- Mais non, *ma biche*, ne t'inquiète pas! Je n'ai pas de toux … J'ai seulement *un chat dans la gorge*! Et il ne pleut plus maintenant.
- Oh la la! Tu es *têtu comme une mule*! Pourquoi est-ce que tu n'es pas prêt? Mais qu'est-ce que tu regardes? Les jolies filles, je suppose?
- Mais non! C'est parce qu'il y a des jeunes qui ont l'air louche *(dubious)* … Ça fait longtemps qu'ils tournent autour du parking de l'hôtel là-bas … Il y en a deux qui ont eu l'air de s'intéresser aux fenêtres du rez-de-chaussée. Moi je pense qu'il y a *anguille sous roche*.
- Oh? Tu crois que ce sont *des souris d'hôtel?* … Téléphone à l'hôtel ou aux *poulets*! Mais comment peux-tu voir clair? Il fait *entre chien et loup*!
- Bof, ça va, il y a des réverbères. Je veux pas risquer de me faire *secouer les puces* par *les poulets* si j'appelle trop tôt … Si je vois ces types commettre un crime, ou si c'est des cambrioleurs, la police va leur *tirer les vers du nez* et attraper tout le gang. Sinon, ils vont s'échapper! Bien sûr … c'est peut-être des gosses qui jouent à *saute-mouton* ou qui espèrent faucher *(to pinch)* des fleurs. Eh bien c'est un crime ça! Souviens-toi: qui vole un oeuf, vole un boeuf!
- Bon, bon … *Revenons à nos moutons*! On doit sortir ce soir. Regarde, j'ai mis mon pantalon à *pattes d'éléphant,* il te plaît, non? Celui que tu m'as offert!
- Moi je parle de quelque chose de sérieux, de crime … et toi, tu *passes du coq à l'âne*! C'est ridicule!
- Alors tu te crois Sherlock Holmes? Tu adores les films policiers alors tu es *comme un poisson dans l'eau* … Toi, résoudre un crime? Ha, Ha! Quand *les poules auront des dents*! Eh bien moi *j'ai une faim de loup*, je n'attends plus! Je vais au nouveau resto du port, près du Club Nautique! On m'a dit qu'il est *chouette*! Et les serveurs sont italiens … Mmm …
- Oh, fiche-moi la paix, tu vois bien que je suis occupé … Va-t-en! J'en ai marre!
- Oh la la! Quel *ours mal léché*! Ne t'inquiète pas! Je m'en vais! En fait, je vais essayer de me faire inviter sur un yacht pour l'apéritif … Il y a des beaux gars … Quand *le chat est parti, les souris dansent* …
- Te faire inviter? Tu *es une oie blanche* ma petite, tu crois au Père Noël? Et puis, tu es *myope comme une taupe*! De toute façon, ça m'est complètement égal! Moi, je n'aime pas la mer, je préfère *le plancher des vaches*!
- Tu es *une poule mouillée* Philippe! Ha Ha Ha!

Et elle claque la porte en sortant.

B) Role-play

Take a part with a partner after a practice reading together, try to enact either some parts of this story or make up a discussion/argument between two people (you'll need to think of a theme).

Cent soixante-neuf

Aspects de la vie en France: une légende bretonne

Des coiffes bretonnes
© *Martin Schulte-Kellinghau*

Lisez ce passage sur la Bretagne. Ne perdez pas courage si vous ne comprenez pas tout.

Dans la vieille légende racontée par Marie, le Roi Gradlon a une fille qui adore un jeune homme. Elle ne sait pas que c'est le diable (*the devil*). Elle lui donne les clés des écluses (*lock gates*) qui protègent la ville. Il ouvre les portes des écluses et la mer inonde la cité d'Ys. Gradlon ne peut pas sauver sa fille.

Il y a quelques années, mon mari Henry, les deux enfants et moi, Françoise, nous avons passé quinze mois merveilleux en Bretagne, à Brest. Henry a eu la possibilité de participer à un projet de génie productique à l'Université, tandis que moi, j'ai eu l'occasion de poursuivre ma passion pour la vie folklorique des peuples celtes. (Mon père est irlandais et ma mère française).

J'ai fait la connaissance d'une voisine, Marie. Cette vieille dame bretonne m'a montré son costume du dimanche d'autrefois et elle a même mis sa coiffe. Elle porte toujours ce bonnet en dentelle le dimanche lorsqu'elle va à l'église. Marie connaît plein de légendes du pays, et un jour elle a raconté l'histoire de la ville d'Ys, qui est parmi les plus intéressantes.

'Gradlon, roi bon et juste de la cité d'Ys qui est située dans la baie de Douarnenez, a vu sa fille Dahut descendre dans la débauche. L'un de ses nombreux amants a demandé à Dahut de voler à son père les clés d'or des écluses, seule protection de la cité contre la mer. Elle a pris les clés et a offert ce cadeau terrible à son amant qui a révélé sa véritable identité: nulle autre que le diable! Le diable a ouvert les écluses et les eaux ont commencé à entrer dans la cité. Gradlon a voulu sauver Dahut de la montée des eaux. Il a pris sa fille sur son cheval, Morvarc'h, et ils ont essayé de regagner la grande terre. Mais le poids de la princesse a rendu la tâche impossible. 'Gradlon, jette à l'eau la sale bête qui s'accroche à toi' a dit Morvarc'h.

Pour échapper aux vagues puissantes Gradlon a dû la sacrifier. Impuissant et abattu il a assisté à la destruction d'Ys et de ses habitants.

'On dit, Françoise', m'a raconté Marie, 'que l'on entend toujours les cloches de l'église d'Ys quand une tempête s'approche.' Le compositeur français Claude Debussy s'est inspiré de cette légende quand il a écrit son prélude pour piano *La cathédrale engloutie*.

Il y a tant de légendes, de personnages et d'endroits bretons à connaître. La Bretagne est un pays de merveilles et de mystère, et je vous la recommande de tout mon coeur. En tout cas, c'est certain que moi, je vais retourner en Bretagne un jour.

À votre tour

1. Où est-ce que le mari de Françoise a travaillé pendant 15 mois?
2. Quand est-ce qu'ils ont déménagé en France avec leur famille?
3. Et Françoise, comment a-t-elle passé son temps en France?
4. Qui a mis sa coiffe pour la montrer à Françoise?
5. Combien de fois par semaine est-ce qu'elle va à l'église?
6. Marie a raconté quelle histoire à Françoise?
7. Françoise, qu'est-ce qu'elle a pensé de cette histoire?
8. Pourquoi les eaux ont-elles envahi la cité d'Ys?

Un coup d'oeil sur ...

Le Futuroscope

Nouveaux mots

un cristal de roche *a rock cristal/quartz*
étincellant *sparkling*
OVNI (objet volant non identifié) *UFO*
entendre parler de *to hear of*
un écran *a screen*
hisser *to hoist up*
un treuil *a winch*
en plein air *in the open*
un aviateur *an airman*
quoi d'autre *what else*
tapis *carpet*
le seul *the only*
ce genre *that kind/type*
une vitre *a glass pane*
un chef d'oeuvre *a masterpiece*
légèreté *lightness*
s'envoler *to fly off*
ailleurs *elsewhere*
un rideau *a curtain*
couler *to flow*
un tuyau *a hose/pipe*
un siège *a seat*
bouger *to move*
des feux d'artifice *fire works*
avoir du succès *to be successful*

Vous êtes à Poitiers. Soudain, vous vous trouvez en face d'un cristal de roche géant, étincellant sous la lumière du soleil! Qu'est-ce que c'est? Un *O.V.N.I.?* Non. C'est l'extérieur du *Kinémax*, l'un des 20 auditoriums spéciaux du Parc Européen de l'Image Kinétique. Vous en avez entendu parler?

Il a été construit en 1987. À l'intérieur: le premier écran géant Imax en France... Cet écran de la taille d'un bâtiment de sept étages, est hissé grâce à des treuils hydrauliques, à la fin d'un spectacle, pour former une porte de sortie pour les 420 spectateurs, qui sortent sur une terrasse en plein air, avec vue sur les lacs du parc.

Plus loin, la sphère de *l'Omnimax* contient un cinéma avec un écran gigantesque hémisphérique qui forme une arche au-dessus de la tête des spectateurs!

Et dans l'*Imax 3D* construit en 1996, on a présenté le premier film de fiction créé pour être vu à travers des lunettes à 3 dimensions: 'Les ailes du courage', l'histoire de pionniers héroïques: les aviateurs qui ont traversé les Andes (en Amérique du Sud) dans les années vingt.

Quoi d'autre? Le *Tapis Magique*, le seul cinéma au monde de ce genre: les spectateurs ont l'impression de voler car ils ont un écran placé devant eux et un autre écran placé *sous* eux ... qu'ils regardent à travers des vitres de verre par terre.

Un autre chef d'oeuvre d'illusion et de légèreté est *le Pavillon*: une salle d'exposition en forme de prisme en verre (qui a l'air plat mais en fait est concave) surmonté d'une sphère blanche qui a l'air prête à s'envoler.

Ailleurs, une façade couverte d'un rideau d'eau de 16m de haut et 42 m de large qui coule de 720 tuyaux devant un panneau de verre plat. À l'intérieur, un auditorium avec 850 écrans vidéos ... Il y a aussi un simulateur géant avec des sièges contrôlés par ordinateur, qui bougent en même temps qu'un film pour donner l'impression physique de mouvement. Il ne faut pas avoir le mal de mer ou de l'air!

Partout, mouvement et illusions: des simulateurs géants, des jets d'eau, des feux d'artifices, des spectacles au laser et des films projetés sur un écran d'eau ...

Le Futuroscope? Il a un succès gigantesque. Depuis son ouverture en 1987, il reçoit plusieurs millions de visiteurs par an. Vous ne l'avez pas encore visité? Qu'est-ce que vous attendez? Allez-y vite!

Chapitre 11

Menu

- The French way of life and French customs
- Describing what will happen
- Talking about future plans, dreams, inventions
- Aspects of French higher education (Grandes Écoles, etc.)

- The future and future perfect tenses
- The present participle with 'en'

- Assignment: writing a letter organising a sponsored trip to France

---

- Un coup d'oeil sur ... Toute la France

Le plaisir de la voile. © *Comité Régional de Tourisme de Bretagne*

Rappel

Look up or revise words you could use to talk about your future plans or your dreams: jobs, careers, travel, activities, sports, places etc.

Revise useful **link words** such as:

parce que/car	*because*	malgré/en dépit de	*in spite of*
grâce à	*thanks to*	au cours de/pendant	*during*
en attendant	*meanwhile*	aussitôt que	*as soon as*

Revise negatives

ne ... plus	*no longer*	ne ... jamais	*never*	ne ... guère/à peine	*hardly*
ne ... rien	*not anything/nothing*			ne ... personne	*not anybody/nobody*

Remember the constructions used when two actions are done by the same person(s):

Before (doing): avant de + verb in the infinitive form
Before travelling round the world (before I travel round the world), I'll sell my car.
Avant de faire le tour du monde, je vendrai ma voiture.

After (doing): après avoir/après être + past participle of verb
(être is used in the perfect tense, with 'hospital'/movement verbs and reflexive verbs)
After visiting Japan, we shall go to Australia.
Après avoir visité le Japon, nous irons en Australie.
After coming home, I closed the door.
Après être rentré(e), j'ai fermé la porte.

Look up formal phrases used in business letter writing:

Je me permets de vous écrire ... (pour vous prévenir que ...)
I take the liberty to write .../I am writing to you ... (to you to let you know that ...)

Suite à notre conversation téléphonique ...   *Following our telephone conversation ...*
Je vous prie d'avoir l'amabilité de ... (m'envoyer ...)   *Please would you be kind enough to ... (send me ...)*

Veuillez trouver ci-joint ...   *Please find enclosed ...*

Remember **lequel/laquelle** and their plural **lesquels/lesquelles**; they mean *which/whom* after a preposition.

> Le papier **sur lequel** j'écris (papier: masculine singular)
> *The paper on which I am writing*
> Les boîtes **dans lesquelles** il met ses CD (boîtes: feminine plural)
> *The boxes in which he puts his CD*

Remember   à + lequel = **auquel** (masc. sing.)   à + lesquels = **auxquels** (masc. pl.)
                de + lequel = **duquel**   de + lesquels = **desquels**

> Le camping **auquel** je pense (verb: penser à)
> *The campsite I am thinking about*
> Le village près **duquel** nous avons campé (preposition: près de)
> *The village near which we camped*

PAS DE PROBLÈME

Attention! Nouveau!

THE TRUE FUTURE TENSE (LE FUTUR)

The future tense is used to say what will happen later and means **shall/will** (do something).

Formation: keep the full infinitive (parler/sortir), and hook the following endings **ai, as, a, ons, ez, ont** on to the last R

je parle**rai** *I shall talk/I will talk/I'll talk*   vous sorti**rez** *you'll go out*

Beware of:
-re ending verbs: (prendre/vendre etc): remove last 'e' to have the hook of the 'r' (je prend**rai**/il vend**ra**)

The following **irregular stems** must be learnt by heart:

aller	*to go*	j' **ira**i, tu **ira**s, il/elle **ira**	faire	*to do/make*	je fe**rai**
avoir	*to have*	j'**aura**i, tu **aura**s, il/elle **aura**	savoir	*to know*	je sau**rai**
être	*to be*	je **sera**i, tu **sera**s, il **sera**	recevoir	*to receive*	je recev**rai**
devoir	*to have to/to owe*	je dev**rai**	cueillir	*to pick*	je cueille**rai**
s'asseoir	*to sit down*	je m'assié**rai**	apercevoir	*to notice*	j'apercev**rai**
pleuvoir	*to rain*	il pleuv**ra**			

Note **-dr** for:

venir	*to come*	je vien**drai**	tenir	*to hold*	je tien**drai**
devenir	*to become*	je devien**drai**	vouloir	*to want*	je vou**drai**
revenir	*to come back*	je revien**drai**	falloir	*to be necessary*	il fau**dra**
prévenir	*to warn*	je prévien**drai**	valoir	*to be worth*	il vau**dra**

Note **-rr** for:

voir	*to see*	je ve**rrai**	envoyer	*to send*	j'enve**rrai**
pouvoir	*to be able*	je pou**rrai**	courir	*to run*	je cou**rrai**
mourir	*to die*	je mou**rrai**			

Note: most verbs in **-yer** change the **y** to **i**: employer ⇨ il emplo**ie**ra

---

Danger!

Beware of the other meanings of *shall/will* in English, which do not express the idea of the future.

Shall may mean *'do I have to'*: then you must use **devoir**
Shall I call them?   Je dois les appeler?

Will may express a polite request or a refusal: then use **vouloir**
Will you close the door please?   Voulez-vous fermer la porte svp?
We tell him to come but he won't!   Nous lui disons de venir mais il ne veut pas.

- **Quand + future**
  In French you must use the Future Tense after *when* and *as soon as*:

  English present ⇨ French future (logical as event is future!)
     We shall leave when she arrives   (she arrives = present)
     Nous partirons quand elle **arrivera**   (Future: *she will arrive*)

  English perfect ⇨ French future perfect (shall have../will have...)
     I shall take it as soon as you have done it
     Je le prendrai aussitôt que vous l'**aurez fait** (future perfect: *will have done it*)
     He will wash them as soon as we have finished
     Il les lavera dès que nous **aurons fini** (meaning *we shall have finished*)

- **The future perfect** (le futur antérieur) is formed by using the future of **avoir** or **être** and the **past participle** of the other verb.
     Il aura fini   *He will have finished*

  Remember to use the future of être to form the future perfect with the verbs taking être in the Perfect tense (the 18 'hospital/movement verbs' and Reflexives)
     We'll leave when he has arrived
     Nous partirons quand il **sera** arrivé *(when he will have arrived)*
     As soon as they have gone out, he'll open the letter.
     Dès qu'ils **seront** sortis, il ouvrira la lettre.

  To express future events, these rules apply in sentences starting with:

quand	*when*	aussitôt que = dès que	*as soon as*
une fois que	*once*	la prochaine fois que	*next time ...*
le moment où	*the day ...*	le jour où	*the day ...*

PAS DE PROBLÈME

À votre tour

Read and listen to the passages below. Notice when the future tense is used. Then answer the questions below it.

Quand vous irez en France ...

Saurez-vous quoi faire sur la route?

Vous verrez que les routes principales sont très bonnes et s'appellent *routes nationales* (par ex. la N 14); les *routes départementales* (par ex. la D120) ne sont pas aussi larges. N'oubliez pas que les autoroutes sont *à péage*, donc il faudra avoir de la monnaie pour payer votre passage.

En voiture vous devrez porter une ceinture de sécurité car c'est obligatoire. Les panneaux *cédez le passage et vous n'avez pas la priorité* vous rappelleront qu'il faudra laisser passer les voitures qui viendront sur votre droite ou à un rond-point.

Vous saurez peut-être qu'il y a des gendarmes pas loin si les autres conducteurs font des *appels de phares*, c'est-à-dire des signaux avec les feux de voiture; mais il ne faut jamais oublier que les gendarmes seront très stricts et pourront retirer le permis de conduire sur-le-champ, donc il ne faudra jamais boire quand vous conduirez!

A Savez-vous le mot français pour:

1 toll
2 safety belt
3 give way
4 to flash a car's lights
5 to withdraw
6 on the spot

B Comment dit-on en français:

1 I shall know what to do.
2 It'll be necessary to pay for the toll.
3 We'll have to wear our safety belt.
4 I'll go early, she'll go later.
5 He'll come with us?
6 One must never drink and drive.
7 Will you be able to drive?
8 Will he see the road sign?

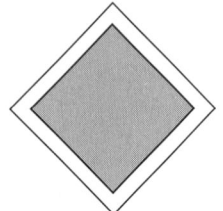

Route à caractère prioritaire, à toutes les intersections

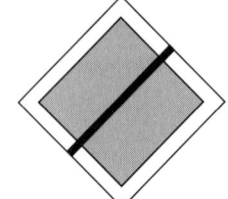

Fin de route à caractère prioritaire

Où logerez-vous?

Non, vous n'irez pas dans un *Hôtel de ville* car il n'y aura pas de chambres: c'est seulement un centre d'administration, comme une *mairie*!

Vous pourrez peut-être trouver des *Auberges de Jeunesse*, ou bien vous verrez des écriteaux *Chambres d'hôte* qui offrent une chambre et le petit déjeuner chez l'habitant. Essayerez-vous de louer un *gîte*? Ce sera une bonne idée si vous aimez la liberté de manger quand vous voulez; vous les trouverez souvent dans des vieilles fermes ou maisons rénovées. En tous cas il sera toujours possible de vous renseigner à un *Syndicat d'Initiative* ou *Office du Tourisme* qui vous aidera à choisir un hôtel.

Le prix de la chambre sera probablement par chambre et non par personne; mais attention, en général, le petit déjeuner n'est pas inclus dans le tarif! Il faudra le payer 'en sus' c'est-à-dire en plus, en supplément.

A — Savez-vous le mot français pour:

1 Town Hall   2 youth hostel   3 a notice   4 self-catering lodging   5 to rent/hire/let

B — Comment dit-on en français:

1. I'll go to a youth hostel.
2. There won't be any signs!
3. I'll try to rent a flat.
4. It will not be a good idea!
5. Where shall I find a cheap hotel?
6. Will breakfast be included?
7. You'll have to pay a supplement.
8. Breakfast won't be free of charge!

Serez-vous poli?

Chaque fois que vous rencontrerez des gens que vous connaissez, ils vous serreront la main, pour dire bonjour et feront la même chose pour dire au revoir!

Souvenez-vous qu'il ne faudra pas dire *'tu'* aux Français que vous rencontrerez: c'est très impoli car trop familier. Entre jeunes gens ce sera possible mais attendez et écoutez comment les gens vous parleront. Vous serez plus respecté si vous êtes poli!

Si vous rencontrez des gens, ils ne vous inviteront peut-être pas chez eux tout de suite. Ce n'est pas de la froideur, c'est parce que ces Français voudront avoir le temps de préparer et faire cuire le meilleur repas possible. Mais quand l'invitation arrivera, vous serez l'invité d'honneur, vous dégusterez les meilleurs plats et les meilleurs vins que votre hôte pourra vous servir!

Si vous voulez être poli, à votre arrivée vous offrirez des fleurs ou de confiserie à votre hôtesse (mais pas de chrysanthèmes!).

Il ne faudra pas offrir de bouteille de vin car les Français ne considèrent pas ça comme un cadeau spécial, mais aussi parce que les vins du repas auront été organisés pour aller avec les plats, et celui que vous donnerez ne sera pas à la bonne température pour être savouré tout de suite!

Vous remarquerez qu'il y aura une corbeille de pain sur la table, mais pas de petite assiette pour le pain: on arrache un morceau avec ses doigts (pas avec un couteau!) et on le pose directement sur la nappe. Cela fera des miettes, mais ne vous inquiétez pas!

Surtout, ne fumez pas pendant le repas! Ce sera impoli car la mauvaise odeur de votre fumée empêchera les autres personnes d'apprécier le bon goût des plats!

Souvenez-vous de tous ces détails et les Français penseront que vous êtes très sympa!

PAS DE PROBLÈME

A Savez-vous le mot français pour:

1 to shake hands.   2 coldness.   3 confectionery.   4 a basket   5 fingers

B Comment dit-on en français

1 It won't be possible.
2 We'll want to sip the wines!
3 It will never do to give some wine!
4 There won't be a plate for the bread.
5 You'll have to put it on the table
6 It will make a lot of crumbs…
7 It won't do to smoke and eat!
8 I'll stop you from smoking!

Pour s'amuser

Jeu des Mots 'marchepied'

Comment jouer? Cachez les définitions

Jouez seul: en 60 secondes, commencez à gauche, sur une marche, regardez seulement une définition à la fois *(at a time)*, devinez et écrivez la réponse!

Pour gagner, allez sur toutes les marches, mais toujours l'une près de l'autre, en moins de 2 minutes.

Jouez contre un ami: un arbitre *(referee)* doit vérifier les réponses!

Une personne commence et essaye de deviner et épeler le mot mystérieux.

Si elle répond en 15 secondes, elle marque la marche avec une initiale ou une couleur et elle continue avec une lettre à côté.

Si elle ne devine pas vite, ou fait une erreur, l'ami commence etc.

Le gagnant est la personne avec le maximum de marches.

A? First letter of (she) will have
D? First letter of (we) shall have to
V? First lettre of (they) will come
P? First letter of (it) will rain

I? First letter of (he) will go
V? First letter of (we) shall want
F? First letter of (I)'ll make
S? First letter of (they) will know

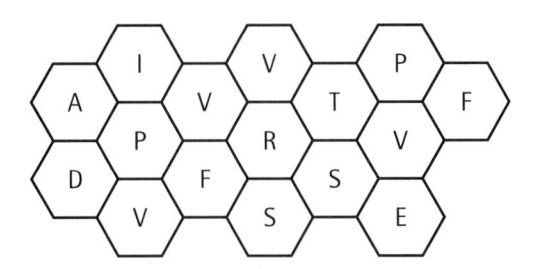

R? First letter of (I) shall receive
V? First letter of (you)'ll see
T? First letter of (she)'ll hold
P? First letter of (you)'ll be able to

F? First letter of (it)'ll be necessary
V? First letter of (it) will be worth
E? First letter of (we)'ll send
S? First letter of (you) will be

Chapitre 11

À votre tour

À vous d'écrire

A) Faites une phrase complète avec une phrase de gauche et une de droite:

a) Quand je réussirai à mes examens
b) Nous fêterons votre réussite
c) Il faudra travailler dur
d) Un jour, les livres deviendront des écrans
e) On verra des progrès étonnants
f) Bientôt il n'y aura plus de forêts vierges,

1) pour pouvoir réussir.
2) et les images seront animées.
3) au cours des siècles prochains.
4) et le monde aura moins d'arbres.
5) et boirons du champagne!
6) j'irai travailler à l'étranger.

B) Mettez au futur les verbes entre parenthèses, puis traduisez les phrases.

1. Quand je *(être)* riche, je *(faire)* de mon mieux pour améliorer le monde!
2. Ça *(prendre)* du temps! Espérons que la vie *(être)* différente au 22e siècle!
3. Croyez-vous que les gens *(devenir)* meilleurs et plus heureux?
4. Leur santé *(aller)* mieux dès que la nourriture ne *(être)* plus empoisonnée!
5. Il *(falloir)* que tout le monde comprenne les dangers des produits chimiques.
6. Ils *(devoir)* manger des choses plus naturelles, ça *(valoir)* la peine!
7. Quand la terre, la mer et l'air ne *(recevoir)* plus de poisons, tout *(aller)* mieux!
8. Dès que les gens *(savoir)* réduire le stress, ils *(pouvoir)* être plus calmes…
9. Espérons qu'ils *(voir)* que la cruauté envers les gens et les animaux est atroce!
10. Je me demande si la paix *(revenir)* un jour dans le monde!
11. Il n'y *(avoir)* plus de guerres quand les gens *(vouloir)* la paix tout le temps!
12. Ils l'*(obtenir)* une fois qu'ils *(comprendre)* que tous les humains sont égaux!

C) Comment dit-on en français:

1. My little brother used to say: 'When I am older, I'll be an astronaut!'
2. When you are in France, you'll speak French more easily.
3. You'll have to break some eggs to make an omelette!
4. The *Tour de France cycliste* will always be an important event in France.
5. Next time I see you, you'll be a graduate *(licencié)*!
6. There is a lot to see in summer but there will not be much to do in winter!
7. You will find word processing *(le traitement de textes)* easy once you have tried it.
8. Chemicals will always do more harm than good in the long term *(à long terme)*.
9. Remember you will have to lower the heat as soon as the liquid starts boiling!
10. Historians will write lengthy books about progress in the 20th and 21st centuries.

Écoutez: Écoutez la première fois sans regarder le texte, puis regardez les questions.

Vos rêves deviendront une réalité?

Nous sommes en juin. Marc, reporter à Radio-Monte-Carlo, conduit des interviews parmi *(among)* des jeunes gens qui se bronzent sur la plage à Nice.

PAS DE PROBLÈME

A

Marc: Salut Luc! Je sais que vous travaillez de longues heures comme garçon de café en été. C'est votre carrière?

Luc: Non, c'est pour gagner du pognon (*dosh*) et faire des économies car j'ai envie d'aventure … mais aussi d'être utile! J'essayerai d'utiliser mes connaissances en administration et aider Médecins sans Frontières!

Marc: Pourquoi eux?

Luc: Hélène, ma petite amie est infirmière et elle sera volontaire cette année, alors j'irai à l'étranger avec elle. On fera ce qu'on pourra pour aider et soulager les populations, les gens qui souffrent …

Marc: La vie ne sera pas toujours facile, même dure, dans un pays en crise!

Luc: Oh, je sais! Mais ça vaudra la peine: nous sentirons que nous ferons du bien pendant ce temps-là! Et puis on découvrira d'autres cultures …

Marc: Eh bien, bravo et bon courage!

B

Marc: Ah voilà une jeune fille bien bronzée! Vous vous appelez …?

Jeune fille: Françoise.

Marc: Avez-vous des projets d'avenir, Françoise?

Françoise: Moi, je viens de finir mes études de langues. Pour le moment je resterai sur la côte et travaillerai comme 'guide-interprète': l'entreprise de mon beau-frère organise des excursions à terre mais aussi en mer, car il possède un gros voilier … Alors nous emmènerons nos voyageurs découvrir les sites touristiques et ferons des voyages en Méditerannée, par exemple avec ceux qui voudront voir les dauphins de près, au large!

Marc: Il faudra avoir le pied marin! (*to be a good sailor*) Vous êtes bilingue? Français et anglais je suppose?

Françoise: Oui mais aussi … Euh … en fait je parle quatre langues! J'ai fait une licence d'allemand et mon père étant espagnol, je le parle aussi …

Marc: Après ça, vous poserez votre candidature (*apply*) pour un poste à l'ONU? …

Françoise: (*en riant*) Qui sait?!

Chapitre 11

C

Marc: Salut! Je peux vous poser la même question?

Fatima: Bien sûr! Je m'appelle Fatima, c'est un nom arabe, mais je suis bien française: je suis née à Marseille! Moi, actuellement je fais une licence d'anglais et en automne je partirai en Angleterre, pour faire un stage d'un an comme assistante; j'ai un poste dans un collège d'enseignement secondaire, à Gatwick, au sud de Londres.

Marc: Donc vous enseignerez (*teach*)?

Fatima: Eh bien oui, j'encouragerai les élèves à parler en français, je leur raconterai ce qui se passe en France, nos coutumes, la vie ici, quoi! Ça sera un bon entraînement pour quand je deviendrai prof d'anglais… Je suis sûre que ça me plaira!

Marc: Où logerez-vous? Au collège?

Fatima: Non, chez l'habitant: je louerai une chambre chez des particuliers, pas loin de mon boulot, alors je ne devrai pas me lever trop tôt! Je profiterai de mon séjour: je visiterai le plus d'endroits possibles, je sortirai le soir, j'irai voir des tas de spectacles, je me ferai des amis… Comme ça j'améliorerai mon anglais et un jour, je le parlerai couramment!

Marc: Eh bien, j'espère que vous vous amuserez bien!

À votre tour

À vous d'écrire/parler

Écoutez chaque dialogue séparément puis répondez aux questions suivantes:

A
1. Pourquoi Luc travaille-t-il dans un café?
2. De quoi est-ce qu'il a envie?
3. Comment est-ce qu'il va utiliser ses connaissances?
4. Pour quelle raison est-ce qu'il a choisi cette organisation?
5. Où iront-ils et que feront-ils?

B
1. Quand est-ce que Françoise finira ses études?
2. Ira-t-elle habiter dans une autre région?
3. Quelle sorte de boulot fera-t-elle bientôt?
4. En quoi est-elle bonne?
5. Pourquoi est-ce que ça l'aidera dans ce travail?

C
1. D'où vient Fatima?
2. Est-ce qu'elle a fini ses études?
3. Quels sont ses projets dans le proche avenir?
4. En quoi consistera son travail?
5. Où logera-t-elle et qu'est-ce qu'elle a l'intention de faire pendant son séjour?

Cent quatre-vingt-un

PAS DE PROBLÈME

À vous de parler!

Imaginez ce que vous et vos amis ferez si vous allez faire du touring, un jour, dans différentes régions françaises à l'époque des festivals. Vous pouvez utiliser les suggestions entre parenthèses. eg. Quand nous irons à la fête, nous mangerons des moules.

Le Nord:

(arriver par l'Euro tunnel en juillet; dégustation gastronomique à la fête des moules *(mussels)* à Wimereux; se joindre à la foule de Douai pour suivre le fameux défilé des Géants en papier mâché et aider à porter le plus grand (8m50); visiter Lille, la grande cité commerciale et universitaire; faire un saut en Belgique?)

La Normandie:

(traverser la Manche en ferry; fêter le 14 juillet avec les Français/danser/feu d'artifice; fabriquer/participer au concours des meilleurs épouvantails *(scarecrows)* près de Dieppe; se promener sur les plages du Débarquement du 6 juin; rendre visite à des copains à l'université de Caen; voir la fameuse tapisserie à Bayeux).

La Bretagne:

(aller en juillet près de Quimper; loger dans des Auberges de Jeunesse; vivre de cidre et de crêpes!; apprendre à réussir les crêpes à la Fête des crêpes; aller à Brest: régates internationales/plus de 2300 voiliers/assister à la construction d'un bateau/faire de la voile/applaudir aux concours de danses bretonnes; passer par Carnac/s'émerveiller devant l'avenue de menhirs d'1 km).

Crêpes et cidre. © Comité Régional de Tourisme de Bretagne/Jean Patrick Gratien

La vallée de la Loire:

(déguster le vin rosé d'Anjou; faire des châteaux de sable à la Baule, la plus belle et plus longue plage de France; s'amuser au festival des maraîchers: lancer de la bouse de vache séchée *(cowpats)*, sauter par dessus des canaux...; admirer l'architecture et les spectacles 'Son et Lumière' aux châteaux royaux; assister à la course automobile des 24 heures du Mans; écouter le festival de musique d'orgue dans la superbe cathédrale de Chartres).

Lecture

First read this glimpse on French higher education. Notice the use of the future perfect!

Un aperçu sur la vie étudiante en France: Après le bac ... quoi?

En principe, l'enseignement supérieur est accessible uniquement après le baccalauréat que l'on passe à la fin du secondaire et, si on y réussit, qui ouvre la porte vers trois filières *(channels)*:

1. *L'enseignement supérieur court*

Un technicien supérieur, une sage-femme *(midwife)*, un masseur-kinésithérapeute *(physiotherapist)*, un orthophoniste *(speech therapist)* auront reçu une formation *(training)* de deux ou trois ans dans des écoles spécialisées. Ils auront été recrutés grâce à *(thanks to)* leur bon dossier et auront eu de la chance car il y a plus de candidats que de places disponibles!

2. *Les universités (enseignement supérieur long)*

Elles sont pratiquement toutes publiques et offrent maintenant des formations professionnelles.

Un licencié *(graduate)* aura obtenu sa licence *(degree)* après 3 ans. Par contre un médecin ou un pharmacien aura fait ses études dans des CHU (centres hospitaliers universitaires); ses études auront duré six ans; mais pour devenir médecin spécialiste, il (ou elle) sera obligé(e) d'étudier pendant 4 ou 5 années de plus!

3. *Les 'Grandes Écoles'*

Un système très français qui est totalement séparé du système universitaire. Elles forment l'élite économique et politique française.

Pour entrer dans une des ces Écoles, après le bac, on se sera préparé à un concours d'entrée *(competitive entrance exam)* très difficile pendant 2 ans (et 60 heures de travail par semaine!)

Mais ce travail dur aura valu la peine car, lorsqu'on aura obtenu son diplôme, on sera pratiquement sûr de trouver un emploi de haut niveau.

Les grands ingénieurs auront suivi des études à *l'École Polytechnique* (appelée *l'X*) et à *l'École des Ponts et Chaussées* ou *l'École des Mines de Paris*.

Les grands cadres *(executives)* de l'industrie et l'entreprise seront sans doute allés à *l'École Centrale*, comme Gustave Eiffel et Michelin.

Parmi les écoles de gestion il y a *HEC (Hautes Études Commerciales)*, et *l'ESSEC*; l'école des très hauts cadres d'administration est *l'ÉNA (École Nationale d'Administration)* qui fournit des inspecteurs des finances, et des ministres.

À votre tour

À vous d'écrire

1 Make a list of all the verbs in the future perfect in the article about French higher education.

2 Répondez aux questions suivantes en français:
   a Comment a-t-on accès à l'enseignement supérieur en France?
   b Un professionnel de la santé se sera formé pendant combien de temps?
   c Est-ce qu'un licencié aura fait autant d'études qu'un docteur?
   d Que devra-t-on faire pour obtenir un diplôme dans une Grande École?
   e Un ingénieur aura-t-il fait ses études dans la même École qu'un haut fonctionnaire?

3 Expliquez ce que vous savez sur le système d'enseignement dans votre pays et comparez les avantages ou désavantages.

Danger!

To translate into French a verb ending in *-ing* when it means
'by … (do)ing'/'while … 'ing'/'on … ing': use **en** + verb ending in … **ant**:

Il travaille **en** écout**ant** de la musique.   *He works (while) listening to music.*
Je me suis cassé le bras **en** tomb**ant**   *I broke my arm (by) falling.*

To form a **present participle**, (verb ending in -ant), take the verb in the *nous* form of the present tense and remove the **-ons** ending; add the **-ant** ending to that stem, e.g:

Faire ⇨ nous **fais**ons ⇨ *fais*ant (je mange **en** faisant mon travail)

Travail oral ou écrit

Present participle
Vous avez compris?

Give your tutor the English equivalent of the present participle.

1 Je préfère travailler en écoutant de la musique.
2 On peut s'évanouir ou mourir en plongeant dans l'eau froide quand on a chaud.
3 Louis Pasteur a sauvé l'humanité en découvrant l'existence des microbes.
4 Christophe Colomb a découvert l'Amérique en cherchant des terres nouvelles.
5 Le cambrioleur s'est échappé en sautant par la fenêtre.
6 Nobel a rendu la nitroglycérine maniable en la mélangeant avec de la silice poreuse.
7 En allant sur la lune, Neil Amstrong et son équipage ont réalisé un rêve.
8 On peut apprendre à mieux conduire en utilisant un simulateur de conduite.
9 Elle est sortie de la pièce en courant et en pleurant!
10 En entrant dans le labo j'ai senti une odeur bizarre.

À vous d'écrire

Complétez les phrases suivantes, comme dans l'exemple:

Je me suis cassé le bras ... (skier) ⇨ ... en skiant.

1. Il s'est cassé le genou ... (tomber dans l'escalier)
2. Les enfants entrent dans la pièce ... (courir)
3. J'aime lire ... (manger)
4. Vous arriverez plus vite ... (prendre un raccourci)
5. J'ai amélioré mon français ... (faire des études en France)
6. Nous ferons des économies ... (acheter un carnet de tickets)
7. Nous sommes sortis du cinéma ... (rire)
8. Vous éviterez les embouteillages *(traffic jams)* ... (choisir le périphérique)
9. Vos réflexes s'amélioreront ... (conduire plus souvent)
10. Il aura la peau plus nette ... (éviter de manger le chocolat et les produits gras)

Au boulot

You are helping to organise a sponsored cycling trip to Normandy. Write and send an e-mail to the Dieppe, Rouen and Caen tourist offices.

Tell them that:

- 10 young people will arrive in Dieppe by ferry on May 5th. They will be racing against the clock in aid of some charities *(bonnes oeuvres)* so will need to have proofs of their passage through certain towns (stamped sponsor cards with date and time/specific souvenirs to be brought back: from D-day landing beaches and museums/Bayeux tapestry/cheese from the village of Camembert!).
- On arrival, these competitors won't know where they are going next or what to bring back.

Ask the tourist offices to:

- Send you a map of their area and a list of campsites/youth hostels in their area.
- Warn their staff to avoid any delay for the cyclists.
- Kindly sign and stamp the cards when each competitor arrives.
- Open the envelope you will send the office and reveal the instructions to each competitor.

Remember that business letters in French are quite formal with lengthy phrases:

Je me permets de vous demander ...	*I take the liberty to ask you ...*
Je vous serai reconnaissant de bien vouloir ...	*I'll be grateful to you to/Please kindly ...*
En vous remerciant à l'avance	*Thanking you in advance*
Veuillez agréer, Monsieur, l'expression de mes sentiments distingués	*Yours sincerely*

Dinan. © *Jean Patrick Gratien*

PAS DE PROBLÈME

Nouveaux mots

la cire	wax
un roman	novel
la bille	marble/ball
la couverture	blanket/cover
l'affichage	the display
donc	therefore
un aimant	a magnet
quotidien	daily
écraser	to crush
un écran	a screen
avoir l'air de	to look (like)
selon	according to
une encre	ink
produire	to produce
colorier	to colour
renfermer	to contain
numérique	digital
effectuer	do/make
pour comble	to cap it all
doté de	equipped with
un tel	such a
valoir	to be worth
renoncer à	to give up
un bouquin	a book

Lecture

Le livre électronique ...
Qui lira le livre de l'avenir?

Lisez le nouveau vocabulaire puis découvrez ce que l'article annonce.

Autrefois on lisait des messages sur des tablettes de cire, ou sur un papyrus (on écrasait ce roseau pour fabriquer une feuille sur laquelle on écrivait), en fait le mot papier vient du mot papyrus. Puis on s'est même servi de parchemin qui, à l'origine, était de la peau de mouton ou de chèvre. Finalement on a créé le papier moderne et les livres que nous connaissons.

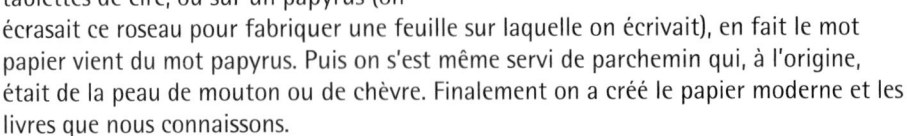

Mais la technologie moderne de l'informatique nous a aussi donné l'habitude de lire, depuis des années, des textes écrits sur des écrans électroniques, sur des appareils plus ou moins gros. Comme le progrès ne s'arrêtera jamais, combien d'entre nous prendront l'habitude de lire un livre électronique qui pourra stocker des dizaines de romans, c'est-à-dire des dizaines de milliers de pages? Ce sera très pratique quand on partira en voyage ...!

De quoi s'agit-il? Ce livre aura l'air de quoi? Les divers prototypes offrent des pages-écrans très souples; elles ressemblent à du papier glacé ou plastifié, faites de deux films de plastique qui prendront en sandwich, par exemple des micro-billes qui se tourneront du côté noir ou blanc, selon l'influence des charges électriques envoyées par des électrodes, et formeront ainsi des lettres; ou bien des micro-capsules qui seront remplies d'une encre noire (à base de carbone et de titane) qui apparaîtra sur le haut ou sur le bas de ces microsphères et produira un point blanc ou un point noir, selon la polarité des électrodes.

Et la couverture? Non seulement vous pourrez même la colorier vous-même, à votre goût ... mais elle pourra aussi renfermer les modules électroniques pour l'affichage, et cachera le mini-disque dur où seront stockés des textes sous forme numérique ... et bien sûr on aura des connexions à l'internet pour télécharger des textes et modifier le contenu du livre!

Là où le livre ordinaire aura du mal à battre son concurrent moderne électronique, ce sera les animations! Mais oui, en effet, les images bougeront ... car les microglobules d'encre pourront effectuer des demi-tours ultra rapides par seconde ... Les illustrations seront donc animées!

Et pour comble, quand on désirera faire des annotations sur les pages, on se servira d'un stylo électronique doté d'un électro-aimant: il produira un champ électrique qui fera migrer l'encre noire des capsules, cela fera un trait!

La marche du progrès améliorera les inventions déjà sorties sur le marché. On verra rapidement des changements dans le premier 'e-book' français, appelé Le Cytale, doté d'un modem pour les connexions internet et qui pèse 1,2 kg. La taille et le poids, parfois assez lourd, seront réduits, et, ce qui est très important, le prix devra diminuer, car un tel 'livre-appareil' vaudra cher! Selon les modèles il variera beaucoup et sera encore plus élevé par exemple pour celui à deux écrans-couleur juxtaposés (la page de gauche et de droite!). Il faudra attendre quelques années ...

Alors, jusqu'où ira le progrès? ... Les journaux quotidiens deviendront-ils électroniques? Les nouvelles que vous lirez changeront-elles avec le cours des évènements? ... Est-ce que le jour viendra où on verra disparaître le vrai livre en papier? Les gens voudront-il renoncer au plaisir de lire un petit bouquin?

Pas pour le moment en tous cas! ...

À votre tour

À vous de parler/écrire

A Votre ami anglais s'intéresse aux nouvelles inventions.

Il trouve l'article *Livre électronique* dans un magazine français et veut savoir de quoi il s'agit. Il vous demande de lui expliquer.

B
- À l'avenir on ne pourra plus se servir de sa voiture quand on voudra. Quelle(s) solution(s) proposez-vous?
- Il n'y aura plus de sources d'énergie fossile. Comment se débrouillera-t-on?
- Il n'y aura peut-être plus de papiers. Comment nos habitudes changeront-elles?

C Préparez par écrit une description de la vie quotidienne dans 30 ans ou 50 ans, telle que vous l'envisagez.

Un coup d'oeil sur ...

Toute la France

Où est-ce que les 'les fanas' pourront aller, quand ils seront en France?

Les mordus de **farniente**, (c'est-à-dire se reposer et ne rien faire) adoreront les régions au bord de la mer Méditerranée: beau temps garanti en été, plus doux qu'ailleurs en hiver; belles plages, campagne pittoresque, cafés aux parasols multicolores, jeu de pétanque amical ... Et les ornithologues se plairont dans la Camargue, dans le delta du Rhône, avec ses flamands et autres espèces d'oiseaux.

Ceux qui feront du **tourisme vert** chercheront le calme, un mode de vie plus ancien, et un logement moins cher qu' à l'hôtel, en allant faire du camping ou loger dans une chambre d'hôte *(B and B)* ou un gîte rural qu'ils choisiront parmi les milliers offerts par la FNGF, la *Fédération nationale des gîtes de France*.

Toutes les régions offriront quelque chose aux randonneurs *(hikers)* et aux cyclistes, y compris les amoureux du VTT (vélo tout terrain).

Et les autres **sportifs**? Les milliers de kilomètres de côtes, les rivières, les fleuves et les lacs aussi, offriront tous les sports nautiques: voile, planche à voile, plongée, natation etc. La côte atlantique avec ses longues plages de sable, le vent et les vagues de l'océan sera un autre paradis pour ceux qui aiment l'eau! Quant aux fans de varappe *(rock climbing)*, d'alpinisme et de sports d'hiver, ils jouiront du défi des Alpes ou des Pyrénées!

Les acharnés *(those very keen)* d'autres expériences 'à frissons' *(scary)* iront peut-être faire de la spéléologie en descendant dans des gouffres *(abyss)* comme à Padirac, dans le sud-ouest ou feront même du saut à l'élastique *(bungee jump)* du parapente ou du vol libre *(hang-gliding)*.

Au sud-ouest, les collines, les vertes vallées et les nombreuses rivières de l'**Aquitaine** entourent les villages pittoresques de cette région où les vignobles et les truffes règnent. Elle est bordée par les Pyrénées où on essaye, malgré les chasseurs, de réintroduire des ours *(bears)* et de les protéger, car leur nombre est très réduit.

PAS DE PROBLÈME

La côte atlantique à Dinard. © Comité Régional de Tourisme Bretagne/Jean Patrick Gratien

Les écologistes s'intéresseront aux forêts de pins des **Landes**, près de l'océan Atlantique, où l'on fait des recherches sur la capacité des arbres à absorber le dioxide de carbone, comme une éponge!

Partout en France, de jolies villes moyenâgeuses intéressantes attendent ceux qui voudront jeter un coup d'oeil sur le passé historique.

Il ne faudra pas oublier **Toulouse**, ville universitaire et riche en collections d'oeuvres d'art, nommée 'la cité rose' à cause de la couleur de tous ses bâtiments en briques.

Les gens pieux et les malades désespérés espéreront un miracle à la grotte de **Lourdes**, tandis que les mystérieuses grottes autour de **Lascaux** révèleront aux visiteurs les dessins muraux extraordinaires créés par des hommes préhistoriques.

Les amateurs d'archéologie trouveront partout des ruines et des preuves du passage de peuples variés comme les Celtes, les Romains, les Francs...

Plus au nord, les amoureux d'architecture et d'histoire devront aller admirer les merveilleux **châteaux**, les nombreuses églises et surtout les fameuses **cathédrales gothiques** comme celles de Chartres, Reims, Amiens, ou Notre-Dame à Paris qui offriront un spectacle étonnant.

Oui, il y aura beaucoup à faire, à voir et à découvrir. La France plaira à ses visiteurs!

Le château d'Angers. © JP Klein

Récapitulation

A Using the verbs given, in the future tense, and one of the terms from the list at the beginning, explain to your friends how to go about decorating their bedroom. The sentences are not yet in the right order.

e.g. D'abord vous enleverez tous les meubles.

puis/aussitôt que/quand/ensuite/finalement/dès que/une fois que/d'abord/alors

mouiller le papier qui est aux murs
enlever tous les meubles
étendre le papier sur la table à tréteaux
arracher le papier des murs
mettre de la colle
poser le nouveau papier peint au mur
laver les murs
l'essuyer pour chasser les bulles (*bubbles*)
remettre tous les meubles en place
nettoyer la chambre
laver les murs

B Add the present participle of the verbs in brackets and translate the sentences into English.

1. J'ai plu à mes parents en (réussir) ma carrière.
2. En (prendre) notre temps nous trouverons un appartement qui nous plaira.
3. Ils sont allés chercher Maryvonne en (rentrer) du bureau.
4. Certaines personnes trouvent le bonheur en (faire) de bonnes oeuvres.
5. En (choisir) la médecine elle a prolongé ses études de plusieurs années.
6. Vous aurez des renseignements en (demander) au Syndicat d'Initiatives.
7. On gagne du pognon en (bosser).

Suggested websites

www.educa.com.fr
www.lavoixletudiant.fr

Chapitre 12

Menu

Discussing the environment
Writing formal letters
Making hypotheses

The conditional tense
The conditional perfect tense

Assignment: writing a formal letter requesting work experience

---

Un coup d'oeil sur ...
La marée noire

Chapitre 12

Rappel

Pour parler de notre environnement géographique:

une vallée	*valley*	une montagne	*mountain*	un fleuve	*major river*
une plaine	*plain*	une falaise	*cliff*	une rivière	*river*
la côte	*coast*	la plage	*beach*	les dunes	*dunes*
un champ	*field*	une forêt	*forest*	un bois	*wood*
un rocher	*rock*	un sentier	*path*	un ruisseau	*stream*

Pour parler de l'environnement urbain:

une route	*main road*	un grand axe	*main trunk road*
un carrefour	*crossroads*	un passage piéton	*pedestrian crossing*
un embouteillage	*traffic jam*	les feux de circulation	*traffic lights*
le stationnement	*parking*	circuler	*to get around*
conduire	*to drive*	le trottoir	*pavement*
un passage souterrain	*an underpass*		

Les couleurs et les mots associés:

noir	*black*	noircir	*to blacken*	noirâtre	*blackish*
blanc	*white*	blanchir	*to go white*	blanchâtre	*whitish*
rouge	*red*	rougir	*to turn red*	rougeâtre	*reddish*
jaune	*yellow*	jaunir	*to turn yellow*	jaunâtre	*yellowish*
bleu	*blue*	bleuir	*to turn blue*	bleuâtre	*blueish*
vert	*green*	verdir	*to turn green*	verdâtre	*greenish*

'Because'

The following expressions are followed by a verb:

parce que: Je mange les champignons parce que je les aime.
car: Je les aime car ils sont délicieux.

'Because of'

These expressions are followed by a noun:

à cause de: Je ne sortirai pas à cause de la tempête.
en raison de: Il s'est fâché en raison des accusations que vous avez faites.

Cent quatre-vingt-onze

PAS DE PROBLÈME

Attention! Nouveau!

THE CONDITIONAL TENSE OF VERBS

This tense is frequently used to refer to what **would** happen if certain conditions applied.

> Je rentrerais demain s'il y avait un vol.
> *I would come home tomorrow if there were a flight.*
>
> Il ferait bien de partir demain
> *He would do well to leave tomorrow*

It is also used to make a request seem more polite.

> Pourriez-vous me décrire l'article?
> *Could you describe the article for me?*

It is also used to express the future in the past.

> Elles ont dit qu'elles nous montreraient les résultats après la conférence de presse.
> *They said that they would show us the results after the press conference.*

The conditional tense of **devoir** means 'ought to' or 'should'.

> Tu devrais en parler à ton chef.
> *You should talk to your boss about it.*

It is formed using the future stem of the verb, (see preceding chapter), and the imperfect ending, (see chapter 7).

> Il prendr + ait, Nous étudier + ions, Elles ir + aient.

'IF' CLAUSES

These are clauses which describe what will happen/would happen if certain conditions apply/applied. The tenses used are just as in English:

This will happen if that happens.
Future + Present

This would happen if that happened.
Conditional + Imperfect

> Mme Forestier t'en donnera un autre si tu le perds.
> *Mme Forestier will give you another one if you lose it.*
>
> Nous mourrions tous s'il n'y avait pas d'oxygène.
> *We would all die if there were no oxygen.*

THE CONDITIONAL PERFECT

This is the tense that is used to say what **would have** happened. It is formed by taking the conditional of 'avoir' or 'être' and the past participle.

> Un tel accident aurait libéré dans l'atmosphère un taux élevé de radioactivité.
> *Such an accident would have released a high level of radioactivity into the atmosphere.*
>
> Ils se seraient inquietés si la police n'était pas arrivée.
> *They would have become worried if the police had not arrived.*

Danger!

In English we sometimes talk about what used to happen frequently by saying, 'He would often go out after tea'. This is not a case where you should use the conditional tense in French. It requires the imperfect tense as it describes repeated action in the past.

N'IMPORTE QUOI

N'importe used before **quoi, qui, où, comment, combien, quand, quel, lequel**, are the equivalent of the English expressions 'anything', 'anyone', 'anywhere', 'anyhow', 'no matter when', 'no matter which', etc.

> Il prendra n'importe quel plat.
> *He will have any of the dishes.*
>
> Vous dites n'importe quoi!
> *You say anything (that comes into your head).*
>
> Il ne faut pas le faire n'importe où.
> *You mustn't do it just anywhere.*

Lecture
Les Champignons

Nouveaux mots

un gourmet	a lover of fine food
cueillir	to pick
une espèce	species/type
comestible	edible
voire	even
vénéneux	poisonous
empoisonner	to poison
un châtaignier	a chestnut tree
une limace	a slug
un lapin	a rabbit
un ramasseur	a picker
une pièce d'argent	a silver coin
un champ	a field
un traitement	a treatment/dressing
le sol	the ground
capter	to pick up/capture
un linge	a cloth
humide	damp
le persil	parsley
dessécher	to dry

Vous aimez passer une journée à la campagne de temps en temps? Vous êtes amoureux de la nature? Vous êtes gourmet? Pourquoi ne pas partir dans la forêt cueillir des champignons, comme le font des milliers de Français chaque année. Avec des cèpes, des girolles, des chanterelles ou des morilles vous mangeriez bien!

Mais réfléchissez un moment. Vous les connaissez bien, les champignons? Et si vous tombiez sur une espèce non-comestible, voire vénéneuse? Si vous mangiez une amanite phalloïde, par exemple, vous seriez sûrement empoisonné et vous risqueriez la mort. Alors, comment faire?

Préparez-vous un peu. D'abord il faut connaître le terrain. En plaine, vous auriez plus de chances de trouver des champignons si vous cherchiez une forêt de chênes et de châtaigniers. En montagne, vous auriez peut-être du succès si vous alliez dans un bois de pins.

Comment éviter l'empoisonnement? Certains croient que les champignons attaqués par les limaces ou les lapins ne sont jamais vénéneux. C'est faux. Ces animaux peuvent manger même les plus dangereux des champignons car ils ont dans leur système digestif une substance qui évacue les toxines très rapidement et ne leur permet pas de s'attaquer au foie. Un ramasseur de champignons m'a dit qu'il portait toujours une pièce d'argent qui noircirait au contact des champignons vénéneux. Ce test aussi est sans valeur. Il n'y a pas de solution simple. Il faut apprendre à les reconnaître. En automne, il y a souvent des posters dans les pharmacies françaises pour vous aider à distinguer les différentes espèces.

Si vous trouviez des 'rosés des prés' ou d'autres champignons dans un champ cultivé, il vaudrait mieux les laisser en place. Si vous en mangiez, vous risqueriez d'avoir mal au ventre. Ces champs très cultivés reçoivent souvent beaucoup de traitements chimiques, herbicides et insecticides. Le mycélium, présent dans le sol même quand on ne voit pas de champignons à la surface, capte et concentre ces substances.

Après toutes ces précautions, si vous en ramassez ne les lavez pas. Prenez un papier ou un linge humide pour les nettoyer. Ils sont très bons en omelette ou frits avec du persil et un peu d'ail. Vous pouvez congeler les cèpes mais pas les girolles. Il est aussi possible de les dessécher ou de les conserver dans le vinaigre.

Bon appétit!

Now that you have acquired some fluency in French, you should be able to develop the art of guesswork! When reading a passage or article, try not to reach for the dictionary as soon as you see a word which is unfamiliar. Use the context and common sense to help you to move on through the passage and gain overall comprehension. Of course it is very good practice to look up the new words when you have finished reading.

PAS DE PROBLÈME

À votre tour

À vous d'écrire

A Employez le conditionnel pour compléter ces phrases qui proposent une hypothèse. Vous trouverez des idées dans le texte ci-dessus. Par exemple:

> Si l'on cherchait des champignons en plaine, … on irait dans une forêt de chênes et de châtaigniers.

1. Si l'on voulait manger des champignons, on …
2. Si l'on était à la montagne, on …
3. Si vous mangiez une amanite phalloïde, vous …
4. Si un lapin en mangeait une, …
5. Si l'on mangeait des champignons ramassés dans un champ cultivé, …
6. Si les champignons étaient sales, on …

B Écrivez une courte description de ce que vous feriez si vous vouliez ramasser des champignons. Par exemple:

> Je me préparerais d'abord.

C Faites des phrases complètes à partir des demi-phrases ci-dessous. Notez le temps des verbes:

Si + Imparfait + Conditionnel.

Exemple: Si nous gagnions le gros lot, j'achèterais une maison en Auvergne.

a Si nous gagnions le gros lot
b Si l'on savait le poids
c Si les gens recyclaient leurs déchets
d Si je mangeais des produits biologiques
e Si la falaise (*cliff*) tombait dans la mer
f Si les baleines (*whales*) volaient
g Si vous vous leviez de bonne heure
h Si tu avais une webcam
i Si le Ministre s'intéressait aux forêts

1 il y aurait moins de pollution.
2 il serait possible de calculer la vitesse.
3 il ferait plus pour les protéger.
4 le niveau de la mer serait plus bas.
5 je ne devrais pas toujours vous attendre.
6 j'achèterais une maison en Auvergne.
7 l'aspect de la baie serait bien différent.
8 je ne souffrirais pas de ces maux de ventre.
9 on pourrait se voir en travaillant.

À vous de parler

Proposez des réponses aux questions données ci-dessous. Par exemple:

> Qu'est-ce qui se passerait si les caps polaires fondaient?
> Le niveau de la mer monterait./Certaines îles seraient inondées./Le monde serait déséquilibré.

1. Qu'est-ce qui se passerait si le trou d'ozone s'élargissait? (se réchauffer *to heat up*)
2. Qu'est-ce qui en résulterait si tout le monde devenait végétarien?
3. Qu'arriverait-il si nous parlions tous la même langue?
4. Et si l'on découvrait des extra-terrestres?
5. Que se passerait-il si l'on abolissait *(to abolish)* l'État providence *(the welfare state)*?
6. Qu'est-ce que vous feriez si l'on vous demandait de faire une présentation à un grand nombre de personnes très importantes?

Chapitre 12

Écoutez: Interview avec une fonctionnaire du Ministère de l'Environnement

Interviewer: Bonjour, Mesdames et Messieurs. Au micro aujourd'hui la personne responsable de la qualité de l'air que nous respirons ici à Paris, Mme Bernard du Ministère de l'Environnement.

Mme Bernard: Bonjour, Thierry.

Int.: Madame Bernard, je sais bien que c'est la responsabilité des mairies de s'occuper de la circulation dans leur arrondissement, mais depuis samedi dernier il est devenu impossible de circuler en ville. Ne pouvez-vous pas faire quelque chose?

Mme B.: Vous avez raison. Ce n'est pas nous qui avons fermé les berges de la Seine et les autres grandes routes dont vous parlez. Mais nous sommes de l'opinion que ces mesures sont très importantes. Il faut faire quelque chose pour limiter le nombre de voitures et d'autres véhicules dans les rues de notre ville. Sinon, Paris sera un jour plein de voitures et de bureaux, mais abandonné par ses habitants.

Int.: Pourquoi dites-vous cela? Il est toujours très populaire d'habiter à Paris. On n'a qu'à regarder le prix des appartements.

Mme B.: Oui, à présent la vie à Paris est agréable. Il y a plein de choses à faire à Paris. Mais imaginez le jour où il ne sera plus possible de sortir à cause d'un taux d'ozone trop élevé.

Int.: Un taux d'ozone …? Mais je croyais que nous avions tous besoin d'ozone?

Mme B.: Malheureusement un taux d'ozone élevé ne vous fera pas de bien. Au contraire, c'est un polluant. Il irrite les yeux, fait tousser et provoque des crises chez les asthmatiques.

Int.: Et ce sont les voitures qui créent l'ozone?

Mme. B.: Pas exactement, mais elles font partie de l'équation. Elles émettent des gaz. Ces gaz sont transformés par la lumière et la chaleur en un ozone dangereux.

Int.: Ah! Voilà pourquoi on a ce problème en plein été. C'est dommage, parce que c'est la saison des touristes et ces problèmes de circulation font mauvaise impression.

Mme B.: Oui, c'est dommage. Mais, comme je l'ai déjà dit, nous devons faire quelque chose pour limiter les émissions qui causent le problème.

Int.: N'y a-t-il pas d'autres solutions au problème que de fermer les grands axes?

Mme B.: Vous devez savoir que l'on a déjà essayé plusieurs mesures. On a imposé des limites de vitesse. On a multiplié le nombre des autobus, et on pense à réintroduire des tramways. On a fermé le centre ville à certaines voitures certains jours selon leur numéro d'immatriculation. Mais pour le moment nous devons aussi continuer à donner l'alerte aux citoyens quand le taux d'ozone est dangereux.

Cent quatre-vingt-quinze 195

PAS DE PROBLÈME

Int.: Est-ce que Paris est la seule ville française à connaître ces problèmes?

Mme B.: Non. Je travaille avec mes collègues de Lyon et de Marseille, par exemple, pour trouver une solution. Mais nous devons reconnaître que nous sommes tous responsables de cette situation. Si nous prenions le bus ou le train au lieu de la voiture nous pourrions aider à l'améliorer. C'est à vous et à moi d'agir.

Int.: Merci, Madame Bernard.

À votre tour

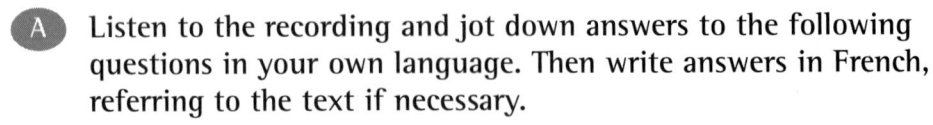

A Listen to the recording and jot down answers to the following questions in your own language. Then write answers in French, referring to the text if necessary.

1 Qui est Mme Bernard?
2 Quel est le sujet de la première question du journaliste?
3 Quelle est l'opinion de Mme Bernard à ce sujet?
4 Selon Mme Bernard, comment serait Paris à l'avenir si on ne faisait rien?
5 Comment sait-on qu'il est populaire d'habiter à Paris?
6 Pourquoi est-ce que le journaliste est surpris au sujet de l'ozone?
7 Dans quelle saison le problème de pollution est-il le plus grave à Paris?
8 Quelles mesures a-t-on prises pour résoudre le problème?
9 Est-ce que d'autres villes françaises connaissent ce problème?

B À vous d'écrire

Choisissez une expression du genre 'N'importe quoi' pour compléter le dialogue qui suit.

1er piéton: J'en ai marre d'attendre au bord du trottoir! Ces automobilistes ne s'arrêtent jamais.

2ème piéton: Moi aussi, j'en ai ras le bol. Ils conduisent _____, et en plus ils stationnent _____, sur le trottoir, dans un passage pour piétons, ils s'en fichent!

1er p: Le problème, c'est qu'il est tellement facile d'avoir son permis aujourd'hui. On devrait en limiter le nombre. On ne devrait pas les donner à _____.

2ème p: Et vous, vous avez une voiture?

1er p: Moi, oui. C'est-à-dire, nous en avons deux. Une Renault et une Toyota.

2ème p: Et laquelle conduisez-vous?

1er p: Oh, _____. Je les aime toutes les deux. Ma femme, par contre, elle préfère de loin la Renault.

2ème p: Vous avez de la chance. Moi, je serais content d'avoir une seule voiture, même une vieille bagnole. Mais dès que je commence à en parler ma femme dit _____ et sort de la pièce en claquant la porte.

1er p: Il faut passer de la pommade, mon ami. Vous devriez lui apporter des fleurs avant d'aborder le sujet.

2ème p: Ah oui? Vous croyez? Des roses peut-être? Ou des oeillets. Ils sont moins chers.

1er p: _____. Elle en sera ravie et vous accordera tout ce que vous voulez.

2ème p: Vous ne connaissez pas ma femme!

À vous de parler

Qu'est-ce que vous feriez si ...?

On se trouve parfois dans une situation gênante. Qu'est-ce qu'il faut dire? Qu'est-ce qu'il faut faire? Contemplez les situations décrites, puis décidez ce que vous diriez, ou feriez. Vous trouverez quelques suggestions entre parenthèses pour vous aider.

Qu'est-ce que vous feriez si ... on vous apportait un plat immangeable *(inedible)* dans un restaurant?

Je dirais que je ne m'attendais pas à voir un plat aussi dégoûtant dans ce restaurant et que je me plaindrais auprès du propriétaire si on ne m'apportait pas autre chose immédiatement.

1 ... vous vous rappeliez que vous aviez oublié une invitation à dîner chez des amis? (Téléphoner; demander pardon; surmené au travail; malade; se tromper de date).
2 ... vous regardiez un bel homme ou une belle femme dans un bar depuis une bonne demi-heure et soudain il/elle s'approchait de vous et se présentait? (Enchanté/e de faire sa connaissance; l'inviter à s'asseoir; lui offrir à boire; faire semblant *(pretend)* de ne rien entendre).
3 ... vous vous trouviez dans un magasin d'objets d'art très chers et vous en cassiez un? (Protester votre innocence; offrir de le payer; partir en courant; faire semblant d'être malade).
4 ... vous sortiez d'un magasin quand l'alarme anti-vol se mettait à sonner? (Chercher dans votre sac; partir à toute vitesse; expliquer aux employés; première fois; déjà payé).
5 ... des amis arrivaient dîner chez vous, vous n'aviez aucun souvenir de les avoir invités, vous n'aviez rien à manger et vous étiez fauché *(skint)*? (Se tromper de date; annoncer rester à jeun *(fast)* pour des raisons religieuses; malade; décès d'une vieille tante).
6 ... vous arriviez à une soirée déguisé/e en poulet et vous découvriez que ce n'était pas, après tout, un bal costumé? (Rougir; s'en aller chez soi à toute vitesse; s'enivrer *(get drunk)*; amuser les autres invités).

7 ... vous invitiez quelqu'un à sortir pour la première fois mais, arrivé/e au cinéma, vous trouviez que vous n'aviez ni argent ni carte de crédit? (Promettre de rendre l'argent prêté; attirer attention à la belle lune et suggérer une promenade au lieu d'un film; exprimer désir de parler–impossible au cinéma).
8 ... votre chef vous invitait à partir en vacances avec sa famille de 3 enfants mal élevés, une femme alcoolique et un chien qui aboie toute la nuit? (D'autres projets; allergie aux chiens; désir de travailler tout l'été; nécessité de rendre visite à vos pauvres grand-parents).

À vous d'écrire

You work in the creative department of an advertising agency. Your boss has asked you to come up with a long list of possible situations in which the new mobile 'phone, 'Le Bavard', could be useful. Some of them should be amusing, some practical and some maybe even fantastical. He wants to grab the public's attention.

Try to use as many different verbs and constructions as possible. You will need to use the conditional tense.

e.g. Il serait possible de contacter votre mère dans la baignoire.
Vous pourriez envoyer vos excuses de votre lit si vous étiez malade.

Pour s'amuser

Blague

☺ Un homme dit à un savant:

- Je connais une nouvelle formule: l'ho7+lho+l100.
- Mais ça ne veut rien dire!
- Mais si. La chaussette, plus elle a chaud plus elle sent.

☺ Un homme rencontre un clochard (tramp) dans la rue. Celui-ci demande de l'argent, alors l'homme lui dit:

- Qu'est-ce que tu ferais de cet argent? Tu te saoulerais?
- Non, Monsieur, je ne bois pas.
- Alors tu parierais?(bet)
- Non, Monsieur, je ne parie pas.
- Alors tu irais jouer au golf!
- Non, Monsieur, je ne joue pas au golf.
- Suis-moi! Je voudrais montrer à ma femme ce qui arrive à un homme qui ne boit pas, ne parie pas et qui ne joue pas au golf!

☺ Moïse demande à Dieu: Pour vous, que représente dix millions d'années?

Dieu:	Pour moi, une seconde.
Moïse, un peu excité reprend:	Et dix millions de dollars?
Dieu:	Eh bien, un dollar.
Moïse, de plus en plus excité:	Dans ces conditions, pourriez-vous me prêter dix millions de dollars?
Dieu:	Pas de problème. Juste une seconde.

Jeu de communication

Find out as much as possible about your partner's picture by asking questions in French. Another picture is to be found in the support book.

Alphabet écologique

Faites ce jeu seul ou à deux ou en deux équipes contre la montre. Notez les réponses ou oralement. Le gagnant est celui qui a le plus de réponses (answers in the support book).

A comme ce que nous respirons
B comme un embouteillage
C comme la maladie des fumeurs
D comme le Sahara ou le Gobi
E comme le monde autour de nous
F comme celle, équatoriale, qu'il faudrait sauver
G comme le CO2
H comme l'énergie produite par l'eau
I comme celle de Robinson Crusoé
J comme l'endroit où poussent les plantes, les fleurs, les légumes et les arbres
K comme ce qui fait voler les avions
L comme ce qui est indispensable aux plantes, aux animaux et aux hommes
M comme la mer qui avance et recule
N comme un bateau qui coule
O comme la couche avec des trous au-dessus de l'atmosphère.
P comme ce que les écologistes veulent éviter
Q comme ce que vous être en train de poser maintenant
R comme réutiliser les matières
S comme le système dans lequel notre planète existe
T comme notre planète
U comme un monde parfait, une société parfaite, imaginaire
V comme un moyen de transport écolo à pédales
W comme les toilettes
X comme un produit de bois fossile
Y comme un boeuf tibétain
Z comme l'étude des animaux

Cent quatre-vingt-dix-neuf

PAS DE PROBLÈME

Un débat sur le péage (travail de groupe)

Le maire de votre ville en a assez: bouchons (= embouteillages), pollution, places de parking insuffisantes, tourisme en baisse *(decreasing)*, etc. Il propose d'introduire un péage *(toll)* obligatoire pour tous les automobilistes. Vous assistez à un débat public. Divisez votre groupe en deux, ceux qui sont pour et ceux qui sont contre. Préparez vos arguments, puis lancez-vous dans le débat (votre prof pourrait jouer le rôle du maire).

Utilisez: il faudrait, on devrait, on pourrait, ça serait mieux de, je voudrais, j'aimerais, je souhaiterais etc.

Quelques suggestions: varier les tarifs, être gratuit *(free of charge)*,
construire des parkings, un périphérique *(ring road)*,
améliorer *(improve)* les transports en commun
introduire des tram(way)s, fournir des vélos, etc. etc.

Lettres d'affaires

There are certain rules to observe when writing formal letters in French. If you study the letter below, you will notice how often the conditional tense is used. This makes a request seem much less demanding. You will also see that there is a long-winded phrase where in English 'Yours faithfully/sincerely' would be used. Note that the way you address the person to whom you are writing, e.g. 'Monsieur', or 'Madame Lefèvre', is repeated in exactly the same way in this closing formula.

Chaussée du Sillon 19
St. Malo

PROTECTOLINGE
76000 Rouen

St. Malo, le 12 octobre 2004

Objet: Demande de stage
Pièces Jointes: C.V. et photo

A l'attention du chef du personnel

Monsieur,

Étudiant de Commerce à l'Université de Rennes, je me permets de m'adresser à vous car j'aimerais faire un stage rémunéré dans votre entreprise l'année prochaine.

    Je suis en deuxième année d'un programme de 3 ans et j'espère travailler un jour dans la vente. Je serais très heureux donc de faire un stage dans le service des ventes de votre firme.

    J'aimerais occuper une situation où je pourrais mettre en valeur mes qualités d'organisation, mon anglais courant *(fluent)* et des notions de *(elementary)* japonais. Je travaille bien en équipe et je ferais de mon mieux pour contribuer au travail du service.

    Veuillez trouver ci-joint *(enclosed)* mon C.V. et une photo récente. Je reste à votre entière disposition pour tout renseignement complémentaire.

    Je vous remercie d'avance de l'attention que vous portez à ma candidature. Dans l'attente d'une réponse favorable, veuillez agréer, Monsieur, l'expression de mes sentiments les plus respectueux.

    Jonah Smith

Chapitre 12

Au boulot

Write your own letter, to the manager of the Hotel Chic in St Tropez. You should explain that you are looking for work this coming summer and ask if they can offer you a job. Describe your qualities and the dates when you will be available. Say that if there is a job for you, you would like to know if there is accommodation available for staff and also how much you would be paid.

Un coup d'oeil sur ...

La marée noire

Nouveaux mots

la marée	the tide
pétrolier	tanker
le mazout	crude oil
couler	to sink
faire escale	to put into port
réparer	to repair
l'équipage	the crew
en bon état de marche	in good working order
d'après	according to
le tonnage	the carrying capacity
au moins	at least
chaque fois	each time
dépenser	to spend
l'essence	petrol
bénéficier de	to benefit from
le chauffage central	central heating
l'industrie agro-alimentaire	the food producing industry
ils ne feraient que	they would only
l'équilibre	the balance
gluant	sticky
périr	to perish

Juste avant Noël 1999 une catastrophe écologique a frappé la côte atlantique française.

Le pétrolier maltais Erika chargé de 28 000 tonnes de mazout en provenance de Dunkerque et à destination de Livourne en Italie a coulé le dimanche 12 décembre 1999 sur la côte atlantique à 90 km à l'ouest de Belle-Ile.

D'après le capitaine de l'Erika, il aurait voulu faire escale à Saint-Nazaire pour faire réparer son bateau, mais les autorités du port lui auraient refusé l'accès à cause du risque de pollution.

L'Erika s'est cassé en deux au cours d'une tempête. L'équipage a pu être sauvé mais 10 000 tonnes de mazout sont venues noircir la côte atlantique et les plages de la Bretagne du Sud.

Aurait-on pu éviter cette catastrophe? Pourrait-on éviter les marées noires à l'avenir? Il serait bien sûr élémentaire de contrôler les pétroliers; mais l'Erika, un bateau de 24 ans, était en bon état de marche d'après les contrôles. Il faudrait peut-être rendre les contrôles plus rigoureux. On pourrait aussi réduire le tonnage des pétroliers: au moins, en cas de désastre, les conséquences seraient moins catastrophiques. Il serait aussi prudent d'obliger les pétroliers à faire escale en cas de tempête.

Chaque fois qu'une marée noire noircit nos côtes et nos océans, on dit 'il faudrait faire quelque chose'. Chaque fois on dépense des sommes immenses pour nettoyer, on essaie de sauver les oiseaux, on a de grands débats dans les médias. Et puis on oublie ..., on achète son essence sans y penser.

Il faudrait rendre les automobilistes responsables de l'impact sur l'environnement. Alors faudrait-il imposer une lourde taxe sur le prix de l'essence comme au Royaume-Uni? En France, ce serait encore plus mal reçu qu'en Grande-Bretagne. Et puis, les automobilistes seraient-ils les seuls à payer? Nous oublions un peu trop facilement que nous bénéficions tous de l'industrie pétrolière avec nos produits synthétiques ou notre chauffage central. Et si on pénalisait l'industrie, par exemple les transports routiers ou l'industrie agro-alimentaire, ces secteurs ne feraient que passer le coût au consommateur.

La marée noire vient périodiquement nous rappeler que nous sommes les gardiens d'une planète à l'équilibre fragile. Mais croire à un monde où la nature est en parfaite harmonie avec les besoins de l'homme, ce serait rêver!

Deux cent un

PAS DE PROBLÈME

En attendant une solution, souvenons-nous de ces images de plages noires, d'oiseaux noirs, gluants et implorants. On a sauvé des milliers de guillemots, mais des milliers ont péri. On aimerait tellement les aider tous.

La côte atlantique à Belle Île: sauvage mais vulnérable. © Martin Schulte-Kellinghaus

Récapitulation

A Comment serait le climat européen dans 50 ans si l'on n'agissait pas pour protéger l'atmosphère? Mettez les verbes au conditionnel.

En hiver il fait un froid de loup. Il y a des blizzards et des tempêtes de neige. L'ensemble du réseau électrique européen connaît des problèmes, entre autres parce que tout le monde a tellement froid qu'ils mettent le chauffage au plus fort. En conséquence le nombre d'heures d'électricité auquel on a droit par jour est limité.

Les gouvernements se trouvent dans l'obligation de distribuer des aliments aux citoyens qui usent beaucoup plus d'énergie pour se réchauffer. Près des fleuves et des côtes les problèmes sont encore plus graves puisqu'il y a risque d'inondation.

En été, par contre, on meurt de chaleur. Les températures atteignent un niveau saharien. On prend l'habitude de monter se coucher sur le toit. Le paludisme devient un problème pour les Parisiens et les Londoniens. On manque d'eau, et les agriculteurs se voient contraints de cultiver d'autres produits. Dans les campagnes françaises poussent non des pommiers mais des papayers. Les boeufs ressemblent à ceux que l'on s'attend à voir en Afrique.

B Une mère discute avec son fils adolescent. Elle veut qu'il se prépare à passer un entretien d'embauche. Il résiste à toute suggestion. Donnez ses réponses, par exemple:

M: Comment est-ce que tu vas t'habiller, chéri?
F: N'importe comment.

M: A quelle heure est-ce que tu dois te présenter au bureau?
M: Et c'est quel jour, ton entretien?
M: Qui est-ce que tu dois demander de voir en arrivant?
M: Quelle chemise vas-tu mettre, la verte ou la grise?
M: Ils ont demandé combien d'exemplaires de ton CV?
M: Où est-ce que tu dois les déposer?
M: Qu'est-ce que tu vas dire à propos de tes qualités?

Suggested websites

Friends of the Earth
http://amisdelaterre.org/

International volunteer workcamps
http://assoc.wanadoo.fr/ass.concordia.

Nat. Soc.for Nature Protection
http://snpn.com/

Work experience
http://www.phosphore.bayardweb.com/jobscampus/jobscampus.htm

Writing cv, jobsearch, placements
http://www.e-go.fr/inners/consprat/framcv.htm

PAS DE PROBLÈME

A survival guide to past participles

verbs ending in:	past participle ending	examples
... er and être and naître	... é	été, né
... ir	... i	parti, sali
except: 1) ouvrir, couvrir, découvrir, souffrir, offrir	... ert	ouvert, souffert
2) mourir	mort	
3) acquérir	acquis	
4) courir, tenir, venir, vêtir & compounds	... u	tenu, revenu
... ire, ... aire, ...uire	... it	conduit, dit
except: 1) rire, sourire, suffire	... i	ri, suffi
2) lire, plaire, taire	... u	lu, plu, tu
3) nuire, luire	... i	nui
inclure	... us	inclus
except: exclure, conclure	... u	exclu, conclu
... indre	... int	peint, craint
... oir, oire	... u	eu, vu, su, dû, cru
except: asseoir		assis
... dre, ...aître, ...oître, battre & vaincre	... u	entendu, connu, battu, vaincu
except: 1) prendre, comprendre, apprendre & surprendre, mettre, remettre, promettre	... is	appris, promis
2) absoudre		absous
suivre, poursuivre	... i	suivi, poursuivi
vivre		vécu
clore, éclore, enclore	... os	closs, éclos, enclos